1970년 4월 1일 포철 기공식에 참석해 발파 버튼을 누르는 朴대통령. 좌측이 박태준 사장이다.

8·15 해방 직후 한국에 들어온 美 7사단은 대한민국 정부 수립시 치안을 도왔고,
6·25 전쟁에 참전해 「철의 삼각지 전투」 등 세계 戰史에 남는 전과를 올리고
20여년 만에 한국을 떠났다. 고별식에 참석한 朴대통령(1971년 3월 29일).

1971년 4월 25일 장충단공원 유세장에 모인 서울시민들. 朴正熙 후보는 『다시는 표를 달라고 하지 않겠다』고 말했다.

제1회 朴대통령컵 쟁탈 아시아축구대회에 참석해 시축하는 朴대통령(71년 5월 2일).

1971년 10월 1일 여의도 광장에서 「국군의 날」 행사 시작 전 劉載興 국방장관(오른쪽 끝)과 함께
서 있는 朴대통령 부처.

로널드 레이건 미국 특사를 접견하는 朴대통령(71년 10월 16일).

1971년 10월 17일 청와대 마당에서 강아지를 쓰다듬고
있는 朴대통령. 근혜 양이 재미있다는 듯 바라보고 있다.

1971년 12월 25일 서울 대연각호텔에 불이 나 200여명의 인명피해를 입었다.

자율 과 능률로
비 상 사 태 극복하자
1972 년 임자 신정
대 통 령 박 정 희

1972년 1월 초에 朴대통령이 쓴 휘호.

서울 동대문운동장서 열린 파월 개선장병 환영대회에 참석한 朴대통령(72년 3월 20일).

9

朴대통령은 銃口에서 권력이 나온다는 것을
한시도 잊지 않고 군대를 특별관리했다.

1972년 10월 17일 전국에 비상계엄령이 선포됐고, 중앙청 앞에도 계엄군 탱크가 들어왔다.

1972년 11월 21일 유신헌법 공포 후 8대 대통령에 취임하며 취임선서를 하는 朴대통령.

남북조절위 북측 대표단을 접견하는 朴대통령(72년 12월 1일).

11

소양강 다목적댐 담수식에 참석한 朴대통령이 호수를 바라보며 생각에 잠겼다(1972년 11월 25일).

문화방송 10대가수 청백전 공연중 화재로 불타는 서울시민회관(72년 12월 2일).

朴正熙
10

10월의 결단

부끄럼 타는 한 소박한 超人의 생애

'인간이란 실로 더러운 강물일 뿐이다. 인간이 스스로 더럽히지 않고
이 강물을 삼켜 버리려면 모름지기 바다가 되지 않으면 안 된다.'

박정희를 쓰면서 나는 두 단어를 생각했다. 素朴(소박)과 自主(자주).
소박은 그의 인간됨이고 자주는 그의 정치사상이다. 박정희는 소박했기
때문에 自主魂(자주혼)을 지켜 갈 수 있었다. 1963년 박정희는 《국가와
혁명과 나》의 마지막 쪽에서 유언 같은 다짐을 했다.

〈소박하고 근면하고 정직하고 성실한 서민 사회가 바탕이 된, 자주독
립된 한국의 창건, 그것이 본인의 소망의 전부다. 본인은 한마디로 말해
서 서민 속에서 나고, 자라고, 일하고, 그리하여 그 서민의 인정 속에서
생이 끝나기를 염원한다〉

1979년 11월 3일 國葬(국장). 崔圭夏 대통령 권한대행이 故박정희의
靈前(영전)에 건국훈장을 바칠 때 국립교향악단은 교향시 〈차라투스트
라는 이렇게 말했다〉를 연주했다. 독일의 리하르트 슈트라우스가 작곡
한 이 장엄한 교향시는 니체가 쓴 同名(동명)의 책 서문을 표현한 것이
다. 니체는 이 서문에서 '인간이란 실로 더러운 강물일 뿐이다' 고 썼다.

그는 '그러한 인간이 스스로를 더럽히지 않고 이 강물을 삼켜 버리려면 모름지기 바다가 되지 않으면 안 된다'고 덧붙였다. 박정희는 지옥의 문턱을 넘나든 질풍노도의 세월로도, 장기집권으로도 오염되지 않았던 혼을 자신이 죽을 때까지 유지했다. 가슴을 관통한 총탄으로 등판에서는 피가 샘솟듯 하고 있을 때도 그는 옆자리에서 시중들던 두 여인에게 "난 괜찮으니 너희들은 피해"란 말을 하려고 했다. 병원에서 그의 屍身을 만진 의사는 "시계는 허름한 세이코이고 넥타이 핀은 도금이 벗겨지고 혁대는 해져 있어 꿈에도 대통령이라고는 생각하지 못했다"고 한다.

소박한 정신의 소유자는 잡념과 위선의 포로가 되지 않으니 사물을 있는 그대로, 실용적으로, 정직하게 본다. 그는 주자학, 민주주의, 시장경제 같은 외래의 先進思潮(선진사조)도 국가의 이익과 민중의 복지를 기준으로 하여 비판적으로 소화하려고 했다. 박정희 주체성의 핵심은 사실에 근거하여 현실을 직시하고 是非(시비)를 국가 이익에 기준하여 가리려는 자세였다. 이것이 바로 實事求是(실사구시)의 정치철학이다. 필자가 박정희를 우리 민족사의 실용−자주 노선을 잇는 인물로 파악하려는 것도 이 때문이다.

金庾信(김유신)의 對唐(대당) 결전의지, 세종대왕의 한글 창제, 광해군의 國益 위주의 외교정책, 실학자들의 實事求是, 李承晩(이승만)의 反共(반공) 건국노선을 잇는 박정희의 조국 근대화 철학은 그의 소박한 인간됨에 뿌리를 두고 있다.

박정희는 파란만장의 시대를 헤쳐 가면서 榮辱(영욕)과 淸濁(청탁)을 함께 들이마셨던 사람이다. 더러운 강물 같은 한 시대를 삼켜 바다와 같은 다른 시대를 빚어낸 사람이다. 그러면서도 자신의 정신을 맑게 유지했던 超人(초인)이었다. 그는 알렉산더 대왕과 같은 호쾌한 영웅도 아니고 나폴레옹과 같은 電光石火(전광석화)의 천재도 아니었다. 부끄럼 타는 영웅이고 눈물이 많은 超人, 그리고 한 소박한 서민이었다. 그는 한국인의 애환을 느낄 줄 알고 그들의 숨결을 읽을 줄 안 土種(토종) 한국인이었다. 민족의 恨(한)을 자신의 에너지로 승화시켜 근대화로써 그 한을 푼 혁명가였다.

自主人(자주인) 박정희는 실용—자주의 정치 철학을 '한국적 민주주의'라는 그릇에 담으려고 했다. '한국적 민주주의'란, 당시 나이가 30세도 안 되는 어린 한국의 민주주의를 한국의 역사 발전 단계에 맞추려는 시도였다. 국민의 기본권 가운데 정치적인 자유를 제한하는 대신 물질적 자유의 확보를 위해서 國力을 집중적으로 투입한다는 限時的(한시적) 전략이기도 했다.

박정희는 인권 탄압자가 아니라 우리나라 역사상 가장 획기적으로 인권신장에 기여한 사람이다. 인권개념 가운데 적어도 50%는 빈곤으로부터의 해방일 것이고, 박정희는 이 '먹고 사는' 문제를 해결함으로써 다음 단계인 정신적 인권 신장으로 갈 수 있는 길을 열었다. '먹고 사는' 문제를 해결하는 것이 정치의 主題라고 생각했고 이를 성취했다는 점이 그를 역사적 인물로 만든 것이다. 위대한 정치가는 상식을 실천하는 이다.

당대의 대다수 지식인들이 하느님처럼 모시려고 했던 서구식 민주주의를 감히 한국식으로 변형시키려고 했던 점에 박정희의 위대성과 이단성이 있다. 주자학을 받아들여 朱子教(주자교)로 교조화했던 한국 지식인의 사대성은 미국식 민주주의를 民主教(민주교)로 만들었고 이를 주체적으로 수정하려는 박정희를 이단으로 몰아붙였다. 물론 미국은 美製

(미제) 이념을 위해서 충성을 다짐하는 기특한 지식인들에게 강력한 지원을 아끼지 않았다. 그러면서도 미국은 냉철하게 박정희에 대해선 외경심 어린 평가를, 민주화 세력에 대해선 경멸적인 평가를 내리고 있었음을, 그의 死後 글라이스틴 대사의 보고 電文에서 확인할 수 있다.

박정희는 1급 사상가였다. 그는 말을 쉽고 적게 하고 행동을 크게 하는 사상가였다. 그는 한국의 자칭 지식인들이 갖지 못한 것들을 두루 갖춘 이였다. 자주적 정신, 실용적 사고방식, 시스템 운영의 鬼才, 정확한 언어감각 등. 1392년 조선조 개국 이후 약 600년간 이 땅의 지식인들은 사대주의를 추종하면서 자주국방 의지를 잃었고, 그러다 보니 전쟁의 의미를 직시하고 군대의 중요성을 계산할 수 있는 능력을 거세당하고 말았다. 제대로 된 나라의 지도층은 文武兼全(문무겸전)일 수밖에 없는데 우리의 지도층은 문약한 반쪽 지식인들이었다. 그런 2, 3류 지식인들이 취할 길은 위선적 명분론과 무조건적인 평화론뿐이었다. 그들은 자신들과는 차원을 달리하는 선각자가 나타나면 이단이라 몰았고 적어도 그런 모함의 기술에서는 1류였다.

박정희는 日帝의 군사 교육과 한국전쟁의 체험을 통해서 전쟁과 군대의 본질을 체험한 바탕에서 600년 만에 처음으로 우리 사회에 尙武정신과 자주정신과 실용정치의 불씨를 되살렸던 것이다. 全斗煥 대통령이 퇴임한 1988년에 군사정권 시대는 끝났고 그 뒤에 우리 사회는 다시 尙武·자주·실용정신의 불씨를 꺼버리고 조선조의 파당성·문약성·명분론으로 회귀하려는 움직임을 보이고 있다. 이 복고풍이 견제되지 않으면 우리는 자유통일과 일류국가의 꿈을 접어야 할 것이다. 한국은 이승만, 박정희, 전두환, 노태우 네 대통령의 영도 하에서 국민들의 평균 수

준보다는 훨씬 앞서서 一流 국가의 문턱까지 갔으나 3代에 걸친 소위 文民 대통령의 등장으로 성장의 動力과 국가의 기강이 약화되어 제자리 걸음을 하고 있다.

1997년 IMF 관리 체제를 가져온 外換위기는 1988년부터 시작된 민주화 과정의 비싼 代價였다. 1988년에 순채권국 상태, 무역 흑자 세계 제4위, 경제 성장률 세계 제1위의 튼튼한 대한민국을 물려준 歷代 군사정권에 대해서 오늘날 국가 위기의 책임을 묻는다는 것은 세종대왕에게 한글 전용의 폐해 책임을 묻는 것만큼이나 사리에 맞지 않다.

1987년 이후 한국의 민주화는 지역 이익, 개인 이익, 당파 이익을 민주, 자유, 평등, 인권이란 명분으로 위장하여 이것들을 끝없이 추구함으로써 國益과 효율성, 그리고 국가엘리트층을 해체하고 파괴해 간 과정이기도 했다. 박정희의 근대화는 國益 우선의 부국강병책이었다. 한국의 민주화는 사회의 좌경화·저질화를 허용함으로써 박정희의 꿈이었던 강건·실질·소박한 국가건설은 어려워졌다. 한국의 민주화는 조선조적 守舊性을 되살리고 사이비 좌익에 농락됨으로써 국가위기를 불렀다. 싱가포르의 李光耀는 한국의 민주화 속도가 너무 빨라 法治의 기반을 다지지 못했다고 비판했다.

박정희는 자신의 '한국적 민주주의'를 '한국식 민주주의', 더 나아가서 '한국형 민주주의'로 국산화하는 데는 실패했다. 서구 민주주의를 우리 것으로 토착화시켜 우리의 역사적·문화적 생리에 맞는 한국형 제도로 발전시켜 가는 것은 이제 미래 세대의 임무가 되었다. 서구에서 유래한 민주주의와 시장 경제를 우리 것으로 소화하여 한국형 민주주의와 한국식 시장경제로 재창조할 수 있는가, 아니면 民主의 껍데기만 받아들여 우상 숭배의 대상으로 삼으면서 선동가의 놀음판을 만들 것인가, 이것이 박정희가 오늘날의 우리에게 던지는 질문일 것이다.

조선일보와 月刊朝鮮에서 9년간 이어졌던 이 傳記 연재는 月刊朝鮮 전 기자 李東昱 씨의 주야 불문의 충실한 취재 지원이 없었더라면 불가 능했을 것이다. 아울러 많은 자료를 보내 주시고 提報를 해주신 여러분 들께 감사드린다. 이 책은 박정희와 함께 위대한 시대를 만든 분들의 공 동작품이다. 필자에게 한 가지 소망이 있다면, 박정희가 소년기에 나폴 레옹 傳記를 읽고서 군인의 길을 갈 결심을 했던 것처럼 누군가가 이 박 정희 傳記를 읽고서 지도자의 길을 가기로 결심하는 것이다. 그리하여 그가 21세기형 박정희가 되어 이 나라를 '소박하고 근면한, 자주독립· 통일된 선진국' 으로 밀어 올리는 날을 기대해 보는 것이다.

2007년 3월

趙甲濟

10 10월의 결단

제33장 한국 축산진흥의 元年

제34장 '一人 쿠데타'로 가는 길

제36장 중화학공업 건설의 결단과 金大中 납치사건

제32장

제2의 한국전쟁

朴正熙

제2의 한국전쟁

1970년 주한 유엔군 사령관이 유엔 안전보장 이사회에 보고한 자료가 있다. 1967년의 경우, 한국에선 218건의 交戰(교전)이 있었다. 북한군과 국군·미군 사이에 휴전선에서 122건, 후방에서 96건의 무력 충돌이 있었던 것이다. 이 교전으로 북한군은 228명이 사망, 57명이 포로로 잡혔다. 한국군과 미군은 131명이 전사, 294명이 부상했다. 한국 측 민간인 사망자는 22명, 부상 53명이었다. 남북한 쌍방에서 381명의 전사자가 발생했으니 전시하의 사회라고 봐야 할 것이다.

1960년대 초부터 시작된 군사력 건설의 절정에 있었던 북한 사회는 완전히 전쟁준비 태세에 돌입해 있었으나 한국 사회는 그렇지 않았다. 시끄러운 政爭(정쟁)이 있었고, 야당은 갓 출범한 향토예비군 폐지안을 국회에 제출할 만큼 자유를 누리고 있었다. 언론도 정부 비판을 줄이지 않았다. 그런 소란 속에서 경부고속도로 건설과 월남파병에 의한 정글 속의 전투는 계속되고 있었다.

박정희는 건설과 전투, 이 양면의 국가전략 속에서 苦鬪(고투)하고 있었다. 1967년에 재선되었던 그는 다가오는 1971년 대통령 선거에 현행 헌법으로는 출마할 수 없게 되어 있었다. 헌법을 고쳐 3선이 가능하도록 만들 것인가의 여부에 대한 박정희의 결단은 시간의 강요를 받고 있었다.

1968년 북한군의 對南침투 작전은 더욱 강화됐다. 이해 남북한 사이엔 356건(236건은 휴전선, 120건은 후방에서)의 무력 충돌이 있었다. 북한군은 321명이 사망, 63명이 포로로 잡혔다. 한국군과 미군 162명이 전사했고 294명이 부상했다. 한국 측 민간인 사망자도 35명에 이르렀다. 1953년 이후 남북한 간의 무력충돌이 가장 치열했던 해가 1968년이 었다. 남북한 쌍방 518명의 전사자가 한 해에 발생했으니 사실상 전쟁상 태였다. 일부 戰史家(전사가)들은 이 시기를 '제2의 한국전쟁' 이라 부르 기도 한다.

이 무렵까지 박정희로서는 김일성과 개인적인 원한을 가질 이유는 없 었다. 정치적 상황에 의해서 맞대결하는 관계였지만 그 職務(직무)를 떠 나선 인간적인 감정이 개재될 계기가 없었던 것이다.

1968년 1월 21일 북한의 특수부대가 청와대를 기습하여 박정희를 죽 이기 위해 서울 중심부까지 침투한 이른바 1·21 사태는 박정희로 하여 금 김일성을 증오하도록 만들었다. 그 2년 뒤(1970년 6월 22일) 김일성 은 또 다시 박정희의 목숨을 노린다. 북한의 무장특공대 3명이 서울 동 작동 국립묘지에 들어가 현충문 지붕에 무선식 기폭장치로 폭파되는 장 치를 설치하던 중 실수로 폭발이 있었고 한 특공대원이 죽었다.

이 현충문 안뜰에는 분향대가 있었다. 박 대통령이 6월 25일 이곳에 서 분향할 때 근처 숲 속에 숨어 있던 무장 특공대원이 무선 원격조종장 치를 누르면 터지도록 할 작정이었다. 1983년 10월 9일 미얀마 아웅산 묘소에서 있었던 폭파사건(필자 註─북한 공작원이 전두환 대통령을 노 린 이 사건으로, 17명의 장차관급 고관들이 사망)과 같은 수법이었다.

1974년엔 在日(재일) 북한공작 조직에 포섭된 文世光(문세광)이 국립 극장에서 8·15 기념 연설을 하고 있던 박정희를 저격하는 과정에서 옆 자리에 있던 대통령 부인 육영수를 살해했다.

이런 식으로 자신의 암살을 끈질기게 추진하는 자에게는 성인군자라 도 원한을 갖지 않을 수 없게 된다. 박정희의 김일성에 대한 관계가 바로 그러하였다.

1970년대에 박정희 대통령이 자주국방 전략을 추진하면서 방위산업을 건설해 나갈 때 청와대의 담당 수석비서관으로서 박 대통령을 보좌했던 吳源哲은 이런 일화를 소개하고 있다(《한국형 경제건설 제 7권—내가 전쟁을 하자는 것도 아니지 않느냐》 한국형경제정책연구소 펴냄).

오원철이 휴전선에서 땅굴이 발견되었다면서 사진을 붙여 보고를 했다. 박 대통령은 사진을 뚫어지게 보더니 한참 후에 얼굴을 들고 먼 산을 바라보면서 "죽일 놈 같으니…"라고 했다. 격한 말투도 아니고 조용한 語調(어조)였다고 한다.

박정희 대통령의 청와대 일기 1975년 3월 10일자에는 철원 북방 휴전선에서 북한 측이 판 제2땅굴이 발견된 데 대한 소감을 이렇게 적어놓고 있다.

〈땅굴은 폭 2m, 길이 3.5km. 북괴의 집요한 남침야욕의 또 하나의 실증을 우리는 얻었다. 이런 판인데도 북의 남침야욕이 없다고 운운하는 이 나라 일부 정치인들의 무책임한 소리가 이러고도 또 있을 것인가? 북한 공산당들은 언제나 민족적 양심으로 되돌아가서 동족끼리 단합해 통일된 조국을 재건하여 만방에 떳떳하게 살아볼 날이 올 것인가. 오 신이여! 북녘 땅에 도사리고 있는 저 무지막지한 공산당들에게 제 정신으로 돌아가도록 일깨워 주시고 깨닫게 하여 주소서.〉

박 대통령은 이따금 "김일성에 대해서는 나만큼 아는 사람도 없을 거야"란 말을 하기도 했다. 1972년 7·4 공동성명 이후 북한의 수석대표 朴成哲(박성철)이 박 대통령을 예방하게 되어 있었는데, 오원철이 선물 목록을 써서 대통령의 결재를 받으러 올라갔다. 그는 남한의 공업력을 자랑하기 위하여 비싼 전자제품을 선물 목록에 포함시켰다.

박 대통령은 목록을 앞에 놓고 "김일성이 진정으로 평화를 원하는 것은 아닐 거야. 남북회담이 성공할지는 두고 보아야 해. 김일성의 眞意(진의)는 적화통일에 있으니 남북회담을 성공시키자는 것이 아니라 회담을 통해서 우리와 미국의 태도를 시험해 보려고 할 거야"라고 말하면서 값이 싼 현대 조선자기를 선물로 결정했다.

박정희는 김일성의 失政(실정)에 대한 보도가 나올 때는 신중했다. 그는 "김일성이 모든 경쟁자를 숙청하고 절대 권력자가 되었다는 사실만 보아도 그의 능력은 인정해야 돼. 그는 군사력을 그만큼 강화하고 경제도 어느 정도 발전시켜놨으니 통치 능력도 있는 것 아냐?"라고 말한 적도 있다.

박 대통령은 "김일성은 적화통일에 가장 큰 장애물은 나라고 보고 있는 것이야. 그러니 나를 없애자는 것이지"라고 말했다. 이런 말 속에는 '김일성과 대적할 수 있는 인물은 나뿐이며 이것은 나의 역사적 역할이기도 하다' 는 생각이 깔려 있었을 것이다.

反人類 민족반역 戰犯者

박정희는 원래 험한 말을 못 하는 사람이었다. 김일성에 대해서도 "죽일 놈" 정도가 가장 심한 욕이었다. 박 대통령은 연설이나 일기를 통해서는 가차 없이 김일성을 공격했다.

예컨대 1970년 8월 15일 광복절 기념사에서 한 연설이 있다.

〈오늘 광복 25주년을 맞이하면서 우리 온 겨레가 너나 할 것 없이 한

결같이 가슴 아프고 서글프게 생각하는 것이 있으니, 그것은 다름 아닌 국토분단의 비극입니다. 통일을 향한 민족적 悲願(비원)은 지난 4반세기 동안 하루도 우리의 腦裏(뇌리)에서 사라진 일이 없었으나, 한편 통일의 전망은 수많은 난관과 애로에 가로막혀 결코 밝다고 말할 수 없는 현실에 놓여 있습니다.

그 원인이 어디 있느냐? 그것은 한마디로 김일성과 그 일당의 민족반역집단이 북한 땅에 도사리고 있기 때문입니다. 그들 狂信的(광신적)이며 호전적인 공산집단은 조국 광복의 첫날부터 전 한반도를 폭력으로 적화하기 위해 시종일관 광분해왔습니다.

6·25 남침의 잔혹한 同族相殘(동족상잔)에 이어, 휴전 후 오늘날에 이르기까지 7,800여 건이 넘는 도발을 자행해왔고, 최근에는 무수한 무장 공비를 남파시키고 있는 것이 바로 그 실증입니다. 정녕 김일성과 그 徒黨(도당)은 마땅히 역사와 국민의 준엄한 심판을 받아야 할 전범자들임에 틀림이 없습니다.

그럼에도 불구하고 이들 도당은 언필칭 평화통일이니 남북협상이니 연방제니 교류니 하는 등 파렴치한 상투적 선전을 되풀이하고 있습니다. 그것은 두말할 필요도 없이, 그들 스스로가 저지른 전범 행위와 긴장 조성의 책임을 전가해보려는 賊反荷杖(적반하장)의 흉계인 것입니다.

무장 공비 남파를 위장 은폐하고 소박한 일부 사람들을 현혹시킴으로써 감상적 통일론을 유발해 보려는 간사한 술책이며, 국제 여론의 誤導(오도)를 노리는 야비한 속셈인 것입니다. 이 허위에 찬 북괴의 作態(작태)를 믿는 사람은 이 지구상에 한 사람도 없다는 것을 나는 단언합니다.

무릇 공산주의의 정치체제는 기본인권의 유린과 철의 紀律(기율)에 의지한 전체주의적 일당 독재입니다. 그중에서도 북괴 김일성 체제는 같은 공산권 내에서조차도 빈축의 대상이 되고 있는 전형적인 극좌 모험주의와 역사 위조를 일삼는 개인 신격화가 판치는 폐쇄 사회입니다.

오늘의 북녘 땅은 그러한 전횡과 공포가 휩쓰는 가운데 전쟁 준비에 광분하는 하나의 兵營(병영)으로 화하고 말았습니다. 우리는 지금 그렇듯 역사와 민족, 천륜과 양심을 외면한 흉악한 무력 도발 집단과 대치하여 통일문제를 다루어야 하는 어려운 상황에 처해 있습니다. 여기에 민족의 悲願(비원)인 조국통일의 난관이 있는 것입니다〉

이 연설에서 박정희는 북한 체제의 본질을 反인류 전범자, 민족반역자, 극좌모험주의자, 개인 신격주의자로 적확하게 정의해 놓고 있다. 인류역사상 최악의 변종 권력집단을 상대로 민족통일을 의논해야 하는 至難(지난)한 길이 대한민국의 앞날에 놓여 있다는 아주 예언적인 연설이기도 하다.

무력통일보다는 평화공존 추구

박정희 대통령은 통일보다 평화를 더 우위에 놓았다. 그는 1964년 12월 9일 서독 방문 시 교포들을 만난 자리에서 "통일은 꼭 이룩해야 하지만, 한 가지 분명한 사실은 무력에 의한 통일은 있을 수 없다는 것이다"라고 말했다.

1969년 10월 1일 국군의 날 유시에서도 그는 이런 말을 했다.

〈우리는 북괴와의 전쟁을 원하지 않는다. 아무리 국토 통일이 민족의 宿願(숙원)이요, 국가의 지상목표라 하더라도, 동족상잔의 피비린내 나는 전쟁 수단만은 피해야겠다는 것이 우리의 진심이다. 우리가 지금까지 인내의 한계를 넘으면서까지 자제를 해온 이유도 바로 여기에 있다〉

박정희가 평화를 택한 것은 남북한 간 전쟁만 일어나지 않는다면 경제 건설을 중심으로 한 근대화 전략에 의해서 북한을 압도할 수 있고, 그런 후에 북한을 평화적으로 흡수통일할 수 있다는 자신이 있었기 때문이다.

그는 1968년 11월 30일 수출의 날 연설에서 이런 충고를 하고 있다.

〈전면 전쟁을 도발해서 우리 대한민국을 그들이 생각하는 것처럼 뒤집어엎으려 하느니보다 전쟁 행위를 중지하고 경제 건설을 많이 하고 수출을 많이 해서 북한 동포들이 더욱 잘 살 수 있는 터전을 마련해 나가는 것이 현명한 일이지 지금과 같이 북한 괴뢰가 날뛰는 것처럼 무력을 가지고 대한민국을 전복하겠다는 것은 하나의 꿈에 지나지 않는다〉

박정희의 아주 실용적인 통일론은 실사구시를 생활철학으로 삼고 있었던 그에게는 아주 오래된 개념이었다. 예컨대 국가재건최고회의 의장 시절이던 1962년 10월 8일 휴전감시단의 체코 및 폴란드 장교들이 북한지역에서 남한지역을 방문했다는 보고를 받자 그는 이렇게 말했다.

〈김일성도 한번 다녀가면 좋지 않겠는가. 우리는 공산주의 때문에 사는 민족도 아니고 또 남의 나라 민주주의 흉내나 내자고 사는 민족도 아닌 것이므로 무슨 주의니 제도니 하는 것보다도 민족이라는 실체가 더욱 중요한 것이다. 우리가 서로 만나서 흉금을 터놓고 이야기하면 남북이 아옹다옹할 필요가 있겠는가. 김일성이 온다면 그 신변은 철저히 보장할 용의가 있으며 이념의 꼭두각시가 되어 작두 위에서 춤추는 행위는 이제 그만둬야 한다〉

박정희는 1970년 5월 23일 전국 대학생 대표들과의 면담에서 이런 말을 했다.

〈우리가 자신 있는 내실을 기했을 때는 경부고속도로를 연장하여 판문점에서 신의주까지 고속도로를 건설해 줄 수도 있고, 북한의 능력이 부족하면 백두산, 금강산 개발도 우리가 해 줄 수 있다〉

김대중 정부부터 추진하고 있는 對北(대북)사업을 예언한 듯한 박정희의 비전은 그러나 김일성의 통일전략을 直視(직시)한 바탕에서 이뤄진 것이기 때문에 북한정권에 속지 않을까 하는 불안감을 해소할 수 있었다.

1971년 1월 11일 기자회견에서 박정희는 이렇게 말했다.

〈그들은 말하기를 '북한은 남한 혁명의 기지이며, 남한의 모든 이용 가능한 것을 동원해서 대한민국 정부를 전복하겠다' 고 했는데 새로운 소리도 아니다. 그들은 소위 평화통일이라는 것을 흔히 잘 들고 나오지만 그들이 말하는 평화통일이라는 것에는 전제가 붙어 있다. 그것이 무엇이냐 하면 대한민국 정부를 반드시 뒤집어엎어야 되겠다. 그러고 난 뒤에 남한에 남아 있는 좌익 단체, 소위 공산당에 동조하는 세력들과 함께 통일에 대한 문제를 다루겠다는 뜻이다. 그 내용은 무력 적화통일이란 말과 同義語(동의어)이다〉

인내와 自制에는 반드시 한계가 있어야

박정희 대통령의 對北(대북)정책은 평화를 지키기 위하여 인내한다는 것이었다. 이 평화의 시간이 길수록 시간은 우리 편이기 때문에 對北 우위에 좀더 확실하게 도달할 수 있다고 보았다. 그러나 그 인내에는 한계가 있어야 했다.

朴 대통령은 1969년 4월 25일 기자회견에서 "인내와 자제는 반드시 한계가 명백해야 되며, 그 선을 넘었을 때에는 자제하고 인내한 것이 아무 소용이 없는 것이 되고 오히려 큰 불행을 가져오는 결과가 된다"고 강조했다.

〈우리가 원하든 원하지 않든 만약에 북괴가 또 다시 6·25와 같은 전면 전쟁을 도발해왔을 때 우리는 어떻게 할 것인가. 여기에 대한 우리의 결심은 명백하다. 우리는 모든 것을 송두리째 희생하는 한이 있더라도 일보의 양보도 있을 수 없다. 이때는 군과 민, 전방과 후방의 구별이 있을 수 없다. 전 국민이 한 덩어리가 되어 이번만은 최후의 결단을 짓겠다는 각오로써 최후까지 싸워서 통일의 계기를 마련해야 한다〉(1969년 10월 1일 국군의 날 유시)

박정희가 북한의 침략에 대해 강조한 자주국방의 개념은 "북괴 단독의 침공에 대해서는 우리 단독의 힘만으로도 능히 이를 분쇄할 수 있는 자주 국방력을 언제든지 확보하고 있어야 한다"는 연설(1970년 1월 1일 신년사)에 잘 나타나 있다. 그는 자주국방 정신을 더 쉽게 설명한 적이 있었다.

〈우리가 살기 위해서는 이 나라를 우리의 힘으로 지켜야 한다. 우리나라는 우리의 힘으로 지키겠다는 결심과 지킬 수 있는 힘을 길러야 하고 준비를 해야 한다. 우리의 힘이 부족할 때는 남의 도움을 받는 것이 당연하다. 그러나 남이 돕는 것은 어디까지나 도움이라고 생각해야지 남이 우리를 대신해서 지켜 주기를 기대해서는 안 된다. 나는 이것을 국방의 주체성이라고 말한다. 남이 우리를 도와주는 것도 우리에게 국방의 주체성이 있을 때 도움을 받을 수 있다는 것을 명심해야 하겠다〉(1968년 2월 26일 서울 대학교 졸업식 치사에서)

〈어떤 사람들은 자주국방이라는 것이 무엇이냐, 자주국방이라는 것은 다른 나라, 즉 미국의 지원도, 우방의 지원도 없이 전부 우리 힘으로 하자는 것이냐, 하는 얘기를 하는 사람도 있다. 자주국방이라는 것은 이렇게 비유를 해서 얘기하고 싶다.

가령 자기 집에 화재가 났다. 이랬을 때는 어떻게 하느냐, 우선 그 집 식구들이 일차적으로 전부 총동원해서 불을 꺼야 할 것이 아닌가. 그러는 동안에 이웃 사람들이 쫓아와서 도와주고 물도 퍼다가 주고 소방대가 쫓아와서 지원을 해 준다. 그런데 자기 집에 불이 났는데 그 집 식구들이 끌 생각은 안 하고 이웃 사람들이 도와주는 것을 기다리고 앉았다면, 소방대가 와서 기분이 나빠서 불을 안 꺼줄 것이다.

국방도 마찬가지이다. 우리나라를 지킴에 있어 전쟁이 도발되었다든지, 무슨 사태가 벌어졌을 때에는 1차적으로 우리 한국 국민들이 여기에 대해서 불을 끄자는 말이다. 우리가 불을 끄지는 않고 가만히 앉아 있으면 미국 사람들이 와서 들여다보고 도와주고 싶은 생각이 없을 것이다. 이것이 바로 내가 주장하는 자주국방의 기본개념인 것이다〉(1972년 1월 1일 기자회견에서)

박정희가 권력을 잡은 뒤 자신의 신조를 국가 전략의 大綱(대강)으로 전환시킨 것이 있는데 바로 自助(자조)-自立(자립)-自主(자주) 정신이다. 그는 "지금 우리에게 절실히 요구되고 있는 것은 자주·자립의 정신 무장이며 자조·갱생의 생활신조이다"라고 말한 적도 있다.

그는 한국인이 의타심과 사대주의적 태도를 버리고 스스로의 운명을 스스로의 힘으로 개척하겠다는 자조정신을 가져야 그 바탕에서 자립경제, 즉 외국·원조 없는 국가운영이 가능하다고 생각했다. 그런 자립경제의 뒷받침이 있어야 자주국방이 가능하고 자주국방이 가능해야 진정한 독립국가가 될 수 있다고 보았다. 아주 단순한 이 3自(자)정신은 박정희의 18년 장기집권 기간 중 일관성 있게 3단계 국가발전 전략으로 승화되어 실천됐다.

위대한 逆轉의 轉禍爲福

위대한 국가·조직·인간은 그 내면에 상반되는 두 가지 요소를 공유하되 그것들이 相剋(상극)하는 관계가 아닌 相生(상생)하는 관계로서 더 차원 높은 통합을 이룰 수 있는 존재들이다. 일종의 변증법적인 正(정)−反(반)−合(합)의 승화이기도 하다. 오래 존속하면서 영화를 누리고 찬란한 문화유산을 남긴 세 국가 로마제국, 베니스, 신라는 엄격한 尙武(상무)정신과 유연한 文藝(문예)정신을 통합한 공통점이 있다.

박정희는 군인으로서의 강직함과 文人(문인) 같은 교양을 공유하고 있었다. 단순한 공유 차원이 아니라 相反(상반)되는 요소가 서로를 견제, 자극, 경쟁, 격려함으로써 제3의 단계로 진보하도록 하는 비결을 가진 것이 그였다.

1960년대 말 북한 김일성 정권의 도전에 직면한 박정희는 국가 건설과 국가 안보란 상반된 조건의 압박에 몰렸다. 다른 하나를 위해 다른 하나를 희생할 수밖에 없는 조건이었으나 박정희는 건설과 국방이란 상반된 조건을 다 살리면서 거대한 역사적 진전을 이루는 방향으로 대한민국을 끌고 간다. 여기에 대한민국의 거대한 전환, 즉 후진국으로부터 선진국을 향한 중진국으로, 경량급 국가에서 중화학 공업력을 지닌 중량급 국가로의 전환이 이뤄지는 것이고 남북간 힘의 逆轉(역전)이 가능하게 되는 것이다. 이 위대한 역전과 轉禍爲福(전화위복)이 김일성의 도전에 대응하는 과정에서 이뤄졌으니 국가의 운명에도 塞翁之馬(새옹지마)가 있는 모양이다.

이런 전환의 시작엔 박정희의 남다른 안목이 있었다. 그는 공산주의의 침투를 막기 위해선 휴전선과 해안선을 봉쇄하는 것보다 빈곤층을 없애고 중화학 공업 기반을 건설하는 것이 근원적인 해결책이라고 확신했다.

그는 1965년 1월 23일 '자유의 날에 즈음한 담화문'에서 이미 이런 주장을 피력하고 있다.

〈우리의 안전과 평화를 위협하는 것은 비단 밖으로부터의 침략만이 아님을 잊어서는 안 될 것이다. 그보다 더 무서운 적이 우리 안에 있음을 명심해야 하겠다. 그 적이란 다름 아닌 빈곤인 것이다. 우리 내부에 이 빈곤을 두고서 반공이나 승공을 할 수 있다고 생각하는 것이 얼마나 무용한 徒勞(도로)이며, 또 얼마나 무서운 결과를 자초하였던가를 우리는 너무나 잘 알고 있다. 공산주의의 不穩(불온)사상이 기생하기 쉬운 빈곤을 추방하는 것 이상으로 더 효과적인 對共(대공) 투쟁의 방법은 없을 것이다〉

〈우리가 늘 이야기하는 일면 국방, 일면 건설이라는 이 두 가지 말은 똑같은 뜻인 것이다. 국방 그 자체가 경제 건설이다. 왜냐 하면 국방을 잘 해서 북괴가 침범하지 못하도록 해야 경제 건설이 되지 국가의 방위가 위험할 때에는 경제 건설이 될 수 없는 것이며, 그와 동시에 경제 건설을 빨리 해서 모든 실력을 하루 속히 증강해야만 보다 더 국방의 바탕이 튼튼해지지, 경제 건설이 이루어지지 않으면 국방이라는 것도 될 수 없는 것이다〉(1970년 1월 9일 기자회견에서)

〈그러기에 우리는 일하면서 싸워야 한다. 그러기에 우리는 싸우면서 일해야 한다〉(1968년 5월 29일 고급 공무원에게 보내는 친서에서)

〈일하면서 싸우고, 싸우면서 일하는 우리의 현실이 벅찬 시련이라는 것을 나는 잘 알고 있다. 그러나 이 시련은 과연 무엇을 위한 시련이며, 이것을 극복하려는 우리의 노력은 과연 누구를 위한 것이겠는가. 그것은 두말할 것도 없이, 오늘에 사는 우리 세대와 우리 후손의 자유와 평화를 위한 것이며, 번영과 행복을 위한 것이 아니겠는가〉(1969년 6월 25일 담화문에서)

박정희가 1960년대 말의 위기를 1970년대의 好機(호기)로 돌려세우는 데 있어서 취한 두 가지 가장 중요한 조치는 새마을사업과 중화학공업 건설이었다.

대통령 비서실장으로서 경제건설의 참모장 역할을 했던 김정렴 씨에 따르면 두 사업 모두 김일성의 적화 전략에 대응하기 위해 考案(고안)된 것이라고 한다. 즉, 새마을사업(뒤에 가선 의료보험 실시)을 통해서 공산주의자가 침투할 수 있는 토양으로서의 빈곤을 없애고 중화학공업 건설을 통해서 자주 국방이 가능한 공업력을 갖추겠다는 계산이었다는 것이다.

김정렴 씨는 "일반인들이 생각하듯 경제적 목적을 두고 두 사업을 일으킨 것이 아니었다. 국방을 염두에 두고 하다가 보니까 경제적으로도 성공한 것이다. 박 대통령은 항상 국방에 대해 집무 시간의 가장 많은 부분을 할애했고, 다음이 경제였으며 정치는 우선순위에서 아래쪽이었다"고 말했다.

신라의 삼국통일을 교훈삼아

박정희는 남북통일에 대해서도 아주 간단하면서도 실용적인 전략과 생각을 유지해 갔다. 그는 1966년 8·15 광복절 경축사에서 "통일은 감정 아닌 이성의 판단과, 단순한 祈願(기원)이 아닌 과학적인 노력에 의해 계획되고 추진되어야 한다. 통일을 성취하는 데는 방안의 氾濫(범람)보다도 조건의 성숙이 앞서야 한다"라고 말했다. 그는 이어서 그 조건의 성숙을 "경제적·문화적·사회적·군사적으로 북한을 압도할 절대 우위의 주체적 역량을 갖추는 것"이라고 정의했다.

〈지금은 통일을 말할 때가 아니요, 오직 통일의 전 단계인 경제건설과 근대화 작업에 혼신의 노력을 경주할 때라는 것을 잊어서는 안 될 것이다. 우리가 통일을 위한 적극적인 접근을 시도할 시기는 통일의 민족적 基地(기지)인 경제 자립의 盤石(반석)을 공고히 하고, 우리의 민주적 역량을 충분히 축적하여 모든 면에서 주도권을 우리가 완전히 장악할 수 있다고 내다보는 1970년대 후반기가 될 것이다〉(1966년 6·25 담화문에서)

박정희는 경제 전문가도 정치 전문가도 아니었지만 일단 정권을 잡은 다음에는 놀라운 素養(소양)을 발휘했다. 그 비밀은 그의 독서에 있다고 보인다. 박정희는 어릴 때부터 역사책을 탐독했다. 종합 사회·인문과학으로서의 역사를 자신의 교양으로 흡수하면서 그는 국가경영과 전략의 기본을 세울 수 있었다. 그는 남북통일을 준비하는 국가적 전략과 자세를 신라에 의한 삼국통일의 모델에서 찾으려 했다.

박 대통령은 1972년 1월 11일의 기자회견에서 이런 말을 했다. 좀 길지만 인용해본다.

〈신라, 백제, 고구려로 鼎立(정립)이 되었다가 통일이 될 때까지는 약 700년이 걸렸다. 통일이 된 건 문무왕 8년, 서기로 668년이라고 생각하는데, 3국 통일을 위해서 신라가 여러 가지 계획을 수립하고 본격적으로 서두른 지 120년 만에 통일이 되었다는 것이 역사의 기록이다. 진흥왕 때부터 120년간에 화랑도를 만들고, 국민들을 훈련하고, 정신 교육을 하고, 삼국 통일에 대한 대비를 해서 120년 만에 비로소 통일이 되었던 것이다.

또, 통일이 될 때에는 신라 단독의 힘으로 된 것이 아니라 唐(당)나라의 힘을 빌려 가지고 통일을 했다. 통일을 한 다음에도 당나라 군사가 생각이 달라져 돌아가지 않고 그 자리에 앉아서 눌러 있으려 하였기 때문에 金庾信(김유신) 장군이 지휘하는 신라의 군대가 당나라 군대와 근 10년 동안 血戰苦鬪(혈전고투)를 해서 당나라 군사를 쫓아내고 완전히 통일을 이룩한 것이다.

이러한 역사를 보더라도 통일문제는 염원이나 갈망만을 가지고 쉽게 이룩되는 것이 아니라, 여러 가지 어려운 고비가 많고 이에 대한 노력을 해야 되며, 또 시간이 걸리는 것이다. 너무 조급하게 생각했다가 국제정세나 여러 가지 여건이 우리 국민들의 희망대로 잘 돌아가지 않을 때는 오히려 실망을 크게 할 뿐이다. 그러기보다는 보다 더 끈질긴 인내심

을 가지고 한 걸음 한 걸음 여기에 접근하는 노력이 계속되어야 되겠다〉

박정희는 1960년대에는 충무공의 현충사를 성역화하는 등 國難(국난) 극복의 민족사를 기념하는 데 신경을 썼고, 1970년대에는 경주 天馬塚(천마총) 발굴과 경주 종합개발계획의 추진 등 신라통일의 유적을 다듬어 통일 교육의 현장으로 삼으려 했다.

박정희가 말한 대로 진흥왕–문무왕 시대에 걸친 120년간의 삼국통일 준비 과정과 전략은 남북통일의 가장 좋은 교과서이다. 신라의 위대한 자주통일을, '당의 힘을 빌어서 이룬 사대주의적 통일'이라고 매도하는 북한 정권과 남한 내 일부 철없는 인사들의 挾攻(협공) 속에서 신라 통일의 교훈이 남북통일을 향해 가고 있는 오늘날 제대로 살려지지 않고 있는 것은 痛嘆(통탄)할 일이다.

통일의 중간단계로서의 근대화, 그것을 보장하는 평화

박정희의 통일 전략은 '평화를 통한 富國强兵(부국강병)'을 매개(또는 중간단계)로 한 한반도 전체의 자유화였다. 그는 통일이 외세의 힘을 빌어서가 아니라 우리의 주체적 역량으로 이뤄져야 한다고 강조했다.

그는 1966년 8·15기념사에서 이렇게 지적했다.

〈혹자는 국토의 양단이 他力(타력)에 의해 강요된 사실을 들어, 조국의 통일이 타력의 혜택이 아니고서는 도저히 이룩될 수 없다고 말하고 있다. 이것은 주체성의 포기요 의타심의 소산인 것이다. 통일은 우리의 주체적 노력이 關鍵(관건)이다〉

그는 1968년 8월 15일 공화당 당원들에게 보내는 특별담화에서는 "통일은 결국 국내외적인 조건의 성숙과 더불어 이에 대비하는 우리의 주체적인 힘의 배양에 의해서만 이룩된다"고 강조했다.

〈우리 자체의 내실을 키워야 되고 객관적인 여건이 성숙되어야 되고, 객관적인 여건이 성숙되었을 때 우리가 기민하게 기회를 포착할 수 있는 능력을 갖추어야 하는 것이지, 그 이전에는 통일이 안 된다.

가장 좋은 기회야 8·15 해방 때였을 것이다. 일본 군대 다 쫓고, 일본 사람 다 쫓아 통일 독립 국가를 만들기에 가장 좋은 기회였었는데도 우리가 못 했다. 그때 우리는 내실이 되어 있지 않았던 것이다. 그래서 그런 여건과 기회를 포착할 수 없었다.

그런 좋은 기회를 놓쳤지만 앞으로 그런 기회가 나는 있으리라고 생각한다. 거기에 대비해서 우리는 지금부터 꾸준히 노력을 해나가야 되겠다. 하물며 衆口難防(중구난방)으로 무책임한 통일론을 함부로 떠들어서 우리 국론을 혼란하게 만든다든지 하는 행위는 통일에 아무 도움이 되지 않으며, 오히려 백해무익한 일이다〉(1972년 1월 11일 기자회견에서)

박정희는 '조국 근대화가 통일의 중간목표'(1969년 9월 25일 저축의 날 치사)이며 근대화가 완성되면, 그 경제 역량과 민주 역량을 기반으로 한 남한이 통일 전략 추진의 기지가 되어 북한을 자유 민주화할 수 있다고 보았다. 김일성 정권이 북한을 남한 혁명의 기지로 설정한 것과 대칭되는 전략 개념이었다.

통일의 중간 단계로서의 이런 근대화가 이뤄지려면 평화가 필요했다. 박정희의 사전에 나타난 '평화통일'이란 말은 평화를 통해서 번 국력으로써 남한이 주도하는 자유통일을 한다는 뜻이기도 했다. 한반도의 평화란 자유통일을 위해 꼭 필요한, 富國强兵(부국강병)을 위한 시간 벌기이기도 했던 것이다. 말장난으로서의 평화가 아닌 전략 목표가 뚜렷한 평화였다.

박정희는 1972년 1월 11일의 기자회견에서 서독이 동독과 전쟁을 한 적도 없지만 평화를 확보하기 위하여 이중 삼중의 장치를 하고 있다는 점을 소개했다.

〈우리가 알기에는 유엔 동시 가입에 있어서 서독 정부는 20개의 조건을 지금 (동독에) 제시하고 있다. 그 가운데에는 우리하고도 상당히 관계가 있고 흥미가 있는 조항, 즉 '무력 또는 위협의 상호 포기' 운운 하는 조항이 있다. 지금 동서독에서 전쟁 준비를 해가지고 서로 치겠다는 그런 상태가 아닌데도 불구하고, 무력 사용 또는 위협의 상호 포기를 확실하게 다짐하자는 것이다.

이밖에 전쟁 부인 선언, 즉 전쟁을 하지 않겠다는 선언을 동시에 하자는 것, 또는 쌍방이 평화공존을 저해하는 행위를 포기하자는 등 세 가지 조항이 있다는 것을 들었는데, 다 뜻은 마찬가지이다. 무력 사용 안하고 폭력 사용하지 않겠다는 이야기를, 표현을 바꾸어 가지고 두 번 세 번 못을 박아가면서 이런 조건이어야만 유엔에 같이 들어간다는 이야기이다〉

박정희는 북한을 절대로 국가로 인정해서는 안 된다는 점을 강조하기도 했다. 이는 그가 말한 평화란 것은 평화공존을 가장한 분단 고착화가 아니라 자유통일로 나아가기 위한 징검다리란 것과 합치되는 이야기이다.

그는 1966년 12월 17일 기자회견에서 "두 개의 한국이라는 것은 어떠한 경우에도 인정할 수 없고 받아들일 수 없는 것이며, 또 아무리 통일이 된다 하더라도 공산주의식 통일은 절대로 받아들일 수 없다"고 말했다. 그는 남북한 간의 대결은 민족사의 흐름 속에서 누가 민족사의 정통성을 쟁취하는가의 싸움이며, 그 정통성을 확보한 쪽만이 1민족 1국가의 월계관을 써야 한다는 역사관에 투철했다.

박정희 대통령은 1967년 4월 23일 대구 유세(대통령 선거)에서는 이렇게 강조했다.

〈통일을 안 했으면 안 했지, 우리는 공산식으로 통일은 못 한다. 민주통일을 해야겠다. 통일이 된 연후에 북한 땅에다가 자유민주주의의 씨를 심을 수 있는 민주적인 통일을 하자는 것이다. 그것을 위해서, 그렇게 하자니까 시간이 걸리고 우리의 노력이 필요하고, 우리의 실력의 배양이 필요한 것이다〉

〈혹자는 대한민국을 가리켜 자유의 방파제라고도 한다. 그러나 이런 비유를 받아들일 수 없다. 어찌해서 우리가 파도에 시달리면서도 그저 가만히 있어야만 하는 그러한 존재란 말인가. 우리는 전진하고 있다. 우리야말로 자유의 파도다. 이 자유의 파도는 멀지 않아 평양까지 휩쓸게 될 것을 나는 확신한다〉(1966년 2월 15일 대만 방문 시 장개석 총통 주최 만찬회 인사에서)

8·15 체제 경쟁 선언

박정희 대통령의 통일 전략을 가장 핵심적으로 표현한 것은 "통일을 성취하는 데는 방안의 범람보다도 조건의 성숙이 앞서야 한다"는 말일 것이다. 그의 집권 18년은 대한민국이 주도하는 자유통일을 가능케 하는 경제적·정치적·사회적·외교적 조건을 성숙시키는 데 바쳐졌다.

3단계 통일 방안이니 연방제 통일 방안이니 하는 정교한 통일 방안에 대해서 박정희는 관심이 없었다. 그는 통일 방안이 아닌 통일로 가는 방향을 제시하고 원칙을 천명하는 데 그쳤다. 통일은 결국 국력을 바탕으로 하여 이뤄질 것임을 믿어 의심하지 않았기 때문에 국력을 쌓는 데 주력했던 것이다.

그는 1970년 8·15 선언을 통해서 '평화통일의 기반 조성을 위한 접근 방법'을 밝힌다. 박 대통령은 통일의 원칙을 평화통일이라고 못 박고 북한 측에 대해서도 폭력 혁명에 의한 적화통일 전략을 포기할 것을 요구했다. 그는 북한이 만약 이 요구를 수락한다면 남북한의 인위적 장벽을 제거해나갈 수 있는 획기적 방안을 제시할 용의가 있다고 천명했다. 그는 또 북한이 유엔의 권위를 수락한다면 유엔의 한국 문제 토의에 북한이 참여하는 것을 굳이 반대하지 않을 것이라면서 평화적 체제 경쟁을 벌이자고 제의했다.

〈이러한 나의 구상에 덧붙여서 한 가지 더 말하고 싶은 것은, 북괴에 대하여 '더 이상 무고한 북한 동포들의 민생을 희생시키면서 전쟁 준비에 광분하는 죄악을 범하지 말고 보다 선의의 경쟁, 즉 다시 말하자면 민주주의와 공산 독재의 그 어느 체제가 국민을 더 잘 살게 할 수 있으며, 더 잘 살 수 있는 여건을 가진 사회인가를 입증하는 개발과 건설과 창조의 경쟁에 나설 용의는 없는가' 하는 것을 묻고 싶은 것이다〉

박정희 대통령이 말한 '획기적 제의'는 1971년 8월 12일 대한적십자사가 북한 측에 제의한 이산가족 등 인도적 문제 해결을 위한 적십자사회담이었다.

이 제의가 북한 측에 의해 받아들여지면서 적십자사 회담이 시작되었고, 이것이 매개가 되어 본격적 정치회담인 이후락 정보부장–김일성 회담과 7·4 공동성명이 탄생했다.

박 대통령은 이후락 정보부장의 평양 출장에 앞서 이런 요지의 훈령을 내렸다. 즉, '회담은 비정치적 문제를 풀어나가면서 정치적 문제로 이행하며, 남북 간의 분위기 호전을 위하여 비현실적인 일방적 통일방안의 선전적 제안을 피하고 상호 비방 중상을 피하며, 무력 행동을 하지 않아야 한다.'

이후락 부장에 앞서 북한으로 들어갔던 정홍진(남북 조절위원회 간사)씨에 따르면 박 대통령은 한반도에서 어떤 일이 있더라도 전쟁은 막아야 한다는 데 이 정치 회담의 가장 큰 주안점을 두었다고 했다.

한국 측은 실현 가능한 작은 것부터 해결하자고 하였으나 북한은 이 정치회담을 남북합작 회담으로 끌고 가 주한미군 철수 및 국가보안법 폐지와 남한 내 공산당의 활동자유 보장을 얻어내려 했으니 평행선을 달릴 수밖에 없었다.

1973년 8월에 발생한 金大中(김대중) 납치 사건을 꼬투리로 잡은 북한은 일방적으로 남북조절위원회 회담을 중단시켰다. 비록 회담은 중단되었으나 이 고위 정치회담은 그 뒤의 정권 때 모습을 달리하여 단속적으로 이뤄졌고 2000년 평양 정상회담을 결과했다.

6·23 선언으로 북한의 체제 인정

1970년 8 · 15 선언-1971년 8 · 12 적십자 회담 제의-1972년 7 · 4 공동성명에 이은 이정표는 1973년 6 · 23 선언이다. 이 선언의 핵심은 그동안 진행된 남북대화의 파급 효과를 바탕으로 공산권에 대한 우리의 문호개방 정책과 함께 북한의 실체를 공식적으로 인정한 바탕에서 유엔에 남북한이 동시 가입할 것을 제의한 것이었다. 말하자면 현존하는 남북한의 평화공존을 제도화하자는 주장이었다. 북한은 남북 관계의 진전을 남한 적화의 호기로 생각하고 있었으므로 박정희의 이런 현실 인정노선에 반대했다. 반대의 명분은 '두 개의 조선을 획책하여 영구 분단을 꾀한다' 는 것이었다.

주목할 것은 당시 해외에서 망명 중이던 金大中(김대중) 씨도 6 · 23선언을 '영구 분단을 조장하기 때문에 반대한다' 고 했다는 점이다.

金大中 씨는 1980년 7월 18일 육군본부 계엄보통군법회의 검찰부 신문에서 이런 요지의 진술을 하고 있다.

〈박 대통령의 6 · 23 선언은 동 · 서독 방식인데, 이는 영구분단을 조장하는 것이기 때문에 반대한다고 말한 사실이 있습니다. 6 · 23 선언 직후인 1973년 7월 6일 메이플라워 호텔에서 가진 한민통 발기 대회 강연에서 '6 · 23 선언을 반대한다', 또 '英(영)연방제식으로 보완되어야 한다' 고 말한 사실이 있습니다. 연방제 지지를 전제로 하지 않은 유엔 동시 가입은 동 · 서독처럼 남북 분단을 영구화하는 것으로 생각되었기 때문입니다〉

김대중 씨의 이 반론은 역사가 흐른 지금 검증할 가치가 있다. 우선

6·23 선언이 동·서독 방식이기 때문에 영구분단을 조장한다는 비판은 역사적으로 오류임이 판명됐다. 동·서독 방식이란 서로 간의 실체를 인정한 다음 상호 간의 교류를 확대하여 동독에 자유의 바람을 불어넣는다는 전략이며, 이 전략이 주효하여 동독의 붕괴와 서독에 의한 흡수통일이 이뤄진 것이다. 서독은 동독을 국가로 인정하지는 않았다. 정권의 정통성을 인정하지 않았다는 의미이다.

박정희도 북한의 실체를 인정하였지만 국가로 인정하지는 않았다. 대한민국만이 한반도의 유일 합법 정통 정부임을 견지하였으므로 영구 분단이란 말은 틀린 말이다. 영구 분단이란 남한과 북한이 서로를 국가로 인정하는 관계를 말하기 때문이다. 유엔 동시 가입은 서로를 국가로 인정한다는 뜻이 아니다.

김대중 씨가 6·23 선언을 지지하지 않은 이유 중의 하나로 꼽은 것은 그 선언이 (남북한) 연방제를 전제로 하지 않았기 때문이라고 했다. 박 대통령이 1973년이란 시점에서 남북한 연방제를 통일의 대전제로 받아들인다는 것은 김일성의 연방제 통일안이나 김대중 씨의 연방제 통일안을 받아들인다는 것을 의미했다. 김일성의 연방제안을 받아들인다는 것은 북한의 적화통일 전략을 수용하는 것이니 대한민국을 북한에 팔아넘긴다는 뜻이 된다. 김대중 씨의 연방제안을 박정희가 받아들인다는 것은 무슨 뜻인가.

김대중 씨는 上記(상기) 신문조서에서 김일성의 연방제와 자신의 연방제 통일방안의 차이를 이렇게 말했다.

〈북한 측이 주장하는 연방제는 남북에 현존하는 정치제도를 그대로 두고 양 정부의 독자적 활동을 보장하되 유엔 동시가입 등을 반대하는 것으로 보아 연방 공화국의 우월적 지배권을 갖는 연방공화국으로 알고 있습니다. 본인이 주장하는 연방제는 외교·군사·내정에 관해 완전한 독자적 지배권을 갖는 공화국 연방제로서 지배권 문제에 차이가 있습니다〉

김대중 씨는 또 자신의 연방제가 영국 연방과 비슷하다고 말했다. 영연방에 속하는 캐나다와 호주는 서로 독립 주권 국가 사이이다. 남한과 북한이 그런 관계에 선다는 것이야말로, 즉 서로 독립 주권 국가 관계가 된다는 깃이야말로 통일을 포기하는 영구 분단을 의미하는 것이니 박정희의 6·23 선언을 영구분단 정책이라 비판할 수 없다.

김대중 씨의 주장대로 박정희가 1973년에 영연방제와 비슷한 연방제를 통일방안으로 받아들이려면 자유통일을 포기하고 헌법 개정을 해야 했다. 美蘇(미소) 간의 냉전이 끝난 지금도 못 할 일을 냉전의 한복판에서 과연 그럴 수 있었을까.

비록 김일성의 연방제와 김대중의 연방제가 다르다고 해도 박정희가 연방제란 이름의 통일방안을 받아들이는 것은 북한식 통일방안에 동조하는 것으로 해석될 것이 분명한데 과연 그런 일이 가능했을까. 김일성으로부터 세 번에 걸친 암살 시도를 당했던 박정희가 과연 그 북한 정권과 '영연방제식의 연방제 아래 상징적 통일의 제1단계'로 들어갈 수 있었을까. 그러하지 못했다고 박정희를 비판한다는 것은 무슨 의미인가를 묻게 된다.

金大中 연방제

김대중 씨와 김일성은 1970년대에 이미 연방제 통일방안이란 말을 공유하기 시작했다. 그 말뜻은 다르다고 해도 상호 접근할 수 있는 친근성은 있었다. 즉, 1970년대에 이미 김대중 식의 통일방안은 대한민국의 통일방안(대한민국이 북한 정권을 평화적으로 해체, 북한 주민을 구출한다는 의미에서의 반공 자유통일)보다는 김일성식 통일방안에 더 가까이가 있었다.

김대중 씨는 상기 진술조서에서 이렇게 말하고 있다.

'공산통일도 용납할 수 없지만 반공통일이나 멸공통일을 하자는 것은 결코 아니다.'

그의 연방제 통일방안은 통일조국의 이념이 무엇이어야 하는가에 대한 설명이 없었다. 김대중 씨는 1992년까지도 "통일조국의 정치이념은 통일을 이룰 세대가 결정할 문제이다"라고 말했었다. 통일조국의 이념을 확실히 하지 않은 통일방안은 종착역을 설명하지 않고 열차 손님을 구하는 행위라고 할 것이다.

김대중 씨의 1970년대 통일방안이 대한민국의 공식 통일방안보다는 김일성의 그것에 더 가까이 있었다는 의미는 그의 통일 정책 관련 인맥 또한 그러했을 것이라는 추정을 가능하게 한다. 이 부분에 대해서는 정밀하고 집중적인 탐구가 필요하거니와 여기서는 두 가지 사례만을 든다. 상기 육군본부 계엄보통군법회의 검찰부 신문조서엔 이런 대목이 있다.

〈―피의자(김대중)는 裵東湖(배동호)로부터 경제적 도움을 받은 사실이 있나요.

"양일동 씨의 소개로 알게 된 이후 유진산, 양일동과 만나는 자리에서 수차 만났는데 제가 미국으로 출발하려고 숙박비를 계산하려 했더니 당시 숙박비 30만 엔 정도를 배동호가 이미 계산했습니다."

—〈민족시보〉를 알고 있나요.

"그 신문은 배동호가 의장으로 있는 민족통일협의회의 기관지로 旬間(순간)으로 발행되는 것으로 알고 있습니다."

—피의자가 본 〈민족시보〉 신문 내용에 대해 말하시오.

"(전략) 7월 1일자에서는 '대민족회의를 소집, 고려연방공화국으로' 라는 제하의 기사에서 김일성의 사진을 게재하고 김일성의 통일방안을 게재하는 한편, 6·23 외교선언을 반대하는 배동호의 논평이 실려 있었습니다."

—한민통 일본 본부 발기 준비를 위해 여러 차례 모임이 있었는데 그 경비는 누가 부담했나요.

"본인은 부담한 사실이 없고 배동호 등 그 사람들이 회의장소 임대료, 식대 등을 전부 지불한 것으로 알고 있습니다. 제가 묵고 있던 호텔에 찾아오면 커피 등 음료수는 제가 대접했습니다."〉

우리 역대 정부는 배동호를 북한의 지령을 받는 인사로 단정했다.

左派 지식인 야스에의 역할

일본의 左派(좌파) 월간지 〈世界(세계)〉 1998년 3월 호에는 '김대중 대통령 탄생이 의미하는 것' 이란 제목의 인터뷰 기사가 실렸다. 池明觀(지명관) 한림대학 일본학 연구소 소장을 이 잡지의 편집장이 인터뷰한 것이다. 이 기사의 첫 머리에 池(지) 교수의 이런 술회가 나온다.

〈1973년 2월경부터, 일본에 망명 중이던 김대중 씨와 야스에(安江良

介-〈세계〉 편집장) 씨 사이가 깊어져, 이때 가끔 일본에 오곤 했던 나를, 야스에 씨가 김대중 씨와 만나도록 해주었습니다. 한국에 있을 동안엔 서로 이름은 알고 있었지만 직접 만난 적은 없었습니다. 당시는 한국의 정보부가 눈을 밝히고 있었기 때문에 내가 앞문으로 들어오고 김대중 씨가 뒷문으로 들어오는 식으로 만나게 해주었습니다. 김대중 씨를 처음 일본 저널리즘에 소개하고, 일본 사회에 소개한 것은 야스에 씨였습니다. 그때까지 김대중 씨는 일본 사회에선 거의 무명의 인물이었습니다〉

여기 등장하는 야스에 씨는 이와나미 출판사 사장까지 지낸 뒤 1997년 죽은 일본의 대표적인 좌파 지식인이다. 1970년대에 〈세계〉 잡지의 편집장이던 그는 특히 김일성과 몇 차례 인터뷰한 사람으로 유명했다. 야스에가 한 김일성과의 인터뷰 기사를 읽어보면 야스에는 언론인이라기보다는 김일성의 말을 검증 없이 그대로 전하는 대변인에 더 가깝다는 것을 알 수 있다.

그는 〈세계〉 잡지를 통해서 親(친)김일성, 反(반)박정희 노선을 견지해왔다. 1973년 5월호 〈세계〉 잡지에서부터 실리기 시작한 '한국으로부터의 통신'은 박정희, 전두환 정권을 신랄하게 공격하는 사실과 소문과 과장의 혼합물이었다. 1988년 3월호까지 연재된 이 통신은 일본 지식인들의 한국관에 큰 영향을 끼쳤다.

이처럼 한국의 권위 정권에 대해 가차 없는 공격을 퍼부었던 야스에는 히틀러-스탈린과 버금가는 인간 도륙의 지옥을 건설한 김일성에 대해서는 비판은커녕 일방적인 대변에 충실했다. 이런 위선적 자세는 말년의 야스에가 일본 지식인 사회에서 많은 비판을 받도록 했다. 그런 친김일성 인사가 1973년에 김대중 씨를 이 사람, 저 사람들에게 소개하고 있었다는 것이다.

1970년대 김대중 씨는 통일론이나 친교 면에서 대한민국의 공식 정책이나 주류 사회보다는 김일성의 것과 일본 내 좌파 지식인에게 더 기울어져 있었던 것 같다. 그는 상대적 억압자인 박정희를 절대적 전제자인 김일성보다도 훨씬 더 심하게 공격했다. 그의 이런 성향은 김정일과의 정상회담을 성사시키는 데는 유리하게 작용한 반면 한국의 주류층을 불안으로 밀어넣었다.

李厚洛 증언

1973년 8월 8일에 일본 도쿄에서 발생한 김대중 납치 사건은 납치만 크게 부각되고 왜 이후락 당시 정보부장(또는 박정희 대통령) 측이 납치를 결심했는가에 대해서는 의외로 깊이 있게 다룬 글이 적다. 그런 점에서 1987년 10월 〈신동아〉에 실린 이후락 인터뷰는 좋은 자료이다.

〈신동아〉 李鍾珏(이종각) 기자가 쓴 이 인터뷰 기사는 '김대중 선생 납치 사건 진상 규명을 위한 시민의 모임(공동위원장 韓勝憲, 尹順女)'에서 펴낸 〈김대중 납치 사건의 진상〉이란 자료집에 실려 있다. 일부를 인용한다.

〈그럼 여기에서 유신이 단행된 직후 해외에서 反유신투쟁을 전개하고 있던 김대중 씨의 어떠한 언동이 국익에 위해스럽다고 여겨져 이 사건까지 일어나게 됐는지를 물어보기로 하자.

—구체적으로 김대중 씨의 어떤 활동이 그토록 유해하다고 생각했습

니까?

"…하… 이건 내가 했다고… 스스로 말하는 전제에서 이야기하는 것은 아니고, 내 입장을 한번 잘 들어봐 주세요. 내가 1972년 5월 24일날 김일성이를 만났을 때 김일성이 하는 말이 "남쪽에는 통일방식을 달리 하는 민주인사들도 많데요" 이런 말을 합디다. 그때 내가 상당히 쇼크를 받았어요. 역시 통일문제에 대한 의견이 이러쿵저러쿵 나오는 것은 우리의 약점이구나 하는 것을 내가 절실히 느꼈습니다. 그 뒤 내가 국회에 증언 나가서 김일성이가 말한 것을 솔직히 이야기하면서 우리가 통일에 대해서는 발언을 상당히 주의해야 되겠다는 것을 이야기한 바 있습니다.

그런데 김대중 씨가 미국에서 소위 '한국민주화촉진국민회의'를 만들어가고 있을 때 방방곡곡을 다니면서 연설도 하고, 그러다 보니까 모이는 사람들이 다 민주인사는 아니고 정말 위험스러운 인사들도 있었어요…. 이 분이 캐나다에 가도 또 그런 것을 만들고, 또 이제 일본에도 만들고, 장차에는 유럽에도 만든다는 이야기가 있었어요. 또 그중의 어떤 사람들은 '국민회의에서 그칠 것이 아니라 망명정부를 세우자' 하는 이야기를 말하는 사람들도 있었습니다.

나, 솔직히 그때 남북대화에 미쳤어요. 내 목숨을 걸고 평양에 가서 인제 전쟁을 막고, 그리고 통일의 길로 서서히 나아가자는 일념에서 어떻게 하면 통일을 성공시키느냐 하는 생각밖에 없었습니다.

아마 그 무렵일 거예요. 월남에서 월남과 호찌민 군대 간의 회담이 끝내 베트콩이 참여하는 3자 회담으로 갔는데, 그 당시 LA나 일본에 보내지는 북한 지령은 자꾸 그 조직에 적극 참여하라든지, 관심을 표명하라는 지령이 많이 가고 있었습니다. 또 상당한 반한 신문에서도 그런 방향으로 연락이 가는 첩보를 내가 탐지했고… 그럴 때, 나는 남북대화를 해오는 당사자로서 느끼기에 이렇게 가다가는 망명정부가 이루어지든 안이루어지든 간에 그건 다음 문제로 치고, 자칫 잘못하면 김일성이가 남쪽의 박정희뿐 아니라 해외에 있는 민주인사까지 포함시켜서 3者회담으로 나가자 하는 그런 가능성이 눈에 환히 보였습니다.

왜 그러냐 하면 내가 이북 놈들하고 대화할 때마다 통일에 대해서 딴의견이 남쪽에 있지 않느냐 하는 이야기를 아주 밥 먹듯이 해요. 그것이나에게는 큰 고충이고, 이러다가는 남북대화는 어렵다, 또 해외에서 무슨 조직이든 汎(범)세계적인 조직을 만들어서 反韓(반한) 활동, 反정부활동을 한다는 것은 대화를 위해서는 도움이 안 된다, 만에 하나라도 그런 일 없기를 바라지만 일부 인사가 주장하는 대로 망명정부가 이루어졌을 때는 이 나라 꼴이 어떻게 되겠느냐 하는 이러한 기우도 나에게는사실상 없지 않았어요.

그러한 점을 고려해서 결국은 '윤리적으로 가슴 아픈 일이지만 이 사람을 본국으로 데려와야 되겠다' 하는 그러한 생각이 참 많았습니다. 그런 이유 때문에 납치 사건이 일어나지 않았는가. 이렇게 생각합니다."

—그렇다면 당시 해외에서의 김대중 씨 활동이나 조직을 너무 과대평가하신 것은 아닌가요? 당시의 상황을 객관적으로 보더라도 김대중 씨의 그 단체는 조직이나 기구를 제대로 갖춘 상태가 아니었잖습니까?

"첩보보고가 들어왔어요…."

—첩보에는 어떤 경우 과장이 있지 않습니까?

"과장이 있었는지 모르지… 여하튼 그런 보고를 읽었어요. 물론 내가조금 과대평가를 했는지는 모르지만, 사람이 미치다 보면 조그마한 것도 크게 보이게 마련이에요. 내가 남북대화를 하다 보니까 어떻게 하면 우리가 유리한 고지에 서느냐, 하다 보니까 우리의 취약점이 크게 보일 수 있는 법이에요."

―1973년 8월경이라면 이미 그때 북한과의 대화에서 우리 측과는 상당한 간격을 느끼고 있을 때 아닙니까? 이 부장께서는 그대로 남북대화의 장래를 상당히 낙관적으로 평가하고 계셨습니까?

"남북대화는 결국… 그때 내가 볼 때는 전쟁의 위기가 상당히 높았습니다. 왜 높았느냐, 일선에서 우발적인 사고가 일어나기가 쉽더라고요. 그래서 여하튼 간에 전쟁은 어떻게 해서든 막아야 되는 방법을 마련해야 되겠는데, 그것은 김일성과 만나서 이야기하고 연락을 갖는 것이 중요하다 해서 내가 그 길을 택했지요. 물론 북한은 남북회담을 정치적으로 이용하려고 했겠지요.

그러나 대화란 것은 길을 터서 어떻게 하든지 넓히기는 쉽지. 길을 한 번 연다는 것은 어려우니까 여하튼 열어놓자, 열어놓고 자꾸 넓혀보자는 것 아니겠어요. 그렇게 생각하고 대화가 추진되고 있을 때였지 않습니까? 북한의 태도가 어떻든 간에 나는 남북대화를 넓혀보자 하는 일념뿐이었고, 사실 김대중 씨가 바깥에서 그런 일을 하지 않았다든지, 또는 납치사건이 없었다든지 했으면 어느 모로나 진전이 있었지 않았겠나 이렇게 생각합니다."

―그렇지만 그때는 이미 남북대화가 제대로 되겠나 하는 느낌이 상당히 들 정도가 아니었습니까?

"현격한 차이가 있으면 있을수록 이쪽 약점을 더 줄이고 싶은 것이 당연하지 않겠어요?"

―그 무렵 김대중 씨가 공화국 연방제를 주장한 것도 납치 사건의 한 요인이 됐습니까?

"그해 6월 23일 김일성이가 체코 총서기인가 뭔가가 평양에 왔을 때 고려연방제를 말한 것은 자기 나름대로의 철학에 의한 통일론인 만큼 그것을 시비하는 것은 아닙니다. 그러나 하필이면 이름을 왜 공화국 연방제를 내걸어요. 나는 진짜 기절할 정도로 쇼크를 받았어요. 이제 남북 대화는 다 틀렸구나 하는… 나는 너무나 엄청난 충격을 받았고…, 그 사람이 아마 틀림없이 일본에 와서인가 일본에 오기 직전인가 아니었나 싶어요. 지금도 그 말을 들으면 온몸에 소름이 끼쳐요. 어떻게 할 수 없나 봐요."

―공화국 연방제나 대중경제론도 하나의 논의인데, 그렇게까지 심각하게 받아들였습니까? 이런 논의도 있고 저런 논의도 있을 수 있을 텐데요.

"다른 사람은 쉽게 그렇게 말하실 수 있죠. 그러나 항상 국가안보라는 것은 최악의 경우라는 것을 생각해보지 않을 수 없어요. 정말 그 무엇하고도 바꿀 수 없는 중대한 문제라고 하는 생각이 앞섰고…."

―박 정권이 종신집권이 가능한 독재체제로 되었기 때문에 김대중 씨는 反독재투쟁을 할 수밖에 없었던 것 아닙니까? 그런 비민주적인 요인이 없었더라면 김대중 씨도 그렇게 행동하지 않았을 텐데요.

"우리 요원들이 김대중 씨에게 그런 말 하지 말라고 권고했어요. 또 한국으로 돌아가도 절대 아무 일 없다고 몇 번 권고했어요."

―김대중 씨의 통일론이 문제였다면, 박 정권의 종신집권체제인 유신체제와 남북대화도 무슨 관계가 있다고 볼 수 있겠습니까?

"그건 지금 이야기할 때가 아닌데… 남북대화할 때는 유신이란 것은 꿈에도 생각해본 일이 없었고, 다만 대화하다 보니까 통일방안이 남쪽에서 이게 나오고 저게 나오고 해서는 안 되겠어요. 그래서 내가 대통령에게 '이런 체제 갖고는 도저히 남북대화하기가 어렵습니다' 그렇게 말씀드리고, '통일주체국민회의란 것을 만들어서 여하튼 간에 통일방안을 하나로 집약해서 통일방안은 이거다, 이외에는 딴 의견이 없다 하는 방향으로 몰고 가야만 대화가 되지 그렇지 않으면 안 됩니다' 그렇게 말씀드렸습니다. 물론 유신 헌법이 만들어지는 과정에 여러 가지 또… 딴 요소도 들어갔습니다만, 그때 취지는 통일주체국민회의를 만들어서 대화를 해보자는 것이었어요. 그것이 최상이다 생각해서 발상한 거지, 혹자가 말하듯이 유신을 하기 위해서 남북대화를 한 것은 아니에요."

—그럼, 유신체제 구상을 박 대통령에게 건의한 것은 정확하게 언제입니까? 7·4 공동성명에서 10월 유신(10·17)이 나오기까지는 불과 3개월 정도밖에 안 되는데요. 7·4 공동성명이 나올 무렵인가요?

"그것이 9월이에요."

—9월 초순입니까?

"8월 말, 8월 말이에요."

—8월 말에서 10월 17일이 유신이니까 약 두 달쯤인가요?

"두 달, 두 달은 안 될 거예요."

—처음 구상단계에서부터 박 대통령과 상의했습니까? 이런 이유 때문에 통대를 만드는 식으로 개헌을 하지 않으면 안 되었다고….

"처음 대통령께서는 아무 말씀 안 하시더구먼. 그러다가 한 열흘인가, 보름 후에 김성진 비서관이 유혁인 씨하고 왔어요. 내가 얘기했다는 것이 어떤 내용인가 해서… 다시 되풀이 설명을 했지요. 그래서 그때부터 그 체제의 골격 구상작업이 이루어진 것으로 알고 있어요."〉

연방제案의 일부 타당성을 최초로 인정한 대통령

李厚洛(이후락) 씨의 증언을 해석해 보면 김일성의 고려연방제 통일 방안과 김대중 씨의 공화국 연방제 통일 방안은 서로 연관되어 있는 것이 아닌가 의심했다는 것이다. 김일성이 대한민국의 공식적인 통일 방안과 다른 김대중 씨의 통일 방안을 이용하여 북한 정권–대한민국 정권–대한민국 내 소위 민주인사의 3자 회담을 제의, 분열작전으로 나올 가능성을 염려했다는 것이다.

이런 3자 회담은 한반도의 정치세력 구도를 2(북한 측) 대 1(대한민국)로 만드는 것이다. 김일성도 노동당 간부들에게 연방제 통일 방안이 바로 그런 구도를 만들기 위한 것이라고 고백한 적이 있다. 즉, 연방제 통일 방안을 대남 공작에 이용하여 남한 내에서 공산세력의 자유로운 활동을 확보해 주면 4,000만 국민 가운데 2,000만을 북한 편으로 돌려세울 수 있다는 것이다. 그러면 북한 주민 2,000만과 합쳐서 자기 편이 4,000만, 대한민국 수호 세력이 2,000만이 되니 자유총선거를 해도 공산당이 이길 자신이 있다는 계산이었다.

김대중 전 대통령의 한 측근은 "그동안 김 대통령이 사상적으로 의심을 받아가면서도 자신의 통일 방안을 유지해왔기 때문에 북한 측도 신뢰하여 정상 회담을 수락하게 된 것이다"라는 요지의 말을 했다. 이 말엔 진실이 있다. 김대중 씨는 1980년 5월에 계엄당국에 연행되어가 조사를 받을 때도 자신의 통일 방안을 당당하게 이야기했다. 이 통일 방안의 위험성을 지적할 수는 있어도 그것이 김대중 전 대통령의 소신임을 의심할 수는 없을 것이다.

김대중 씨는 자신의 통일 방안이 김일성의 연방제안과 다른 점을 강조해 왔으나 비슷한 점이 많았다는 것은 2000년 6월 평양회담에서 뒤늦게 입증됐다. 북한의 '낮은 단계의 연방제'와 김대중 씨의 '연합제'가 공통점이 있다는 점을 인정하고 그 방향으로 통일을 의논해 간다는 중대한(또는 위험한) 합의를 했던 것이다.

이 합의는 대한민국 건국 이래 최초로 북한의 대남 적화 전략의 핵심인 연방제案(안)의 일부 타당성을 인정한 것이다. 이런 인정의 연장선상에서 남한 내의 친북 세력이 지난 수년간 대담한 활동을 전개하여 대한민국 수호 세력을 反통일 세력이라고 공격해왔음은 이미 공지의 사실이 됐다.

즉, 김일성의 통일 방안 일부를 김대중 대통령이 받아들임으로써 결과적으로 그들의 대남 적화 공작에 일정한 공간을 제공하는 사태를 초래한 것이다.

김정일 정권과 국내의 親北(친북) 세력은 이제 線(선)과 선의 연결이 아닌 面(면)과 면의 접촉으로 확대, 연동되어 김정일 정권의 조종대로 움직일 수 있는 조건이 성숙되고 있다고 보아야 할 것이다.

햇볕정책은 벼랑에 몰린 김정일 정권을 경제적·군사적으로 기사회생시키고, 한국 내의 대북 안보 체제를 약화시키고 있다. 이런 변화가 가능했던 것은 1970년대부터 지속되어온 김일성-김정일 정권과 김대중 씨 사이의 이해와 공감 때문이 아닐까.

진보와 守舊의 대결

지금 한국에선, 1970년대에 박정희와 이후락이 걱정했던 것이 정권 유지를 위한 거짓말이라든지 단순한 기우라고 할 수 없는 상황이 벌어지고 있는 것이다.

물론 김정일의 연방제를 앞세운 적화 전략과 이에 놀아나는 남한 내의 親김정일 세력의 전략이 성공할 것 같지는 않다. 우선 김정일 정권의 악마성과 구제불능함이 너무나 심해서 그 정권 편을 공개적으로 들 수 없게 되어 있다. 웃음거리가 될 각오가 되어 있다면 몰라도, 남한 내의 親김정일 세력은 개혁·민주·통일 세력으로 위장하고 있는데 이런 위장은 끊임없는 거짓말을 요구한다.

거짓말과 위선이 습관처럼 되어 있는 세력은 결정적인 순간에 큰 힘을 내기가 힘들다. 아무래도 정직에서 진정한 힘이 나오니까 이들이 당당하게 親김정일 간판을 내걸 수 있으려면 국가보안법이 폐지되어야 한다. 그렇더라도 이들이 본색을 드러내는 날이 장례식이 될지 모른다. 너무나 우스꽝스러운 꼴이 될 것이기 때문이다. 정보화 사회에서 마적단 두목을 사모하는 태도를 보인다는 것은 맨정신으로는 불가능하기 때문이다.

김정일은 퇴임한 김대중 씨와의 계속적인 연계를 유지하면서 한국 사회에 영향력을 행사하려고 할 것이지만 김정일 정권의 악마적이고 反민족적인 본질 때문에 그와 협조하려는 세력은 자가당착에 빠지고 말 것이다.

그러나 김정일 정권이 남한 내의 親김정일 세력을 조종하는 한도 내에서 한국의 선진화는 불가능하다. 김정일 세력과 그 우호 세력은 광신, 미신, 억지, 살육, 비인간, 비과학 같은 전근대의 유산이기 때문이다. 이런 守舊(수구) 세력이 전진하려는 한국 사회를 억지와 광신으로써 계속해서 끌어당길 경우 한국은 속도를 낼 수 없기 때문이다.

대한민국의 오늘을 만든 세력, 즉 한국 사회의 주류층이 합리와 과학과 자유와 인권을 대표한다면(즉 역사의 진보 세력), 김정일 정권과 親北(친북) 세력은 비합리와 광신과 억압을 대표한다. 그들이야말로 역사의 전진을 가로막는 수구 反動(반동) 세력인 것이다. 지금 한반도에서 이 두 세력의 대결이 벌어지고 있다. 이것은 한국의 선진화인가 후진국으로의 회귀인가를 결판낼 것이다.

객관적인 조건이 성숙되었을 때 기회를 포착하려면

박정희 대통령은 1970년 7월 23일 국방대학원 졸업식 유시에서 아주 낙관적인 전망을 피력했다.

〈우리와 북괴 사이에 상대적인 힘의 균형에 있어서 1970년대 중엽에 가면 피차 간에 큰 격차가 생길 것으로 나는 내다보고 있다. 1976년, 즉 우리의 제3차 경제개발 5개년 계획이 완료될 무렵엔 경제력에 있어서 우리의 국민 총생산은 북괴의 4배 내지 5배가 될 것이다. 인구에 있어서도 남한 인구는 북한 인구보다 2,000만이 더 많을 것이다. 군사 면에 있어서도 우리는 북괴를 훨씬 능가하는 실력을 갖추게 될 것이다. 그때 가서는 북괴도 무력으로 남한을 정복하겠다는 지금까지의 생각을 다시 한 번 재고하지 않을 수 없게 되리라고 본다〉

그리고 5년이 흐른 1976년 그의 예언은 거의 현실로 나타났다. 이 해 1월 24일 박 대통령은 국방부를 연두 순시한 자리에서 자신의 통일관을 담담하게 밝힌다. 원고 없이 조용조용하게 이야기한 내용의 테이프를 풀어본다.

〈특히 공산주의를 반대하는 논리를 이론적으로 여러 가지로 제시할 수 있겠지만, 여기서 내가 강조하고 싶은 것은 우리는 공산주의를 절대 용납할 수 없습니다. 왜냐? 우리의 민족사적 정통성을 유지하기 위해서라도 우리가 용납해선 안 됩니다. 공산당은 우리의 긴 역사와 문화, 전통을 부정하고 달려드는 집단이니 도저히 용납할 수 없는 것입니다. 우리 대한민국만이 우리 민족사의 역사적 정통성을 계승하여 지켜가는 국가이다, 하는 점에 대해서 우리가 반공 교육을 강화해야 하겠습니다. 공산당이 지난 30년간 민족에게 저지른 반역적인 행위는 우리가 절대로 용납할 수 없을 겁니다. 후세 역사도 절대로 용납하지 않을 겁니다.

우리가 정말 참을 수 없는 것을 참아온 것은 전쟁만은 피해야겠다는 일념 때문이었습니다. '우리가 언젠가는 이 분단 상태를 통일을 해야겠는데 무력을 쓰면 통일도 되지 않을 뿐만 아니라 한 번 더 붙어서 피를 흘리고 나면 감정이 격화되어 몇 십 년간 통일이 또 늦어진다. 그러니 통일은 좀 늦어지더라도 평화적으로 해야 한다'고 우리가 참을 수 없는 그 모든 것을 참아온 겁니다. 우리의 이런 방침엔 추호의 변화가 없습니다. 그러나 공산당은 그렇게 생각하지 않습니다. 언젠가 그들이 무력으로 접어들 때는 결판을 내야 합니다.

기독교의 성경책이나 불경책에서는 살생을 싫어하지만 어떤 불법적이고 강한 자가 약한 자를 침범할 때는 그것을 쳐부수는 것을 정의라고 보고 있습니다. 그리스도교에서는 누가 내 볼을 때리면 이쪽 따귀를 내주고는 때리라고 하면서 적을 사랑하라고 가르치지만 선량한 양떼를 잡아먹으러 들어가는 이리떼는 이것을 두드려 잡아 죽이는 것이 기독교 정신이라고 가르치고 있습니다.

북한 공산주의자들도 우리 동족임에는 틀림이 없습니다. 우리가 먼저 무력으로 쳐 올라갈 리야 없지만 그들이 또다시 6 · 25와 같은 반역적 침략을 해올 때에 대비하고 있다가 그때는 결판을 내야 합니다.

통일은 언젠가는 아마도 남북한이 실력을 가지고 결판이 날 겁니다. 대외적으로 내어놓고 할 이야기는 아니지만, 미 · 소 · 중 · 일 4대 강국이 어떻고 하는데 밤낮 그런 소리 해보았자 소용없는 이야기입니다. 어떤 객관적 여건이 조성되었을 때 남북한이 실력으로 결판을 낼 겁니다. 그러니 조금 빤해졌다 해서, 소강상태라 해서 안심을 한다든지 만심을 한다든지 해서는 안 되겠습니다〉

박정희는 화려한 통일 방안을 만든 사람이 아니라 남한 주도의 통일이 가능한 객관적 조건을 성숙시킨 사람이었다. 문제는 통일의 결정적 순간이 도래했을 때 대한민국의 지도부와 국민들이 그 기회를 낚아채는 결단을 내릴 수 있는가이다. 유리한 조건이 반드시 승리를 보장하는 것은 아니다. 인간의 의지가 들어가야 한다.

親(친)김정일 세력이 지금처럼 발호하는 상황에서는 그런 의지의 결단이 어려울 것이다. 우리의 1990년대 10년간은 '잃어버린 기회'였는지도 모른다. 소련의 붕괴, 동구 공산체제의 붕괴, 중국의 개혁 개방, 김일성 사망, 북한의 대기근 사태로 이어지는 그 10년간의 호기 속에서 한국인들은 흡수통일할 각오와 희생정신을 발휘하지 못했다.

친북 세력의 감언이설—서독의 동독 흡수가 실패라는 거짓말 등—과 주류층의 비겁성, 그리고 지도층의 안이한 전략이 첫 번째 기회를 유실시켰는지도 모른다. 그러나 그것이 마지막 기회는 아니었을 것이다.

제33장

한국 축산진흥의 元年

朴正熙

호주 캔버라에서

1968년 9월 15일 오전 10시 50분 박정희 대통령 내외가 호주·뉴질랜드 공식 방문길에 올랐다. 이날 김포공항에는 趙鎭滿(조진만) 대법원장, 張坰淳(장경순) 국회부의장, 丁一權(정일권) 국무총리 등 三府(삼부) 요인과 로제 샹바르 주한 외교사절단장을 비롯한 외교 사절 및 민간 대표들 등 약 700여 명의 내외 인사들이 나와서 朴 대통령을 환송했다.

박 대통령은 짙은 회색 싱글, 육 여사는 녹두색 한복에 흰 고무신, 큰딸 槿惠(근혜) 양은 자주색 교복 차림이었다.

환송객과 인사를 나눈 박 대통령 내외는 비행기 트랩에 올랐다. 큰딸 근혜 양이 아빠를 따라 트랩에 오르려 하자 박 대통령은 전송 나온 급우들에게 인사하라고 귀띔했다.

1968년 9월 16일 오전 10시 박정희 대통령 내외는 崔圭夏(최규하) 외무장관을 비롯한 15명의 공식 수행원 및 5명의 비공식 수행원과 함께 호주의 페어베인 공군기지에 도착(홍콩 경유), 3박 4일간의 호주 공식방문 일정에 들어갔다.

박정희 대통령 내외를 맞은 캔버라는 한국이 초가을로 접어들고 있는 데 반해 섭씨 13도의 화창한 봄 날씨를 보였다. 공항 주변의 끝없이 펼쳐진 목초지 위에는 솜처럼 새하얀 면양이 점점이 흩어져 풀을 뜯고 있었다. 벚꽃이 만발했다.

박 대통령 내외는 오전 10시 30분 숙소에서 고튼 호주 총리 내외와 함께, 한국의 지하수와 목초 개발을 위한 양국 간의 기술협조 문제를 주제로 약 30분간 환담하였다. 박 대통령은 수행한 李啓淳(이계순) 농림장관과 金庸來(김용래) 축산국장을 불러 "호주의 목초개발 방법을 검토하여 본받을 수 있도록 하라"고 지시했다.

金庸來(김용래·전 서울시장)의 회고.

"박 대통령이 호주·뉴질랜드를 방문하면서 크게 염두에 둔 부분이 우리나라 축산진흥이었다. 박 대통령은 우리나라 농민이 왜 이렇게 못사는가에 대해서 늘 고심하였다. 박 대통령은 그 이유를 쌀·보리 위주의 농업에서 찾은 것 같다. 1968년 6월 10일 박 대통령은 권농일 모내기 행사를 위해 수원에 내려갔다. 이계순 농림장관이 차에 동승하였다.

박 대통령은 이 장관에게 '우리 농업이 米麥(미맥) 위주여서 수해나 가뭄 등의 자연조건에 너무 민감하다. 토지이용을 다각화할 필요가 있다. 축산을 하면 농가소득이 증대될 뿐 아니라 일본에 소 10만 두만 수출하면 대일 무역적조가 해소된다고 한다. 이 장관은 축산에 힘을 쓰라'고 말했다.

박 대통령이 '소 10만 두만 수출하면 대일 무역 역조가 해소된다'고 말한 것은 그 며칠 전 嚴敏永(엄민영) 주일 대사에게서 들은 말이 있었기 때문이다. 엄 대사는 박 대통령에게 '일본에 가서 보니 쇠고기가 부족해 호주·뉴질랜드에 엄청난 돈을 지불하고 쇠고기를 수입하고 있었습니다. 우리도 소만 있다면 수출하는 것은 문제가 되지 않습니다. 소 한 마리당 1,000달러로 계산해서 1년에 10만 두만 수출하면 1억 달러가 됩니다. 대일 무역 역조가 금방 해결됩니다' 라고 보고했던 것이다.

朴 대통령은 한번 집념을 가지면 자나 깨나 그 생각만 한다. 이날 수원에 내려간 朴 대통령은 권농일 행사에서 산지를 개발해서 축산을 진흥하자고 말씀하셨다."

고튼 호주 총리와 환담을 마친 朴 대통령은 곧바로 총독 관저를 예방하여 케이시 총독과 이야기를 나누었다. 朴 대통령은 총독 관저 접견실에서 호주 駐在(주재) 외교 사절들을 접견했다. 朴 대통령은 특히 한국 참전 16개국 중 호주에 주재하고 있는 벨기에, 캐나다, 프랑스, 터키, 남아공연방, 스웨덴 등 6개국 대사를 따로 만나 1·21 사태를 중심으로 한 한국의 입장을 설명했다.

朴 대통령은 호주 주재 베트남대사도 만나 베트남에서의 명예롭고 항구적인 평화실현을 위해서 자유 아시아 국가들이 결속해야 한다는 점을 강조했다.

朴 대통령과 고튼 호주 총리는 9월 17일 정상회담을 갖고 앞으로 양국 간의 무역 확대를 위한 각료급 회담을 여는 데 합의했다. 이날 한·호주 정상회담과 각료급 회담을 통해 양국은 축산, 산림, 어업 및 문화·예술 등 모두 4개 사항에 관해 협정을 체결하기로 합의하였다.

9월 18일 시드니에 도착하여 웬트워드 호텔에서 호주 방문의 마지막 일정을 보낸 박 대통령은 19일 오전 날이 밝자마자 수행원을 찾았다. 수행원들은 다음 방문국인 뉴질랜드로 출발을 준비하기 하기 위해 아침부터 바쁘게 움직이고 있었다.

마침 스위트룸 부근을 지나던 姜永奎(강영규·뒤에 필리핀 대사 역임) 외무부 아주국장은 朴 대통령이 급하게 찾는다는 말에 대통령이 묵고 있는 방으로 들어갔다. 방에 들어가자마자 朴 대통령은 "이후락 비서실장도 들어오라고 해"라고 말했다. 姜 국장은 옆방으로 가 이후락 비서실장을 급히 데리고 다시 대통령이 있는 방으로 들어갔다.

이후락 비서실장이 들어오자 박 대통령은 "여기에 있는 가구들을 한

번 봐. 전부 日製(일제)야"하며 방안에 있는 가구들을 손으로 가리켰다. 박 대통령은 "우리도 가구는 잘 만드는데 얼마든지 수출을 할 수 있겠어"라고 말하더니 대뜸 "李東煥(이동환) 대사에게 연락해서 이 나라에서 일제 가구를 연간 얼마나 수입하는지, 우리나라의 수출 가능성은 얼마나 되는지 조사해서 지금 당장 보고하라고 하시오"라고 하는 것이다.

강영규 당시 외무부 아주국장의 회고.

"전날 밤까지 이어진 공식일정만 해도 피곤할 텐데 박 대통령은 잠들기 전에 방에 있는 가구를 살펴보고 그것이 전부 일제인 것을 알고는 잠이 오지 않은 모양이었다."

박 대통령의 지시를 전해 들은 이동환 대사는 발등에 불이 떨어졌다. 이 대사는 뉴질랜드 대사도 겸임하고 있었기 때문에 정신없이 바쁜 상태였다. 몇 시간만 있으면 뉴질랜드로 날아가야 했으므로 일제 가구의 호주 수출현황을 오전 중에 끝내야 할 상황이었다. 대사관에서 평소에 이런 것을 조사해 둘 리가 만무했다.

강영규 당시 외무부 아주 국장의 회고.

"박 대통령은 국무회의 때 각종 수출 수치 등을 외우고 있다가 장관들에게 질문을 자주 했다. 갑자기 들어오는 질문에 장관들은 평소 잘 알고 있던 숫자도 우물우물하기 일쑤였다.

국무회의 시작 전에 장관들이 숫자를 달달 외우는 진풍경이 자주 벌어졌다. 박 대통령은 대사가 유능한가 무능한가를, 그 나라에 대한 수출을 얼마나 많이 했는가 하는 것으로 평가했다. 수출 실적이 곧 대사들의 성적표였다."

박 대통령이 지시한 일제 家具의 호주 수출현황 자료는 귀국 후 보고

됐다.

뉴질랜드에서

朴 대통령 내외는 3일간의 호주방문을 마치고 뉴질랜드를 공식방문하기 위해 19일 시드니를 떠났다. 朴 대통령은 같은 날 오후 3시 35분 뉴질랜드 오하키 공항에 도착해서 폴리트 뉴질랜드 총독 내외, 홀리오크 총리 내외의 영접을 받았다.

의장대를 사열한 박 대통령은 총독 및 총리 내외와 함께 뉴질랜드 정부가 마련한 특별기(DC-3) 편으로 수도인 웰링턴에 도착, 총독 관저에서 여장을 풀었다.

박정희 대통령은 9월 20일 오전 11시 20분 뉴질랜드 국회의사당 총리실에서 홀리오크 총리와 정상회담을 가졌다.

박정희 대통령은 이날 낮에 홀리오크 총리가 국회의사당 벨라미 홀에서 베푼 오찬회에 참석, 250여 명의 뉴질랜드 정부지도자들 앞에서 연설했다.

박 대통령은 "평화와 자유는 구호에서 얻어지는 것이 아니라 적극적으로 희구하는 자유민들의 용기 있는 단합에서만 얻어진다"고 강조했다. 홀리오크 총리는 이 자리에서 "한국은 전쟁과 잿더미 속에서 살아나, 새로운 아시아의 중요한 역할을 하도록 운명지어져 있다"고 말했다.

이날 정상회담 결과는 23일 박정희 대통령이 4일간의 뉴질랜드 공식방문을 마치고 귀국하기에 앞서 발표되었다.

양국은 공동성명을 통해 한국에 가축시범농장을 세우는 데 뉴질랜드 정부가 기술을 원조하고, 다음해인 1969년 한국의 축산 및 草地(초지)개발 훈련을 위해 장소를 제공할 것에 합의했다. 두 나라 정부는 축산, 어업 등 1차 산품 분야에서 합작투자의 가능성을 검토하는 한편 뉴질랜드産(산) 가축류의 對韓(대한) 수출을 고려할 것을 협의했다.

박 대통령 일행은 21일 오전 비행기로 뉴질랜드 북부지방인 해밀턴 시에 도착했다. 박 대통령은 홀리오크 총리의 안내를 받아 존스턴 농장, 코마코라우 치즈공장, 리델 브러더스 낙농공장 등을 시찰한 후 오후 5시 15분 오클랜드 시에 도착했다.

호주·뉴질랜드는 英(영)연방국의 일원으로 6·25 전쟁 때 전투병력을 보내 한국을 도왔다. 호주는 6·25 전쟁 당시 1만 7,000여 명의 전투병력과 항공모함 1척, 순양함 1척 등을 한국에 파견하여 339명이 전사했고 1,000여 명이 다쳤다. 뉴질랜드도 육군과 해군 5,300여 명을 파견하여 41명이 전사했다. 호주와 뉴질랜드는 베트남에도 전투병력을 파견하고 있어 한국과는 인연이 깊었다.

호주와 뉴질랜드는 국가의 정체성을 아시아·태평양에 두려는 적극적인 움직임을 보였다. 두 나라는 아시아 지역 문제에 적극적으로 나섰을 뿐 아니라 이 지역 공동이익 증대에 실질적인 노력을 했다.

두 나라는 이미 콜롬보 계획에 의하여 한국과 아시아 저개발 국가에 각종 원조를 해오고 있었다. 콜롬보 계획이란 1950년 스리랑카의 수도 콜롬보에서 英연방 국가들이 모여 아시아 저개발 국가에 대한 기술과 자본을 원조하기로 결정한 것을 말한다.

호주는 이 계획에 의거해 1967년 한국에 '홀덴' 승용차 10여 대와, 용산공고 내 기기 설치를 위하여 56만 달러의 원조를 한 것을 비롯하여 인천 제2부두 축조에 33만 달러 상당의 준설선 한 대를 원조하기로 승인했다. 한국은 1968년도 분으로 산림토양 조사사업을 위한 기기 및 실험 기재를 추가로 원조해 줄 것을 신청해 놓았다.

1968년 우리 교민은 호주에 67명, 뉴질랜드에 12명이 있었다. 교민의 대다수는 유학생 신분이었다. 김기배 상공부 사무관, 김종억 재무부 사무관 등 공무원들은 영어를 배우러 들어와 있었고, 그 밖에도 시드니 대학에 유학을 온 간호사, 기자, 연구소 직원, 기업체 기술자들이 있었다. 이들 대부분은 콜롬보 계획에 의해 파견되었다.

메모하는 대통령

이번 뉴질랜드 공식 방문에서 박정희 대통령은 선진 목축업과 낙농산업 시찰에 많은 시간을 보냈다. 코마코라우 치즈공장에 들른 박 대통령은 이곳 공장장에게 공장의 규모와 설립비용 등을 물어보고 "이만한 공장을 정상 가동시키는 데 몇 마리의 젖소가 있어야 하는가, 근무인원은 얼마나 필요한가"라고 묻고는 직접 메모를 하였다.

朴 대통령은 해밀턴에서 오클랜드까지 330km를 자동차로 이동하는 동안 주위에 목장이 펼쳐질 때마다 관심을 보이며 많은 질문을 했다.

존스턴 농장을 방문했을 때 일이다. 어느 목장을 방문하니 캄캄한 곳에서 소에게 옥수수, 밀기울 등의 사료를 주고 있었다. 朴 대통령은 "왜 이렇게 어두운 곳에서 먹이를 주는가"하고 물었다. 그곳 관리인은 "방목을 하던 소를 수출하려면 살을 찌게 해야 한다. 이렇게 캄캄한 곳에서 먹여야 소가 다른 곳에 신경을 덜 쓰게 되어 살이 더 많이 찐다"고 대답했다. 주위에 웃음이 터졌으나 박 대통령은 이 말을 진지하게 듣고 있었다.

9월 21일 밤 오클랜드 매킬로이 시장 주최로 열린 만찬회에서 홀리오크 뉴질랜드 총리는 "박 대통령이 가는 곳마다 너무 자세하고 많은 질문을 해서 대답하느라 아주 혼이 났다"고 말했다.

이날 만찬회에서 박 대통령은 이번 대양주 방문 이래 처음으로 즉석연설을 하였다.

朴 대통령은 "아시아의 공산주의자들은 현재 베트남을 적화한 후 한국에 마수를 뻗칠 것이 틀림없을 것으로 확신한다"면서 "이런 정세 판단에 따라 베트남의 운명은 한국과 직결된 문제"라고 했다.

朴 대통령은 또 "이것은 결국 뉴질랜드와도 직결되는 문제"라고 지적하고 "베트남이 공산주의자들의 手中(수중)에 넘어가면 말레이시아나 태국도 침략의 위협을 받게 될 것이다. 공산주의자들이 더욱 남하하여 결국 인도네시아에 공산기지가 마련되면 뉴질랜드도 안심할 수 없다"고 말했다. 냉전시대를 지배하던 전형적인 도미노 이론이었다.

9월 21일 밤 박 대통령은 숙소인 오클랜드 시의 인터콘티넨탈 호텔에서 공식 수행원들을 불러 모았다. 이 자리에서 박 대통령은 "우리는 지금부터 정치도 경제, 외교도 경제, 언론도 경제, 경제제일주의에 총력을 기울여 새로운 역사를 이룩하는 데 온 국민의 총력을 기울여야 한다"고 지시했다.

朴 대통령은 또 "선조들이 이루지 못한 국토개발의 과업을 후손을 위해 우리 손으로 완수해야 한다"고 강조하면서 "새로운 역사의 창조가 바로 우리의 임무"라고 말했다.

朴 대통령은 이 자리에서 "스위스와 일본 북해도는 우리나라처럼 산

이 많아도 축산이 잘된다고 하니 가서 보고 오도록. 덴마크도 후진국이 었는데 옆에 영국이란 시장이 있으니 축산물을 많이 수출하여 지금은 잘 산다. 우리는 일본이라는 큰 시장이 있으니 시장관계도 알아보라"고 지시했다.

이에 따라 金庸來(김용래) 축산국장은 9월 22일, 에어 뉴질랜드편으로 뉴질랜드 남도로 떠났다.

김용래 당시 축산국장은 다음과 같은 에피소드로 박 대통령의 축산진흥 의지를 설명했다.

"비가 엄청 오는 어느 날이었다. 박 대통령은 다음날 경기도 구리의 젖소 목장을 시찰하기로 되어 있었다. 비가 억수같이 내리고 냇물이 넘쳤다. 박종규 경호실장은 '비가 이렇게 오니 내일 시찰은 틀림없이 취소된다. 너무 긴장하지 않아도 괜찮겠다' 며 느긋해 했다.

다음날 여전히 비가 내렸으나 박 대통령은 구리 젖소 목장을 시찰하였다. 목장 앞의 냇물이 넘쳐 차가 건너 갈 수 없자 박 대통령은 바지를 훌훌 걷더니 개울을 건너려고 하였다. 경호원들과 측근들은 사색을 하고 박 대통령을 말렸다. 다른 길을 찾아 빙빙 돈 끝에 겨우 목장에 도착했다."

뉴질랜드에서 교민을 초청해 식사를 함께 하는 자리에서도 박 대통령은 한마디 하고 넘어갔다. 당시만 해도 교민들 대부분이 이민보다 유학을 온 학생이었다. 유학생 중에는 어학연수를 하러 온 사람이 많았다. 박 대통령은 이 자리에서 화를 내며 "왜 어학연수에 아까운 외화를 쓰나. 기술을 배워라. 면양이나 송아지 사육 기술, 사료 기술 같은 것을 배워 조국에 보탬이 되게 해야지…"라고 했다.

박정희 대통령 일행은 8일간의 호주·뉴질랜드 공식 방문을 끝내고 귀국길에 올랐다. 박 대통령은 남태평양 미국령 사모아 섬의 파고파고에 들러 우리 원양 어부들을 격려했다. 박 대통령은 어부들이 마련한 환영식에서 "여러분들이 겪고 있는 고충은 조국과 후손에게 보람 있는 내일을 물려주기 위한 희생이며 봉사다"라고 말하고 "개척자 정신으로 자부와 긍지를 가지고 일해 달라"고 부탁했다.

강영규(前 필리핀 대사) 당시 외무부 아주국장은 다음과 같이 회상한다.

"사모아에는 우리 원양 어업의 전초 기지가 있었다. 이곳에서 참치를 잡던 선원들은 그들의 사장이 와도 감격할 판이었다. 선원들은 대통령이 남태평양에 있는 섬까지 와서 자신들을 격려하자 그렇게 고마워할 수 없었다."

박 대통령은 9월 22일 밤 10시 하와이 호놀룰루에 도착했다.

박정희 대통령은 23일 오전 호놀룰루의 카할라 힐튼호텔에서 수행기자들과 환담을 가졌다.

박 대통령은 "우리 국토의 4분의 3인 산을 잘 이용하여 개발하고 연구하면 호주나 뉴질랜드에 못지않은 성과를 올릴 수 있다. 이번 여행에서 한국의 목축사업 조건이 호주에 못지않아 축산이 유망하다는 결론을 얻었다"고 말했다.

陸 여사는 이 자리에서 "근혜가 가장 많이 배웠다"고 했다. 陸 여사는 "근혜가 집에만 갇혀 있어서 일반 가정집 딸보다도 세상을 몰랐는데, 이번 여행에서 많이 배웠다"며 즐거워했다.

"땅 밑에 계시는 우리 조상을 욕할 수는 없지만…"

박정희 대통령은 9월 25일 오후 6시, 호주와 뉴질랜드를 공식 방문하기 위해 출국한 지 11일 만에 김포공항을 통해 귀국했다. 노스웨스트 항공 전세기편으로 공항에 도착한 박 대통령은 곧이어 3군 의장대를 사열했다. 사열을 마친 박 대통령은 공항에서 의례적인 연설이 아닌 직설적 귀국보고를 하였다.

〈우리가 이번에 방문한 호주와 뉴질랜드 두 나라는 여러분들이 아시는 바와 같이 역사가 매우 짧은 신생국가입니다. 호주는 지금부터 그 나라를 개척한 것이 180년, 뉴질랜드는 100년밖에 되지 않습니다. 그런데 이 두 나라는 오늘날 지구상에 서구의 어떠한 선진 국가보다 조금도 못지않은 훌륭히 개발된 근대 국가로서, 그들 국민들보다 높은 생활수준과 번영된 생활을 유지하고 있다는 사실입니다.

우리가 이들 두 나라의 개척사를 더듬어 볼 때, 지금부터 200년 전 그들의 조상인 서구의 영국 사람들이 그때만 해도 수송기관이 발달되지 않아 엔진도 없는 범선을 타고, 대양을 둘이나 셋을 건너서 그 대륙을 발견했습니다. 그들이 처음 대륙에 도착했을 때에는 오늘날과 같은 개발되고 번영된 사회가 기다리고 있었던 것은 결코 아닙니다. 초기에는 그 지방의 원주민과 수십 년 동안 투쟁을 해야 했고, 또한 여러 가지 질병 그리고 기후·풍토와도 투쟁을 해야 했던 것입니다.

그들 조상들이 이러한 새 대륙을 발견하고, 발견한 그 자체부터 위대한 사실이지만, 그 나라를 개척하는 데 강인하고도 끈덕진 그 개척자 정신, 피땀 어린 노력, 이런 것들이 오늘날 그들이 세계에서 자랑할 만한

복지 국가를 건설해 후손들에게 유산으로 물려주었다는 것입니다.

우리는 5000년 역사를 가지고 있다지만, 우리 조상들은 바로 코앞에 있는 대마도 같은 섬 하나도 개척하지 못했다는 것을 생각해 볼 때, 혹자는 이런 얘기를 하면 우리 대한민국은 지정학적으로 대륙과 일본에 끼어 있기 때문에 항상 외세의 침략을 당하고 짓밟히는 데 급급했다는 소리들을 합니다. 물론 그것은 역사적인 사실이기도 합니다. 그러나 왜 남에게 짓밟히고 침략을 당했냐 하는 것입니다.

오늘날 이스라엘을 보십시오.

사막에 둘러싸인 조그마한 나라가 인구 1억이 넘는 아랍 민족에게 완전히 포위당해 있으면서도 끄떡없이 견디어 내는 것을 볼 때, 과거 우리 조상들이 왜 이웃으로부터 짓밟히고 침략을 당했던가? 남을 원망하기보다는 우리 스스로가 반성해야 되리라고 생각합니다.

그렇다고 지금 다 돌아가 땅 밑에 계시는 조상을 원망하려는 것이 아닙니다. 우리의 과거 역사를 더듬어 보고 남들이 걸어온 역사에 견주어 지금 우리 세대가 우리 세대뿐 아니라, 우리가 무엇을 해서 자손들에게 남겨 줄 것인가에 대해서 다시 한 번 각성하고 냉정히 검토를 해 보아야 되겠습니다. 우리 후손들이, 지금 우리들이 조상을 원망하듯이 우리 세대를 원망하는 그런 일이 결코 있어서는 안 되겠습니다〉

여담이지만 기자는 2000년 9월 시드니 올림픽 때 처음으로 호주를 방문한 기회에 박정희 대통령이 가졌던 것과 같은 생각을 했다. 본격적인 건설의 역사가 불과 200년밖에 되지 않는 시드니와 수천 년의 역사를 자랑하는 우리나라, 그런데 우리 조상들은 무엇을 했기에 하는 의문과 울분을 話頭(화두)로 하여 自問自答(자문자답)을 해보았던 것이다.

2000년의 한 조사에 따르면 세계에서 가장 살기 좋은 3大(대) 도시는 호주의 시드니, 캐나다의 밴쿠버, 오스트리아의 빈이라고 한다.

오늘날 선진국과 후진국을 구분 짓는 기준은 역사의 길이가 아니다. 역사의 길이로 치면 당연히 선진국 반열에 들어야 할 이집트, 인도, 이라크, 중국이 그러지 못하고 있다. 역사의 길이도 중요하긴 하지만 더욱 더 중요한 것은 근대 국민국가로서의 나이일 것이라는 생각을 해보았다.

대한민국은 수천 년 역사를 자랑하지만 1948년에 세운 것이 최초의 국민국가였으니 나이가 52세에 불과하다. 반면에 미국의 역사는 짧지만 국민국가로서의 역사는 224년이나 된다. 그래서 우리나라보다 선진된 것이 아닐까.

일본이 19세기 후반기 봉건적 幕府(막부) 체제를 청산하고 중앙집권적인 국민국가로 다시 태어난 것은 메이지유신(明治維新) 이후인데 우리보다 약 100년이 앞선다. 그 100년만큼 우리보다 선진된 것이다. 호주도 근 200년에 걸친 국민국가 건설의 경험이 축적되어 있으니 비록 죄수들이 시작한 나라이지만 우리보다 선진되어 있다는 설명이 가능하다.

이처럼 역사의 길이보다도 국민국가의 나이가 중요한 것은 국민국가만이 국가 건설에 국민들의 자율적인 참여를 불러들일 수 있기 때문이다. 조선이나 고려는 王朝(왕조)국가였다. 국가는 백성들의 것이 아니라 왕족과 귀족들의 전유물이었다. '우리들의 조국'이 아닌 '당신들의 천국'이었다. 이런 나라에서는 노예적인 노동의 축적은 있을 수 있을지 모르지만 국민 다수의 자발적인 참여는 기대할 수 없다.

국민국가는 주권이 국민들로부터 나오므로 국민들이 주인이다. 국민들이 '권력자만의 나라'가 아닌 '내 나라'란 인식을 갖고 계층과 지역과 종교의 벽을 뛰어넘어 열심히 살아가는 과정에서 시드니와 같은 대도시가 출현한 것이다.

북한은 국민국가가 아닌 1인 지배체제하의 전체주의 집단이다. 이런 체제하에선 아무리 협박하고 선동해도 자발적인 국민 에너지를 조직하고 동원할 수는 없다. 오늘날 남북한의 차이는 지난 50여 년간 양쪽에서 축적된 국민 에너지의 총량 차이에서 비롯된 것이다. 노예 노동과 자율 노동의 차이이기도 하다.

1948년 대한민국 건국 이후 우리는 우여곡절을 거치면서도 국민국가의 가치관을 만들어가고 있는 중이다. 국가의 윤리와 국민의 윤리, 이것이 조화되고 통합될 때 국민국가의 가치관이 확립될 수 있다. 국민은 納稅(납세), 兵役(병역), 敎育(교육)의 의무를 다하고 국가는 국민들을 보호하고 부양하며 정신적 자유를 보장하는 관계, 이것이 바로 국민국가의 윤리이고 가치관일 것이다.

우리가 아직 국민국가 건설의 道程(도정)에 있다고 말하는 것은 守舊(수구)세력인 김정일 일파의 도전과 前近代的(전근대적) 의식의 잔재가 남아 있기 때문이다. 일본이나 서구는 봉건제도를 거치면서 권력의 공유와 分占(분점), 실용적인 사고방식을 체득할 수 있었지만 봉건제도를 거치지 않고서 중앙집권적 권력구조에서 바로 국민국가 형태로 넘어간 한국과 중국을 포함한 그 이외의 나라들은 권력은 독점하고 그 혜택은 獨食(독식)하는 것이라는 관습에 아직 얽매여 있고 실용정신보다는 위선적 명분론이 더 잘 먹혀들 수 있는 토양에서 헤매고 있다.

그런 점에서 박정희가 시작한 조국 근대화는 근대적 물질 토대와 제도를 만들어내기는 하였지만 그런 하드웨어에 맞는 소프트웨어, 즉 정신적 근대화의 과제는 아직 미완성인 상태에서 지금도 진행 중인 것이다. 근대화는 아직 끝나지 않았다는 것이 2000년 시드니에서 느낀 필자의 感想(감상)이었다.

축산진흥 元年

축산부문에서 호주·뉴질랜드 방문의 직접적 성과가 나타나기 시작했다. 1968년 경기도 평택에 매일유업이 한국·뉴질랜드 낙농시범목장을 만들었고, 1972년에는 전남 운봉의 한국·호주 면양목장이 조성되었다. 1964년 서독방문의 성과인 한·독 시범목장도 1969년에 준공되었다.

朴 대통령의 축산진흥에 대한 의지가 확고하자 대통령 측근들 사이에는 목장 만들기가 유행했다. 김종필 씨는 박 대통령의 축산정책을 도와줘야 한다며 '서산농장'을 개발했고, 박종규 경호실장은 경남 고향 땅에 '마진흥농목장'을 만들었다.

젖소 같은 大(대)가축 증산에는 그 기반이 되는 사료 확보가 필수였다. 대규모 草地(초지) 조성사업을 지원하기 위해 1969년 초지법이 마련되었다.

朴 대통령은 대단위 목장 개발에 기업가들이 나서 줄 것을 부탁했다.

朴 대통령은 목초의 날(9월 5일)과 목초의 노래(이은상 작사, 박태준 작곡)를 만들라고 지시했다. 1969년부터 1971년까지 3년 동안 45개 업체가 참가하여 대관령의 삼양목장, 북제주의 건영목장, 경기 남양주의 팔당목장 등 전국적으로 14개의 대단위 목장이 개발되었다.

박 대통령의 의지에도 불구하고 대가축 증산계획은 만족스럽게 진행

되지 않았다. 대가축 증산계획의 대표적인 실패사례 중 하나가 소를 한 곳에 모아서 기르는 '협동 축산단지 정책'이다.

박 대통령은 "우리 민족은 5000년 동안 소를 키워왔으니 이 분야에서는 전문가다. 축산단지를 만들어 주면 농민들이 소를 잘 키울 것이다"라며 협동 축산단지를 만들 것을 지시했다. 사실 축산단지를 만든다고 해서 소의 마리 수가 증가하는 것이 아니었다. 그저 소의 자리이동에 불과했다. 김용래 당시 축산 국장의 회고.

"그렇다고 소를 병아리처럼 대량 증식시킬 수 있는 것도 아니고… 가장 큰 문제가 소는 임신기간이 길고 새끼를 한 마리밖에 낳지 않는다는 것이다. 나중에는 소가 쌍둥이를 낳게 하는 방법이 없나 고민하였다."

당시 울진·삼척 무장공비 사건이 터졌을 때 소탕된 간첩 호주머니에서 일기가 발견된 적이 있다. 일기 내용 중에 '남조선 농민들이 참 못살기는 못사는구나' 하는 구절이 있었다. 박 대통령은 상당히 충격을 받았다.

농림부 宋澯源(송찬원) 당시 축산계장의 증언.

"박 대통령은 농민들이 하루 종일 일을 하고 저녁에는 또 소꼴을 베기 위해 소쿠리를 지고 산으로 나가는 것을 보고 '농부들이 얼마나 고통스럽겠냐'며 탄식을 했다. 박 대통령은 '축산단지를 만들면 농민들도 덜 고생하고 소도 늘어날 것이다'라면서 축산단지 조성을 서두르라고 말했다."

축산단지는 3년에 걸쳐 전국 각지에 196개가 조성되었다. 3년쯤 지나니 단지 소유주와 주민들 간에 소 분양 문제로 갈등이 심각했다. 축산단지 소유자는 정부에서 분양받은 소의 50%는 자기가 소유하고 나머지 50%를 주민들에게 분양하였다. 주민들은 이것이 불공평하다고 반발하여 사업을 더 이상 진행할 수 없었다. 축산단지의 실패로 박 대통령은 무척 상심했다.

소를 길러 수출하려던 박 대통령의 꿈은 이루어지지 않았지만 박 대통령이 닦아놓은 축산기반은 우리나라의 낙농산업에 큰 발달을 가져왔다. 우유의 대량생산으로 남양분유 같은 유업회사가 성장할 수 있었다. 수요가 폭발하기 시작한 우유를 자체 생산하게 되어 수입대체 효과를 가져왔다.

송찬원 씨는 "당시 안성의 한·독 시범목장에서 낙농기술을 전수한 사람들 거의 전부가 낙농을 시작하였다. 지금의 충청도와 경기도 일대 목장은 그때 교육받은 사람들이 만든 것이다. 현재 국내 우유 수요의 90%를 이런 목장이 담당한다"고 했다.

제2경제운동

1968년 9월 27일 청와대에서 박정희 대통령 주재하에 제9차 무역확대회의가 열렸다. 이날 회의에서 박 대통령은 "오늘날 세계는 민주주의와 공산주의가 싸우고 있지만 그 밑바닥에는 무역 전쟁이라는 문제가 깔려 있다. 이런 시대에 모두 멍청하게 가만있으면 안 된다"고 강조했다.

박 대통령은 "우리가 10년 전부터 터를 닦아 놓은 사모아 어장에 자유중국의 어선들이 진출해 지금은 우리를 앞서려고 한다"면서 정부와 업계 관계자들의 안이한 자세를 질책했다.

박 대통령은 이 자리에서 수출시장 개척을 위한 구체적인 방안을 지시했다.

첫째, 호주나 뉴질랜드같이 품목당 거래회전이 적은 시장에는 종합무역상사가 진출하여 더 힘을 기울일 것.

둘째, 해외에 나가는 통상사절단은 사전에 충분한 협의와 계획 아래 적어도 상품의 견본 정도는 가지고 가서 직접 상담을 할 것.

셋째, 외국 주재 무역진흥공사 직원에게 충분한 활동비를 줄 것을 지시했다.

박 대통령은 "통상사절단이 예방이나 시찰만 하지 말고 귀국 후에 상담 결과를 매듭지으라"고 말하고 "해외사무소 활동비 월 250~300달러는 너무 적다"고 지적했다.

박정희 대통령은 9월 28일 오전 10시 서울 시민회관에서 열린 제2경제운동실천 국민궐기대회에 참석하였다. 이날 궐기대회에서 박 대통령은 "새로운 인간개조 없이는 근대화와 민족중흥이라는 역사창조를 성공적으로 이룩하기 어렵다"고 연설했다.

박 대통령은 "제2경제운동은 우리의 지상과제인 조국 근대화와 민족의 중흥을 성취하기 위해 모든 국민 하나하나가 민족의 주체의식을 확고히 하자는 운동이요, 사회적 연대의식을 투철히 선양하자는 운동이며, 미래에 대한 비전을 가지고 새로운 정신자세로 경제 건설에 박차를 가하자는 운동"이라고 밝혔다.

박 대통령은 "경제인이 부당한 사행심에 사로잡히거나 언론인이 정론을 펴지 못하고 선동적 언사로 대중을 기만하는 등의 낡은 인습을 과감히 시정하는 것에서부터 제2경제운동의 불길이 타올라야 한다. 이 운동은 단계적이고 조직적으로 지속하여 자발적으로 생활에 뿌리내려야 한다"고 말했다.

'제2경제운동'이란 造語(조어)는 실물경제를 제1경제로 보고 그것을 뒷받침하는 경제 윤리를 일컫는 것으로서 일종의 정신 개조 운동이었다.

9월 30일 박정희 대통령은 51회 생일을 맞았다. 박 대통령은 아침부터 장기영 IOC 위원으로부터 업무보고를 받는 등 평소와 다름없는 집무를 하였다.

박 대통령은 오전에 국무위원, 당 간부, 군 수뇌들로부터 생일 축하인사를 받은 뒤 청와대 기자단을 초청해 점심을 같이 했다. 기자들이 "청와대가 외국 원수들의 관저에 비해 낡고 비좁으니 신축할 의사가 없냐"고 박 대통령에게 물었다. 박 대통령은 "내가 물러난 뒤 다음 대통령이 짓겠지…"라며 고개를 내저었다.

동석한 육 여사는 청와대 신축안에 찬성했다. 육 여사는 "이번 호주 방문기간 중 총독 관저에서 숙박하면서 환대를 받았다"면서 "청와대 안에도 외국 원수들이 묵을 공간이 있었으면 좋겠다"고 했다. 박 대통령은 "생일날은 당사자를 공격하지 않는 법"이라며 화제를 돌려버렸다. 청와대 대식당에는 신민당 당수 俞鎭午(유진오) 씨와 대중당 당수 徐珉濠(서민호) 씨가 보낸 화환도 보였다.

20주년을 맞는 '국군의 날 기념식'이 10월 1일 오전 10시부터 새로 단장된 여의도 민족의 광장에서 거행되었다.

박 대통령은 제병지휘관 金熙德(김희덕) 육군중장이 지휘하는 육·해·공·해병대와 새로 편성된 향토예비군 장병, 주월 한국군 대표 부대, APC 인원수송 장갑차, 8인치 자주포, 155mm 평사포, 새로운 장비로 무장한 기계화 부대 등 약 2개 사단 병력을 열병했다.

박정희 대통령은 10월 4일 경기도 수원에 있는 농촌진흥청 시범논에 나가 벼 베기 행사에 참석하였다. 이 자리에서 박 대통령은 "보고서나 이론만 갖고 농민을 지도하는 농촌지도원들이 있는데 그렇게 해서는 살아 있는 지도자라 할 수 없다"고 지적했다. 박 대통령은 "농촌지도원들을 농산물 재배에 성공한 현장에 1, 2주 정도 파견하여 현황을 살피고 기술을 습득한 후 농민을 지도하라"고 당부했다.

벼 베기를 마친 박 대통령과 참석 인사들은 논둑에 마련된 천막에서 막걸리와 도시락을 먹으며 이야기를 나누었다. 박 대통령은 "앞으로는 보리나 밀도 주식이 될 수 있게 식생활을 다양화해야 한다"고 말했다.

박정희 대통령은 10월 5일 1968년도 추곡수매가격을, 80kg 한 가마 당 전년도보다 17% 인상된 4,200원 선에서 검토하도록 정부와 여당 관계자들에게 지시했다.

1968년 10월 31일 박 대통령은 쌍용시멘트 동해 대단위 공장 준공식에 참석하여 致辭(치사)를 하는 가운데 한국에서 축산이 안 된다는 견해에 대하여 울분을 쏟아 놓았다.

〈나는 조금 전에 이 공장에 오기 전에 강릉에서 출발해서 헬기로 대관령 목장을 가보고 이제 왔습니다. 정부는 지금 우리나라의 축산을 장려해 보려고 여러 가지 계획을 하고 있고 노력을 경주하고 있습니다. 그런데 대관령의 지금 목장이 있는 지대는 높이 800m 내지 1000m 이상이 됩니다.

지금 눈이 와서 하얗게 쌓여 있습니다. 그런데 그 밑에 훌륭한 목초가 파랗게 자라고 있습니다. 거기에 수백 마리의 소와 면양이 지금 풀을 뜯어 먹고 있습니다. 우리나라의 농업학자, 무슨 축산학에 대한 전문가, 이런 사람들한테 그동안에 여러 번 한국의 축산이 되겠느냐, 한국에서 축산을 장려하자면 어떻게 해야 되겠느냐, 여러 가지 얘기를 여러 기회에 들어 봤습니다. 또 어떤 사람한테는 계획을 한 번 써서 내보라고 교섭한 일도 있습니다.

그러나 우리나라에 이러한 분야에 대해서 연구하는 학자, 전문가들은 모두 안 된다는 얘기뿐입니다. 왜 안 됩니까? 지금 엄연히 대관령 1000m 높은 고지에 눈이 하얗게 쌓여 있는 거기에 훌륭한 목초가 자라고 있고, 소와 면양이 지금 목초를 뜯어 먹고 있습니다. 이만한 조건이면 세계 어디에다 내놓아도 조금도 손색이 없는 나라라고 생각합니다.

이제 대한민국에서 축산이 안 된다고 나한테 와서 얘기하는 사람은 나는 일절 만나지 않고, 그 사람 얘긴 이젠 듣지 않기로 오늘 대관령 꼭대기에서 결심을 했습니다.

안 된다고 대답하는 사람은 안 되는 것입니다. 되겠다 하는 자신과 신념이 있는 사람한테는 모든 문제가 해결이 되지만, 안 된다고 생각하는 사람에게는 아무리 좋은 조건과 모든 것이 갖추어져 있더라도 안 되는 것입니다〉

푸에블로號 승무원 석방

이즈음 판문점에서는 1968년 1월 23일에 동해상에서 납북된 미국 정보함 푸에블로號(호) 승무원들에 대한 송환 협상이 지리하게 계속되고 있었다. 1968년 5월 8일 판문점에서 열린 군사정전위원회 회담에서 북한 측 대표 朴重局(박중국)은 미국 측 대표 우드워드 소장에게 미국이 서명해야 할 사과문 초안을 제시했다. 그 내용의 요지는 다음과 같았다.

〈・푸에블로호는 조선민주주의인민공화국의 영해에서 나포되었으며 푸에블로호는 여러 번 공화국의 군사 및 국가 정보를 염탐하여 왔다.

・미국 정부는 미국 선박이 북한 영해에 들어온 이후 자행한 조선민주주의인민공화국에 대한 간첩 행위에 대해서 사과하고 전적인 책임을 지며 앞으로는 영해를 침범하지 않을 것임을 보장한다.

・미국 정부는 푸에블로호 승무원들이 그들의 범죄행위에 대해서 정직하게 자백했고 미국 정부의 사과와 보장이 있었음을 고려하여 조선민주주의인민공화국 정부가 승무원들에게 관대한 조치를 취해 줄 것을 진지하게 요청한다〉

박중국은 "미국 측이 이런 내용의 문서를 제출한다면 승무원 문제를 해결하는 데 있어서 필요한 방도가 쉽게 강구될 것이다. 우드워드 장군이 다음 회의 때 준비한 문서를 갖고 나와 주기를 바란다"고 말했다. 우드워드 장군은 "우리가 제출한 공정하고 합리적인 문서와 너무나 다르므로 상부에 북한 측의 문서를 올려보겠다"고 답했다.

1968년 5월 17일 워싱턴을 방문한 소련 쿠즈네초프 외무차관을 맞은 딘 러스크 미 국무장관은 푸에블로호 문제 해결에 소련의 협조를 요청했다. 러스크는 "우리가 하지도 않은 행위, 즉 북한 영해 침범에 대해서 사과할 수는 없다"고 말했다.

그는 또 북한군의 비무장지대 침범사태에 대해 언급하면서 소련이 평양에 영향력을 행사하여 상황을 냉각시켜 줄 것을 요청했다. 동석했던 駐蘇(주소) 미국 대사 볼렌은, 미국은 소련을 포함한 제3국에 푸에블로호 승무원들을 넘겨주어 그곳에서 사건의 진상을 조사해도 된다는 입장이라고 설명했다.

쿠즈네초프 차관은 당장 답을 해줄 수는 없다면서 이 문제가 잘 해결되기를 바란다고 말했다. 동석했던 주미 소련대사 도브리닌은 북한이 제공한 푸에블로호 승무원 관련 영화를 봤는데 북한의 주장을 뒷받침하는 것 같았다고 했다.

러스크 국무장관은 만약 푸에블로호 승무원들이 북한 측에 대해 진술한 이야기와 같은 내용을 미국 정부 측에 보고했다면 사과할 용의가 있지만 강박 상태에서 이뤄진 그들의 진술은 믿을 수 없다고 말했다. 러스크 국무장관은 계산된 어투로써 "만약 북한이 남한을 공격한다면 미국은 최대한의 무력으로써 대응할 것"이라고 말했다.

미국 국무부는 1968년 5월 18일 존슨 대통령의 內諾(내락)을 받아 북한에 기묘한 제안을 했다. 내용인즉, 북한 측이 푸에블로호 승무원들을 넘겨주면 미국 측 대표가 북한 측이 준비해 온 승무원 신병 인수서 겉장에만 서명을 한다. 북한 측은 겉장 뒤에 붙어 있는 사과 및 재발 방지 약속 내용을 들어 미국 측이 사과했다고 발표하고, 미국 측은 우리가 사인한 것은 신병 인수서에 대한 것일 뿐이라고 해명한다는 것이다. 서로가 서로의 입장을 세우자는 묘책이었다.

이런 제안이 발전하여 푸에블로호 승무원 송환 교섭은 기묘한 결말을 보게 된다. 1968년 12월 23일 오전 9시 판문점에서 미국 대표 우드워드 장군은 북한 측 대표 박중국과 마지막으로 만났다. 우드워드 장군은 미리 준비해 간 성명서를 읽었다.

〈푸에블로호에 관한 미국 정부의 입장은 그동안 판문점에서의 협상과정에서, 그리고 공개적으로 일관되게 공표된 것처럼 이 배가 불법적인 활동에 개입하지 않았다는 것, 북한이 주장하는 영해에 이 배가 들어간

적이 없다는 것, 그리고 우리가 일어나지 않았다고 믿는 행위에 대해서 사과할 수 없다는 것이었다.

지금 본인이 서명하려고 하는 문서는 북한 측이 작성한 것으로서 上記(상기) 입장과 일치하지 않는다. 나의 서명으로 인해 사실이 달라질 수는 없다. 나는 승무원들을 석방시킬 목적으로 오직 그들을 풀어 주는 목적으로 서명할 뿐이다〉

우드워드 장군이 서명한 문서(북한 측이 작성)에는 미국 정부가 푸에블로호의 북한 영해 침범을 인정, 사과 재발 방지를 약속한 내용이 들어 있었는데, 미국 측은 서명 전의 성명을 통해서 이 내용을 부정한 셈이다. 다만, 승무원들을 석방시키기 위해서 할 수 없이 서명한다는 태도를 취했다. 미국 측은 12월 17일에 정일권 국무총리에게 미리 이런 절차에 대해서 설명했고 정 총리는 이견을 내지는 않았다.

12월 23일 오전 11시 31분 82명의 푸에블로호 승무원들은 한 사망자(호지스 수병)의 관을 들고 판문점의 돌아오지 않는 다리를 건너 남쪽으로 귀환했다. 함장인 부커 중령이 귀환 해군 사병 행렬의 맨 앞장을 섰다.

우드워드 소장은 기자들에게 "북한 측에 오늘 아주 작은 양보를 했다"고 밝혔다. 그는 "푸에블로호 승무원들을 데려오기 위해서는 어쩔 수 없었다"고 말했다. 이날 판문점 지역에서 북한 측은 승무원들이 석방되기 전에 했던 "석방해 주어서 감사합니다"란 영어 및 한국어 인사말을 확성기로 트는 선전 방송을 계속했다.

이날 석방된 부커 함장은 판문점 내 미군 하사관 식당에서 마련된 기자회견에서 "우리 배는 육지로부터 13해리 떨어져 航行(항행)했기 때문에 영해를 침범한 사실은 없다"고 말했다. 그는 또 "나포되기 전 비밀장비를 파괴하려고 했으나 성공하지 못했다"고 밝혔다. 부커 함장은 구타당한 사실도 폭로했다.

"그들은 보통 주먹으로 때렸으나 가끔 곤봉으로 팼으며 축구를 잘 해서 그런지 발길질로 세차게 고문하기도 했다. 나 자신은 주먹으로 입을 한 번 맞은 것을 비롯, 두 번 호되게 맞았다. 그들은 툭하면 집단적으로 혹은 개별적으로 때렸다. 지난 주에만 해도 우리 승무원들의 약 반수가 그들에게 집단구타를 당했으며 석방되는 오늘도 매를 맞았다. 그들은 내가 알고 있는 인간과는 너무나 다른 사람들이었다."

푸에블로호 승무원들은 12월 24일에 캘리포니아 주 샌디에이고 미라마 해군기지로 보내졌다. 이곳에서 승무원들은 1969년 1월 10일까지 미국 정보기관으로부터 집중적인 조사를 받았다.

이 조사를 토대로 하여 해군 심리법원은 푸에블로호의 부커 함장과 부함장 스티븐 해리스를 군법회의에 회부할 것을 상부에 건의했다.

혐의는 정보함을 적절히 보호하지 못한 점, 북한 측이 이 배를 북한 측 항구로 끌고 갈 때 비밀문서와 장비들을 파괴하지 못한 점, 그렇게 하도록 승무원들을 훈련시키지 못한 점, 이 비밀문서 및 장비들이 적의 손에 넘어가도록 한 점들이었다.

이 심리법원은 또 일본 주재 미 해군 사령관, 태평양 해역사령부의 해군 보안부대 책임자들도 군법회의에 넘길 것을 건의했다.

그러나 해군 장관 존 채피는 심리법원의 이 건의를 묵살하고 군법회의에 아무도 넘기지 않도록 조치했다. 승무원들의 경우 이미 북한에서 억류생활을 하면서 고통을 겪었으며, 이 배에 대한 공격과 나포를 충분히 예상하지 못한 책임을 그들만이 질 문제는 아니란 것이었다.

미국 CIA, DIA(국방 정보국), 육·해·공군 정보국, NSA(국가보안국) 등 정보기관들은 푸에블로호의 비밀장비와 문서들이 북한에 넘어간 것이 앞으로 국가 보안에 어떤 영향을 끼칠 것인가를 면밀히 조사했다.

푸에블로호는 나포되기 전 약 8,000통의 메시지를 수신했는데 이것이 북한 손에 넘어갔다. 미국 정보기관들은 정보 수집 체계에 대한 정보는 넘어갔으나 암호 해독 기능은 보호되고 있다는 결론을 내렸다.

푸에블로호에 실린 비밀장비용의 암호를 해독하려면 암호 열쇠가 있어야 하는데 그 정보는 넘어가지 않았다고 판단한 것이다.

1985년에 미국 해군 내부에 침투해 있던 소련 간첩망이 검거되었다. 이들은 18년 동안 암호 해독 열쇠를 비롯한 수많은 정보를 소련 측에 넘겼다. 공산권은 이 암호열쇠로써 푸에블로호의 암호장비와 암호문을 풀수 있었을 것이란 결론에 도달했다.

1969년 미국 의회는 외국군에 의한 공격과 나포를 당하지 않을 정도의 보호를 하지 않은 상태에서 정보수집함(비행기)을 위험 지역에 보내서는 안 된다는 결의안을 채택했다. 1969년에 들어가서 푸에블로호型(형)의 정보함은 모두 일선에서 退役(퇴역)했다.

울진·삼척에 무장공비 침투

1968년 11월 5일 합참 對간첩대책본부장 柳根昌(유근창) 중장은 '지난 11월 2일밤 경북 울진군 북면의 동해안에 30명 내외로 추정되는 북괴 무장공비가 불법 침입, 양민을 학살하는 사건이 발생하여 군경과 향토예비군이 이들을 포위, 섬멸 작전을 펴고 있다'고 발표했다.

박 대통령은 이날 朴璟遠(박경원) 내무장관, 任忠植(임충식) 국방장관, 김형욱 중앙정보부장, 이후락 대통령 비서실장, 박종규 대통령 경호실장, 金桂元(김계원) 육군참모총장, 金榮寬(김영관) 해군참모총장, 金成龍(김성룡) 공군참모총장, 姜起千(강기천) 해병대 사령관, 朴英秀(박영수) 치안국장, 柳根昌 대간첩대책본부장, 趙始衡(조시형) 청와대 정무수석 비서관이 참석한 대책 회의를 가졌다.

정부는 강원도와 경북 북부 일부 지역에 을종사태를 선포했다. 을종사태 선포란 무장간첩 행위가 대규모로 이뤄져 경찰 병력만으로는 치안확보가 곤란하다고 판단할 때 군 병력을 투입해 장기간 작전하도록 하는 조치로서 대통령령 18호에 근거한 것이었다.

이날부터 한국은 사실상 兩面(양면) 전쟁상태에 들어갔다. 베트남 전선에 이어 내부에 또 다른 戰線(전선)을 형성한 것이다. 對(대)간첩대책본부의 최초 발표와는 달리 동해안에 상륙한 무장공비 병력은 120명이었고 육군은 이들을 섬멸하기 위하여 수백 배의 전투 병력을 동원했다.

김일성은 이 게릴라 작전을 지원하기 위하여 비무장지대와 서해안에서 陽動(양동) 작전을 폈다. 미국은 김일성의 의도를 이렇게 분석했다.

1968년 11월 8일 미 국무부의 정보 조사국장이 딘 러스크 국무장관에게 올린 정보 보고는 다음과 같았다.

〈11월 1~3일에 한국의 동·서해안에 북한 무장 병력이 침투했다. 이 사건은 올해에 중단되었던 북한의 연안 침투가 재개되었음을 뜻한다. 서해안의 瑞山(서산) 부근에서 두 명의 공비 침투가 목격되었다. 이날 늦게 이 지역을 수색하던 한국군은 무장 공비 두 명을 사살하고 다이너

마이트를 발견했다.

2일 뒤 비무장지대에서는 일련의 총격전이 발생했다. 한 사건은 북한의 소대급 부대의 침투를 저지하기 위한 것이었다. 이 두 사건은 동해안의 허리 부분에서 감행된 상륙작전으로부터 한국군의 시선을 돌리기 위한 도발이었다.

11월 2일 저녁에 한 척의 선박이 목격되었으나 저지당하지 않고 동해안 울진 부근에 공비들을 상륙시켰다. 다음날 무장한 북한군은 白晝(백주)에 작은 마을을 점령하여 주민을 모아놓고 선전 선동 시간을 가졌으며 돈을 나눠 주었다. 이 돈은 나중에 위조지폐임이 밝혀졌다. 마을 사람 네 명이 살해되었다.

한국군은 이 지역을 포위하고 11월 8일 현재 8명을 사살했다. 지형이 험하여 작전을 어렵게 만들고 있으나 한국군은 침투 병력 전부를 소탕할 자신이 있다고 한다. 침투 병력에 대해선 異說(이설)이 있다. 30명이란 說(설)과 총 60명으로 구성된 두 팀이 상륙했다고도 한다(그 후의 조사에 의해서 120명이 상륙했고 그 가운데 107명이 사살되었으며, 7명은 포로가 되고 나머지는 겨울 추위로 죽은 것으로 추정).

이 작전은 베트남형의 게릴라전이 겨울에 가능한지를 시험하기 위한 것이라고 생각된다. 현재까지로는 동해 침투작전이 현지 주민들로부터 전혀 협조를 받지 못했던 것으로 보인다. 이런 비협조는 남한 지역에서 게릴라전을 펴려는 북한 측의 노력에 항상 흠이 되어 왔다〉

12월 16일 미국의 태평양 지역 사령관은 미 합참에 다음과 같이 보고했다.

〈김일성은 한국식의 베트남 전략을 남한에 대해서 실시하려는 것 같다. 처음으로 우리는 비무장지대에서의 도발과 함께 후방지역에서의 冬季(동계) 게릴라전에 직면하고 있다. 김일성은 남한에 게릴라전의 인프라를 구축하려 한다. 나는 남한 당국이 우리의 도움을 받으면서 김일성의 도발에 효과적으로 대처할 수 있을 것으로 믿는다. 그럴수록 김일성은 더 대담한 공격을 할 것이고 이것이 남한 정부를 자극하여 (우리와 협의 없이) 일방적인 보복전에 나서게 할 가능성이 높다.

김일성은 베트남 전선에서 일어나고 있는 변화를 활용하려 할 것이다. 베트남에서 대결이 끝나고 우방군대가 철수하여 남한의 군사력이 다시 증강된다면(한국군이 복귀하여) 김일성은 '지금이 아니면 영원히 안 된다'는 조급증으로 해서 한국을 혼란에 빠뜨리거나 무력으로 한반도를 통일하려고 할지 모른다.

김일성은 군사적으로 강력한 입장에 있으나 혼자 힘으로 남한을 점령할 힘은 없다. 그가 오판할 가능성도 없지 않으나 나는 그가 완전히 이성을 상실한 인간이라고 보지는 않는다. 그가 공개적인 도발을 함으로써 국가와 그 자신에 큰 타격을 가져올 위험성이 그를 자제케 할 것이라고 기대한다. 그가 赤化(적화)통일의 시간이 달아나고 있다고 생각하면 매우 위험해질 것이다. 우리는 한국 상황을 면밀하게 지켜보고 있다〉

한 쪽에서는 전투, 다른 쪽에서는 增産

1968년 11월 1일자 〈조선일보〉 사회면에는 무장 공비들이 최초로 점령했던 마을의 이야기가 소개되었다. '새벽잠의 고요한 마을에 잔인한 奇襲·蠻行(기습·만행)'이란 제목의 기사 일부를 인용한다.

〈동해안 울진에 침투한 무장공비들이 처음으로 만행을 저지른 곳은 해안선에서 15km쯤 떨어진 북면 주인리. 태백산 기슭의 해발 400m되는 외딴 마을이었다. 일곱 가구 50여 명의 주민들이 옥수수, 조, 감자 등을 심고 사는 가난한 마을이었다. 이들의 평화스러운 잠을 깨운 것이 11월 3일 오전 6시쯤, 회색 싱글 신사복 차림에 넥타이를 맨 자와 붉은 점퍼를 입은 괴한 일곱 명이 고숫골 오모(69) 씨 집에 나타났던 것이다. 오씨 집에서는 때마침 손자(18)와 삼촌(28)이 함께 옥수수와 조를 털고 있었다.

이들은 처음에 "경북 유격대에서 주민등록증의 사진을 찍어 주러 왔다"고 속였다. 그리고는 다른 2명이 "우리 일행이 많으니 쌀 서 말로 밥을 지어달라"고 요구, 방에서 기어 나온 오 노인이 "우리 집엔 쌀은 없고 조뿐"이라고 대답하자 그것으로라도 모두 밥을 지어달라고 다그쳤다.

오 노인의 딸(48)이 부엌에서 조밥을 짓는 동안 공비들은 약품을 섞지 않나 하고 감시하고 있었다. 그때 카메라를 멘 공비가 오 씨 집안 식구들의 사진을 찍었으며 다른 5~6명의 공비들이 부락민 50여 명을 끌고 왔다.

모두 다발총, 기관단총, 권총 등으로 무장하고 수류탄은 몸에 두 줄로 두르고 있었다. 이때 산 주위에는 약 20명의 공비들이 마을을 포위, 망을 보고 있었다. 끌려온 주민 중에는 아랫마을에서 달걀을 사러 왔던 행상인 진 모(30) 여인도 끼어 있었다. 그의 남편은 송곳봉 너머에 있는 광산의 채광부. 공비들은 마을 사람들의 사진을 찍은 후 이른바 사상교육을 시작했다. 북괴 김일성의 사진이 들어 있는 불온서적을 나눠 주고 그쪽 노래를 불러 주며 이북의 '발전상'도 선전했다.

그들은 100원짜리 위조지폐를 손에 잡히는 대로 꺼내 한 사람에게 5,000원에서 1만 원까지 마을사람들에게 나눠 주면서 "이 돈은 이 지방에서 쓰지 말고 멀리 나가 헌 돈과 섞어 쓰라"고 돈 쓰는 방법까지 일러 줬다. 공비들은 "우리 유격대에 가입하여 남북통일에 적극 협력하라"고 얼러대면서 인쇄된 '유격대 지원청원서'를 꺼내놓고 서명을 강요했다. 맨 먼저 반장 김 씨에게 가입 여부를 물었다.

김 씨가 "우리는 대통령 지시와 우리 법에 따라 살겠다"면서 머뭇거리자 신사복 차림의 한 공비가 권총을 빼 들고 "우리 인민 유격대의 맛을 보겠느냐, 불응하면 죽이겠다"고 위협해 모두 성명, 나이, 주소 등을 기입하고 강제 서명을 받았다. 글을 모르는 사람들은 지장을 찍게 했다. 오전 10시쯤 송곳봉 좌측 등성에서 1발의 총성이 났다.

잠시 후 전병두(32 · 노동 · 양양군 장성읍) 씨가 붙들려 왔다. 전 씨는 지난 10월 23일 선친의 제사를 지내러 이곳에 왔다가 아내 김 여인(31)과 2남 1녀의 자녀들을 먼저 보낸 다음 이곳 광산서 일하는 처남을 만나보고 혼자 마을로 내려오던 길이었다.

공비들은 전 씨가 이 마을 사람이 아닌 것을 알자 연락원으로 경찰에 신고하고 오는 것으로 판단, 밧줄로 두 손을 묶었다. 공비들은 허겁지겁 조밥을 먹고 나머지를 비닐봉지와 와이셔츠에 싼 다음 전 씨와 반장 김 씨, 주 모(22) 씨 등 주민 9명을 포승에 묶어 납치, 매봉산 쪽으로 달아났다.

이들은 마을에서 80m쯤 떨어진 골짜기에 이르자 전 씨를 꿇어 앉혀 놓고 "경찰에 신고하지 않았느냐", "유격대에 따라가지 않겠느냐"고 졸라댔다.

전 씨가 공비와의 합류를 원치 않는 듯 머뭇거리자 "이놈은 사상이 불온하다. 아무리 봐도 수상하다"고 캐물었다. 전 씨가 해병대 출신임을 안 공비들은 "이놈은 안 되겠다. 비협조적인 놈은 본때를 보여줘야 한다"면서 대검을 꺼내 납치된 부락민이 보는 앞에서 마구 찔러 죽였다.

오후 1시쯤 이들은 자기들끼리 잠시 의논한 후 총부리를 겨누고 "잘 보았지, 우리에게 협조해. 우리가 돌아올 때까지 마을에 가서 기다려. 우리는 다시 올 테니 집집마다 대피굴을 파 놓아라. 사진까지 찍어두었으니 반항하거나 군경에 연락하면 죽인다"고 위협하고 주민들을 돌려보냈다. 일곱 시간 동안 붉은 만행을 직접 겪고 보아온 주민들은 5일 기자들이 현지로 찾아갔을 때도 겁에 질려 있었다.

蔚珍 金雲夏 記者(울진 김운하 기자)〉

1968년 11월 11일 눈 덮인 동해안에서 무장공비 소탕 작전이 진행 중이던 때 박정희 대통령은 고향인 경북 선산 농산물(양송이) 가공공장 준공식에 참석했다. 그는 농민들 앞에서 치사를 하다가 講義調(강의조)가 되었다.

〈…여기 논들을 볼 것 같으면 금년에 벼농사가 끝나고 나면 지금부터 그 논은 앞으로 몇 달 동안 아무 수입도 없이 놀게 됩니다. 벼농사 한 번 지어먹고 논을 6개월 동안 놀려둔다는 이런 식의 농사 가지고는 절대로 부자가 될 수 없습니다.(후략)〉

박 대통령은 그해 1·21 사태, 즉 북한 124군 특공대에 의한 청와대 기습 사건 때보다는 여유를 갖고 울진-삼척 무장공비 침투 사건에 대처할 수 있었다. 대한민국의 사령탑을 친 1·21 사건이 전략적인 기습이었다면 그보다 몇 배나 되는 병력으로 후방을 친 이번 사태는 전술적인 것으로 충격이 덜했던 것이다.

박 대통령은 선산 양송이 공장 준공식에 참석한 길에 상모리 생가에도 들렀다. 맏형 東熙(동희) 씨는 病席(병석)에 있었다. 이에 앞서 先塋(선영)에 참배한 박정희는 漢字(한자)로 되어 있는 碑文(비문)을 한글로 고쳐 가지고 올라오라고 친척에게 지시했다. 이 무렵 박 대통령은 한글전용화 정책에 집념을 쏟고 있었다.

박 대통령은 1968년 11월 30일 수출의 날 치사에서 동해 무장 공비 사건에 대해 언급하면서 김일성의 실패를 예언한다.

〈김일성이가 가지고 있는 정도의 무력을 가지고 대한민국을 전복하고 그들이 노리는 적화통일을 하기에는 벌써 시기가 지났습니다. 그동안 대한민국의 국력이 너무 커져버렸고, 대한민국의 국방군이 너무나 강대해졌고, 우리 대한민국 국민들의 정신 무장이 너무 단단해졌기 때문입니다. 전면 전쟁을 도발해서 그야말로 대한민국을 그들이 생각하는 것처럼 뒤집어엎느니보다, 전쟁 행위를 중지하고 경제 건설을 많이 하고 수출을 많이 해서 북한 동포들이 좀더 잘살 수 있는 터전을 마련해 나가는 것이 현명한 길이지.…(중략)

공산주의를 갖고 경제건설에 성공한 나라가 이 지구상에 하나도 없습니다. 초기에는 민주주의보다도 조금 더 성적을 올리는 그런 사례가 있기는 하지만, 설령 김일성이가 경제 건설에 치중을 해서 성공을 했다 하더라도 북한 괴뢰 집단에 큰 문제점이 남는 것입니다.

북한의 경제가 성장이 되고 수출이 많이 늘고 북한의 동포들의 생활수준이 올라가고 번영을 누리게 되고 만약에 이렇게 되었다면, 그 후에 무슨 문제가 또 생기느냐 하면, 북한 동포들 머릿속에 또 하나의 욕구 불만이 생길 것입니다. 그것은 무엇이냐 하면, 좀더 자유롭게 잘살아보겠다는 욕구입니다. 이것은 공산주의가 가장 두려워하는 것입니다〉

이날 박 대통령은 "금년에 5억 달러 수출 목표 달성이 확실히 보이게 되었고, 내년에는 7억 달러, 내후년 1970년에 가서는 10억 달러 목표를 달성하려고 우리는 노력하고 있다"고 자랑했다.

제34장

朴正熙

'一人쿠데타'로 가는 길

3選 改憲, JP 설득당하다

1969년 여름 朴 대통령은 헌법을 개정하여 대통령이 세 번 연임할 수 있도록 함으로써 자신이 1971년 대통령 선거에 출마할 수 있는 길을 여는 작업에 착수한다. 그 자신이 나서서 반발하는 공화당 국회의원들을 설득하기 시작했다. 3選 개헌에 반대한 공화당 의원들은 金鍾泌 전 당의장 계열이었다. 朴 대통령은 李厚洛 비서실장을 보내 조카사위를 청와대로 데려오게 했다. 金씨가 들어가니 대통령은 담배를 권하면서 "그동안 어떻게 지냈어?"라고 물었다.

"그냥 지내고 있습니다."

"요즘 돌아가는 얘기 들었지?"

"예, 알고 있습니다."

"임자는 어떻게 생각하나?"

"반대하는 의원들 때문에 심통하신 모양인데 그게 다 각하를 생각해서 걱정하는 거지 각하께 반항하는 건 아니라고 봅니다. 저하고는 관계 없습니다."

"그 사람들을 설득해주어야겠어. 임자밖에 없어."

"제가 설득해도 안들을 겁니다."

"해보고 그런 소리를 해. 임자가 날 도와주어야지 누가 도와줄 거야. 임자밖에 없어. 날 도와주어 조금 남은 일 더하게 해줘. 이담엔 임자 차례야. 임자가 할 거 아냐? 이번 한번만 더 하겠다는 건데 그것도 안되겠어? 나하고 임자 사이 얘기 아닌가. 나 좀 도와줘. 나를 돕는 게 임자 자신을 돕는 걸거야."

"정 그렇게 결심하시고, 또 이제까지 이 나라의 빈곤을 추방해오신 각하께서 조금 더 시간이 필요하셔서 마무리를 하시고 물러나신다고 한다면 이의가 없습니다. 그렇다면 제가 더 뛰죠."

(이상은 金鍾泌씨가 1986년 12월호 月刊朝鮮 인터뷰 때 오효진 기자에게 한 말이다.)

金鍾泌 전 총리는 최근 기자에겐 이렇게 덧붙였다.

"대통령께서 나의 눈을 응시하시면서 '같이 목숨을 걸고 혁명을 했는데 혼자 살려고 그래?' 라고 말씀하셨다. '60년대엔 빈곤을 겨우 퇴치했다. 70년대엔 중화학공업을 일으켜 선진국으로 가는 길을 열어야 한다. 이 길을 같이 가자' 고 하시니 내가 동의하지 않을 수 있었겠는가."

3選 개헌안은 1969년 9월 14일 국회 제3별관에서 변칙적으로 통과되었다. 1969년 10월 17일 3選개헌안에 대한 국민투표가 있었다. 투표율 77.1%에 찬성이 65.1%, 반대가 31.3%였다. 행정력이 총동원되었지만 압도적 찬성이 아니었다. 丁一權 총리 이하 내각과 李厚洛 비서실장은 朴 대통령에게 일괄 사표를 제출했다. 만 2년간 상공부장관직에 있었던 金正濂씨가 사무실의 짐을 꾸려 집으로 나르고 있는데 청와대에서 급히 찾는다는 연락이 왔다. 金 장관이 대통령 집무실로 들어가니 대통령은 팔장을 낀 채 동쪽의 창가를 왔다갔다 거닐고 있었다. 金 장관이 인사하니 대통령은 자리를 권했다. 朴대통령은 정색을 하더니 말했다.

"내일 비서실장으로 발령낼 터이니 열심히 일해주시오."

"각하, 저는 경제나 좀 알지 정치는 전혀 모릅니다. 비서실장만은 適任이 아닙니다."

"경제야말로 國政의 기본이오. 경제가 잘 되어야 백성들이 배불리 먹

고, 등 따뜻하고 포실한 생활을 해야 정치가 안정되고 국방도 튼튼하게
할 수 있지 않은가."

이어서 대통령은 "6·25 동란 이후 계속되어온 무장간첩 침투 사건과
는 근본적으로 다른 도전에 직면해 있다"는 점을 강조했다. 그는 1968년
의 1·21 청와대 기습사건, 1월 23일의 미국 정보함 푸에블로호 납치사
건, 11월 23일의 울진-삼척 공비침투 사건, 1969년 4월 15일 동해에서
있었던 미군 정보수집기 EC-121 격추사건 등을 열거했다. 朴 대통령은
미군이 정보함이 납치되고 정보기가 격추되어 수십 명이 죽었는데도 북
한에 대해서 강력한 응징을 하지 못한 데 대한 불만을 토로했다.

朴 대통령은 1969년 7월 닉슨 대통령이 괌에서 발표한 이른바 괌 독
트린을 걱정했다. 닉슨은 아시아에서 美軍의 직접 개입이 앞으로는 없
을 것임을 천명했던 것이다.

대통령은 "지금은 6·25 이후 처음 맞이하는 국방상의 비상시이므로
나는 국방과 안보외교에 치중하지 않을 수 없다. 경제를 들여다 볼 시간
이 없다. 경제문제는 비서실장에게 맡길 터이니 경제장관들과 잘 협조하
여 처리하라. 수출증진과 농업개발에 계속 역점을 두라"고 지시했다고
한다. 金正濂 실장은 이날 이후 9년 이상 朴대통령을 보좌하게 된다.

1970년대의 개막: 7사단 철수

1970년 1월1일 朴대통령은 신년사를 통해서 70년대의 비전을 밝혔다.
그는 "1970년대에는 완전 자립 경제를 꼭 성취하여야 한다"면서 "1인당
국민소득은 500달러를 넘어야 하고 수출은 적어도 60억 달러를 돌파해

야 한다"고 했다.

〈경제의 규모나 단위, 그리고 평가의 기준은 모두 국제적인 수준에서 다루어져야 하며, 몇몇 상업 부분은 세계 1위를 자랑할 수 있게 되어야 합니다. 이것이 실현될 때 우리는 조국 근대화의 대부분의 작업들을 70 년대에 끝내는 셈이 됩니다.〉

이해 1월 9일에 있었던 기자회견에서 朴 대통령은 1960년대를 '민족 自覺의 연대'였다고 높게 평가하면서도 위기의식을 강조했다.

"이 시국이 戰時냐 平時냐 하고 왈가왈부하는 사람도 있다는데 한심한 일입니다. 총칼을 갈고 준비를 하여 폭력, 비폭력, 합법, 비합법, 정규전, 비정규전이든 수단 방법을 가리지 않고 기회만 있으면 우리들을 치겠다고 벼르고 앉아 있는 적을 목전에다 두고 평시냐 전시냐 이런 논쟁을 한다는 자체가 우리 국민들이 아직도 정신을 못차리고 있다는 것입니다. 지금 우리가 잘못하면 1970년대에 우리 조상들이 정신을 차리지 못하고 얼빠진 생각을 가지고 있다가 이러한 수치스러운 역사를 남겼다는 말을 듣게 될 것입니다."

朴대통령은 1970년의 國政지표도 1968년 이후 3년째 똑같이 '일면 건설, 일면 국방'이라고 말했다. 朴대통령은 위기의식을 항상 고취시킴으로써 국민들이 벼랑에 선 기분으로 최선의 노력을 다하도록 몰아갔다. 이것이 그의 리더십의 중요한 대목이다. 三星의 성공비결 또한 李秉喆, 李健熙의 끊임 없는 위기의식 조장이었다.

이해 북한의 도발은 계속되었다. 6월 5일 서해 휴전선 남쪽 4해리 해상에서 어선단을 보호하고 있던 우리 해군 방송선을 북한 고속정 두 척이 납치해갔다. 그 17일 뒤인 6월 22일 국립묘지 현충문 폭파사건이 일어났다. 이는 朴대통령의 목숨을 노린 음모였다. 이날 새벽 북한무장특공대 3명이 국립묘지의 추념祭壇 앞 현충문에 올라갔다. 이들은 몰래 폭탄을 장치하려다가 터지는 바람에 한 명은 즉사하고 두 명은 달아났다가 사살되었다. 6월 25일 남침 기념일에 朴대통령 일행이 현충문을 통과할 때 인근에서 원격조종으로 폭파시켜 죽이려 했던 사건이 미수로 그친 것이다. 북한은 1983년 10월 9일 미얀마의 아웅산 묘소를 방문하던 全斗煥 대통령 일행을 노리고 같은 수법의 테러를 가해 17명의 장관급 엘리트들을 죽였다.

1970년 7월 5일 미국의 로저스 국무장관은 마닐라에서 열린 월남참전 7개국 외무장관 회의 때 崔圭夏 장관에게 주한미군 2개 사단중 7사단을 철수하겠다고 통보했다. 그 전해 8월 22, 23일 미국 샌프란시스코에서 열렸던 韓美 頂上회담에서 닉슨 대통령은 주한미군의 계속 주둔을 약속했으나 朴 대통령은 다른 감을 잡았다. 그는 그해 9월 24일 대구에서 "미군의 주둔이 종결될 때를 대비하여 국군의 정예화를 기해야 한다"고 말했던 것이다.

한국군이 2개 사단, 약 5만 명의 大軍을 월남전선에 보내놓고 있는데 주한미군을 감군하지는 않을 것이란 예상이 빗나간 것이다. 1970년 8월 24일 애그뉴 부통령이 7사단 철수에 따른 협상을 위해 대통령 특사 자격으로 서울에 왔다.

朴 대통령은 애그뉴와의 담판을 준비하기 위하여 2주일간 거의 모든 일정을 미루고 對策구상에 몰두했다. 金正濂 실장은 이 기간중엔 아침, 저녁 두 차례 극히 중요한 사안만을 보고하고 결재를 받았다. 1차 회담은 8월 25일 오전 10시 朴 대통령, 애그뉴 부통령, 崔圭夏 외무장관, 포

터 주한미국대사, 金 실장이 참석한 가운데 열렸다. 두 시간을 예정했으나 여섯 시간이 걸렸다. 점심 식사도 잊었고 화장실에 가는 사람도 없었다. 회의가 끝날 때 커피와 케이크로 점심을 때웠다.

朴대통령은 자신이 준비한 메모를 꺼내놓고 減軍의 부당성과 위험성, 그리고 감군에 따른 보완대책을 설명하고 요구했다.

다음날 2차 회담에서 朴 대통령은 애그뉴 부통령으로부터 2만 명 이상은 감군하지 않는다는 확약을 받아냈다. 그러나 애그뉴 부통령은 한국을 떠나 대만으로 가는 비행기 안에서 기자들에게 이렇게 말했다.

"한국군의 현대화가 완전히 이뤄질 때, 아마도 앞으로 5년 이내에 주한미군은 완전히 철수할 것이다."

비서실장으로부터 이 보고를 받은 朴 대통령은 한동안 말이 없더니 이렇게 말했다.

"자주국방만이 우리가 살 길이다. 미국측 방침에 일비일희하는 처지를 빨리 초월해야 한다. 자주국방에는 막대한 내외자가 소요되므로 경제가 잘 되어야 하며 첨단 정밀무기는 비싸므로 外貨는 신종 고성능 무기 도입에만 사용하고 전통적 기본무기는 하루빨리 국산화해야 한다"

박정희-애그뉴 회담을 이어받아 실무회담이 계속되었다. 1971년 2월 6일 韓美 양국이 합의한 내용은 한국군의 역할을 획기적으로 강화한 것이었다.

〈미 7사단을 중심으로 한 1만 8,000명을 감축하고 서부전선을 맡고 있던 미 2사단은 후방으로 물린다. 휴전선 전체의 방어를 한국군이 전담한다. 미국은 15억 달러 규모의 군사원조를 제공하여 한국군을 현대화한다.〉

"이 따위 놈의 선거는 이제 없어!"

1971년 4월 25일.

서울 장충단 공원에서 朴正熙(박정희) 후보는 4월 27일에 있을 제7代 대통령 선거를 위한 마지막 연설을 했다. 朴 대통령은 서두를 이렇게 시작했다.

"요즈음, 우리나라 야당 사람들이 나에 대한 인신공격을 하는 가운데서 이런 소리를 하고 있는 것 같습니다. '이번에 또 다시 朴 대통령을 뽑아 주면 총통제를 만들어 앞으로 朴 대통령이 죽을 때까지 대통령을 해 먹을 것이다' 이렇게 얘기합니다.

유권자 여러분! 오늘 이 자리에서 분명히 말씀드리거니와, 내가 이런 자리에 나와서 여러분에게, '나를 한 번 더 뽑아 주시오' 하는 정치 연설은 이것이 마지막이라는 것을 확실히 말씀드립니다."

그는 자신의 성취를 자신감 있게 피력했다.

"현재 우리나라는 全세계의 개발도상국 가운데서도 가장 모범적이란 평을 듣고 있습니다. 지난 10년 동안에 全세계 120여 개국 중에서 어느 나라가 가장 경제성장이 빨랐는가 하고 유엔과 세계은행에서 통계를 내어 보았더니, 가장 경제성장이 빠른 국가 중에서도 우리 대한민국이 세 번째에 들어갔습니다. 또 어느 나라의 수출성장이 제일 빨랐는가 하면 120여 개국 중에서 우리나라가 단연 1위였습니다."

朴 대통령은 옛날 이야기를 했다.

"10년 전 5·16 혁명이 나기 며칠 전 대구 시내에 있는 몇몇 백화점에 들러서 내의와 양말을 사려고 주인한테, '내의와 양말이 있습니까' 하고 물었더니 내 앞에 내놓은 물건은 전부가 일제 아니면 미제, 홍콩제뿐이었습니다. '우리 국산은 없습니까' 하고 물었더니, 주인은 아주 쑥스러운 얼굴을 하면서 저쪽 구석에서 먼지가 뽀얗게 앉은 국산 양말 몇 켤레를 갖고 와서, '아이구, 손님 이거야 어떻게 신겠습니까. 그거 국산은 못 신습니다. 차라리 외제를 사시지요'라고 했습니다. 여러분이 지금 서울 시내의 백화점이나 기타 모든 상점에 가 보면, 그때와는 격세지감이 있을 것입니다."

이날 연설에서 朴 대통령이 "이번 선거를 끝으로 다시 입후보하지 않을 것이니 꼭 찍어 달라"고 호소하지 않으면 수도권에서 金大中(김대중) 후보에게 너무 뒤져 위험하다고 건의한 사람들이 많았다. 공화당의 수도권 선거 책임자이던 康誠元(강성원)도 그 가운데 한 사람이었다. 그는 며칠 전 朴 대통령을 만났다.

"각하, '다시는 출마하지 않는다'는 약속을 해주십시오. 그렇지 않으면 표가 안 나옵니다. 지금 서울에서 8 대 2로 우리가 열세인데 지지율을 40% 선까지 끌어올리려면 각하께서 그런 약속을 하셔야 합니다."

이렇게 말했더니 朴 대통령은 담배를 쥔 손을 바르르 떨었다. 화가 나면 나타나는 버릇이었다.

大選(대선)을 사실상 총괄적으로 지휘하고 있었던 李厚洛(이후락) 정보부장은 전날 朴 대통령이 부산 유세를 끝내고 열차편으로 서울역에 도착했을 때 마중을 나갔다. 같은 차를 타고 청와대로 가는 도중에 李 부장은 "내일 유세 때는 꼭 '이번이 마지막 출마다'는 말씀을 해주셔야 합니다"라고 했다. 朴 대통령은 "지방 유세의 분위기가 좋았는데 무슨 그런 소리를 하느냐"고 기분이 나빠졌다.

李 부장은 이날 장충단 공원 유세장으로 가는 朴 대통령에게 다시 "각하, 어제 그 말씀 꼭 하십시오"라고 졸랐다. 그는 선거 추이를 분석한 결과를 보고하면서 "결코 낙관적이지만은 않다"고 말했다. 朴 대통령은 말없이 뚱하고 나갔다.

언론은 이날 朴 후보가 불출마 약속을 했다고 보도했지만 그는 장충단 연설에서 그런 약속을 하지 않았다. 다만 "'나를 한 번 더 뽑아 주시오' 하는 정치연설은 이것이 마지막"이라고 했을 뿐이다. 표를 구걸하지 않는다는 뜻이지 대통령을 세 번만 하겠다고 못 박지 않았다. 언론은 朴 대통령의 깊은 뜻을 눈치채지 못하고 이날 연설을 '4選 불출마 선언'이라고 보도했다.

이날 연설을 분석하면 朴 대통령이 마음속으로 헌정을 중단시키는 일대 결심을 하고 있었음을 알 수 있다. 이날 朴 대통령은 국민들을 속이지 않으려고 애썼다는 이야기이다. 이날 연설의 묘한 뉘앙스 차이를 이해한 사람은 별로 없었다.

정세 분석에 강한 康誠元 의원만은 자신이 건의한 내용과 朴 대통령이 말한 것의 차이에 유의했다. 그는 그 뒤에도 朴 대통령의 연설을 유심히 분석하다가 1972년 10월 1일 국군의 날 연설에서 '국력의 조직화', '능률의 극대화'란 단어가 나타나자 주위에 "이달 안으로 큰 일이 일어날 것이다"고 말하고 다녔다.

장충단 공원 연설은 朴 대통령에게 선거와 민주주의에 대한 근원적인 懷疑(회의)를 갖게 했음이 여러 증언들에 의해 확인되고 있다.

1972년 6월 어느 날, 청와대 사정특보인 洪鍾哲(홍종철·前 문교부 장관)이 董勳(동훈) 비서관과 함께 朴正熙 대통령에게 전국 금융기관의 편

중대출 상황 보고를 했다. 편중대출을 많이 받은 순서로 100大 기업과 개인을 표로 만들어 올렸다. 이를 훑어본 朴 대통령은 "이 사람들이 나한테 말하던 내용과는 영 다른데, 이것 쓸모가 있겠군"이라고 하면서 기분이 좋아 보였다.

朴 대통령은 집무실 옆문을 열고 뜰로 나가 야외 식탁을 마련케 하고 두 보고자와 함께 점심을 하게 되었다.

洪 특보가 "각하 요사이 시중에서 이상한 소문이 돌고 있습니다. 북한 요인이 서울을 다녀갔다던가 하는 소문인데…"라고 했다.

朴 대통령은 아무 반응도 보이지 않고 1년 전에 있었던 선거 이야기를 꺼냈다.

"董勳 비서관, 지난번에 내가 장충단에서 유세할 때 가보았겠지?"

"예, 굉장히 많이 모였더군요."

"이 사람이, 모였다고? 모이긴 무슨 모여, 그냥 실어다 날랐지, 하하."

董勳 비서관은 '朴 대통령이 대통령 선거 장충단 유세 때의 군중이 대부분 관권과 금력에 의해 동원된 것임을 알고 있구나, 역시 속는 분이 아니구나' 하는 생각을 했다고 한다.

朴 대통령은 이야기를 계속했다.

"그런데 그 군중이 나는 참 무서웠어. 군중이 혼란을 일으키면 결국 무력을 동원해야 진정이 되어요. 내가 4·19 때 부산계엄사무소장이었는데 그런 꼴을 보았어요. 내가 정복을 입고 군중 앞으로 나아가서 '같이 만세를 부르자'고 하여 진정을 시켰어요.

만약 그 장충동에서 북괴가 모략전을 펴서 경찰관 복장을 한 사람으로 하여금 총을 쏘게 해놓으면 걷잡을 수 없는 상황이 벌어진다고. 그걸 빌미로 하여 북괴가 군대를 들여보낼 수도 있지 않겠어. 그날 나는 연설할 때 그런 걱정으로 내가 무슨 말을 하는지 모를 정도였어요. 연설을 마치고 내 자리로 돌아와서 수행원에게 맨 처음 물은 말이 '휴전선에 이상이 없느냐' 였어.

청와대로 돌아와서도 군중들이 다 해산했다는 보고를 받고 저녁을 먹었어. 작은 회사도 사장을 뽑을 때는 이런 저런 점을 살펴보고 신중하게 하는데, 하물며 국가의 운명을 짊어지는 대통령을 뽑는데 그런 식으로 군중을 잔뜩 흥분시키고 감정을 돋워 놓고, 그것이 식기도 전에 투표장으로 이끌고 가서 표를 던지게 한다면 엉뚱한 사람을 뽑지 않는다는 보장이 있는가 말이야.

董勳 비서관은 법을 배운 사람이고, 민주주의에 대해서 많이 알 터인데 어디 말해봐요, 이게 민주주의요? 가장 냉정하게 판단해야 할 대통령 선거에서 가장 감정적으로 유권자를 만들어 놓기 시합하는 것이 민주주의냐 이 말이야."

朴 대통령은 듣고만 있는 두 사람 앞에서 말을 이어갔다.

"그때 장충동에서 내 연설 자세히 들었겠지."

"예, '이게 마지막 유세' 라고 하시는 말씀 감명이 깊었습니다."

"무슨 소리야. 내가 한 말은 '이제 다시는 여러분들한테서 표를 달라는 말을 하지 않겠습니다' 였다고."

董勳 비서관은 '이 말은 言中有骨(언중유골)이구나' 하는 생각이 들었다. 朴 대통령은 이때 갑자기 손바닥으로 탁자를 '탁' 치더니 이렇게 내뱉는 것이었다.

"이제 그 따위 놈의 선거는 없어!"

董勳 비서관은 섬뜩한 느낌이 들었다.

朴 대통령은 이어서 인도네시아 헌법에 대해서 董勳 비서관에게 물었다. 자연히 인도네시아 이야기로 화제가 옮아갔다. 朴 대통령은 인도네시아의 역사와 정치에 대해서 소상하게 알고 있었다. 朴 대통령은 특히 1965년에 공산당이 반란을 일으키고 여기에 수카르노 대통령이 놀아나자 수하르토가 나서서 공산당을 진압하는 과정에서 수십만 명이 살육당하는 과정을 설명해 나갔다.

朴 대통령은 섬이 많고 문맹률이 높은 인도네시아가 그 현실에 맞는 헌법과 정치제도를 도입한 것을 높이 평가하고 있었다.

朴 대통령은 식탁에서 일어서면서 두 사람에게 "오늘 한 이야기는 옮기면 안 돼"라고 일침을 놓았다.

"후계자를 추천해 봐"

1971년 4월 28일, 대통령 선거 다음날인 이날 金鍾泌(김종필) 공화당 부총재는 충남 서산 농장에 가 있었다. 대통령 선거 개표 결과는 朴 대통령이 94만여 표 차이로 金大中 후보를 이기고 있었다. 金鍾泌에게 청와대에서 연락이 왔다. 朴 대통령이 현충사에서 충무공 탄신기념식에 참석한 뒤 온양관광호텔로 가니 그곳으로 오라는 내용이었다. 호텔에 도착하니 안내자가 "점심 준비를 하는 동안 朴 대통령이 방에서 쉬고 있으니 들어가라"고 했다. 朴 대통령은 서서 정원을 내다보고 있었다.

"저 왔습니다."

"응, 어딨었어."

"저, 서산에 가 있었습니다."

"그래?"

朴 대통령은 한참 침묵했다. 그 사이 金鍾泌은 陸英修(육영수) 여사에게 가서 인사를 했다. 朴 대통령은 소파 쪽으로 오더니 앉으면서 이야기했다.

"내가 요새 골똘히 생각해 보는데, 이것 안 되겠어."

"뭐가 안 되겠습니까?"

"나는 그래도 빈곤을 추방하려고 열심히 일을 했어. 한 10년 열심히 하여 이제 굶지 않을 정도는 됐어. 수출도 잘 되고 말이야. 그런데 국민들이 내가 三選(삼선)을 하겠다니까 언짢게 생각하는 것 같아. 그걸 모르겠어. 내가 영구집권한다는 것도 아니고 말이야, 지금은 정하지 않았지만 선거가 끝난 뒤에는 후계자를 정하겠다고 이야기했잖아. 그랬는데 金大中이가 뭔데 차이가 그것밖에 안 나나."

朴 대통령은 자신을 압승시켜 주지 않은 국민들에게 매우 섭섭한 모양이었다. 좀처럼 이런 말을 하지 않는 朴正熙는 그야말로 작심한 듯 이야기를 계속했다.

"이 사람(金大中)과 비교해서 국민들이 나를 대접하는 게 겨우 이 정도인가. 민주주의가 역시 약점이 있어. 우리나라 같은 경우 선거바람이 잘못 불면 엉뚱한 사람이 당선될 가능성이 얼마든지 있어. 그랬을 때 과연 이 나라가 일관성 있게 자유민주주의 체제를 유지할지 의심스러워. 그래서 내가 심각하게 걱정을 해."

朴 대통령은 이렇게 덧붙였다.

"자네도 알다시피 우리가 돈을 얼마나 썼나. 행정력은 얼마나 구사했

나. 절대다수의 의석을 차지하는 공화당이 각 지구당에 돈을 얼마나 내려보냈나 말이야. 그래도 요것밖에 차이가 안 나?"

이 대목에서 金鍾泌이 말했다.

"선거에 취약점이란 게 왜 없겠습니까. 이번에 각하 표가 의외로 적었던 것은 역시 저희 보좌하는 사람들의 잘못인 것 같습니다. 각하께서 침통해하시는데 그 원인이 어디 있느냐 하는 건 여러 각도로 연구할 필요가 있지 않겠습니까."

"그래서 요담에 내가 그만두기 전에 그런 면에서 취약점을 확실히 보완할 수 있는 체제를 정비해 놓는 게 내가 마지막에 해야 할 일이 아닌가 하는 생각이 요새 들어."

朴 대통령은 이날 낮 온양호텔에서 있었던 다과회에선 선거에 대해 일절 이야기를 하지 않았다. 그는 "가뭄이 풀려서 한결 마음이 놓인다"고 말했을 뿐이었다. 朴 대통령의 불평을 들으면서 金鍾泌은 오히려 국민들이 현명한 선거를 했다고 생각했다.

"표차가 95만 표밖에 나지 않은 것은 국민들이 3選개헌에 대한 의아심을 풀지 않은데다가 표를 많이 주면 이 양반이 무슨 일을 할지 모른다고 염려했기 때문이라고 보았습니다."

1970년 12월 〈조선일보〉에, 고상현이라는 27세 파월장병 출신이 겪고 있는 고통에 대한 작은 기사가 났다. 그는 서라벌 대학에 재학 중 입대하여 베트남 전선에 나갔다. 근무 중 안면 및 전신 화상으로 양 손가락을 쓰지 못한다는 것이었다. 자신의 특기인 악기를 다뤄 먹고 살아야 하는데 손가락을 쓰지 못하고 수술할 돈도 없다는 호소였다.

이 기사를 읽은 朴正熙 대통령이 그 해 12월 4일 성형수술에 쓰라고

60만 원을 주었다.

1971년 5월 8일자 청와대 비서실이 작성하여 朴 대통령에게 보고한 문서에 따르면, 고상현이란 사람은 60만 원을 받아 수술을 받고 1만 1,240원이 남아 반납했다는 기록이 있다. 이 문서에 朴正熙 대통령이 메모 지시를 했다.

〈앞으로 再起(재기)에 필요한 것이 있으면 支援(지원)할 터이니 本人(본인)의 希望(희망)이 무엇인지 알아보라. 잔금 1만 1,240원은 원호처를 통하여 본인에게 회송필(영수증 별첨)〉

1971년 6월 2일 고상현 씨 관련 보고서가 다시 대통령에게 올라간다.

〈원호처로 하여금 각하의 뜻을 본인에게 전언케 하였던 바, 본인은 감격을 금치 못하고 있으며, 앞으로는 자신의 노력으로 자립 자활하여, 각하의 은혜에 보답하겠다는 것이 본인의 의사입니다. 고상현 군이 성형 수술을 한 명동병원 원장 장상숙 씨는 수술비 수령액 50만 5,700원 중에서 40만 원을 고상현 군 자립을 위하여 기증하였습니다〉

朴 대통령은 이런 메모를 덧붙였다.

〈장상숙 원장에게 치하 서신 발송할 것(대통령 명의로)〉

작은 데에도 치밀한 것이 朴 대통령이었다.

1971년 5월 중순 어느 날, 제8대 국회의원 선거 지원유세에 나선 朴 대통령은 충남 온양에서 金世培(김세배) 의원 지원 연설을 끝낸 뒤 헬리콥터를 타고 공주의 李炳主(이병주) 의원 지역으로 떠나면서 대전에서 출마했던 공화당 원내총무 출신의 JP 직계 金龍泰(김용태)를 동승시켰다. 공주에 도착한 일행은 점심시간이 되어 李 의원 집에서 식사를 했다. 점심을 끝낸 다음 朴 대통령은 주인인 李 의원과 金正濂(김정렴) 비서실장, 朴鐘圭(박종규) 경호실장에게 좀 쉬고 있으라 하고, "나, 金龍泰 의원하고 이야기 좀 하겠어"라고 했다.

"자네도 알다시피 지난 서울 유세 때 후계자를 키우겠다고 했는데 자네 생각은 어떠한가?"

"그러한 중대사는 전적으로 각하의 意中(의중)에 달린 것이라고 생각합니다. 저 같은 신분으로서는 생각조차 할 수 없습니다."

3選개헌 전에 金鍾泌을 후계자로 밀다가 혼이 났던 金龍泰로서는 사양하는 수밖에 없었다.

"갑작스레 물어보니 대답하기 어렵겠지. 자네 생각나나? 6·25 때 대구 우리 집에서 맹세한 것, '이 나라에서 빈곤만은 없애 보겠다'고 한 말. 이제 그 꿈이 이뤄지고 있네. 나도 3選개헌이 무리였다는 걸 잘 알고 있어요. 李承晩 박사도 개헌을 하지 않았던들 지금은 國父(국부)로서 존경을 받고 있었을 거야. 그러나 그동안 우리가 이룩해 놓은 國富(국부)와 국력을 북괴가 남침해서 하루아침에 불살라 버리지 않을까 하는 걱정이 커! 경제를 지속적으로 발전시키고 국력을 기르고 국방을 튼튼히 해줄 사람이 없단 말인가."

"각하께서 下問(하문)하신 일은 저로서는 상상조차 못 할 일입니다."

"이 사람아! 자네는 3選개헌을 반대하다가 내가 저질러 놓은 일들을 마무리짓기 위해 개헌을 하겠다고 하니 동의해 주지 않았나. 같이 걱정하는 뜻에서 묻는 것이야, 다른 뜻은 없어, 이 친구야!"

金龍泰는 朴 대통령과는 광복 직후부터 인연이 있었고, 몇 안 되는 민간인 출신 5·16 혁명동지였다. 朴 대통령은 공화당 초대 원내총무로 그를 임명하고 '두목'이란 애칭을 붙여 주었다. 그는 1968년 공화당 內에서 金鍾泌 의장을 후계자로 옹립하려는 '국민복지회'란 단체를 만들었다는 혐의로 당에서 제명되었고, 1969년엔 공화당이 발의한 3選개헌案(안)에 반대하고 있었다. 이해 7월 金 의원이 태릉 골프장에서 골프를 치고 있는데 金載圭(김재규) 육군보안사령관이 찾아왔다.

담담하게 지내는 사이였던 金 사령관은 "벌써 金 의원 집에 들러서 양복까지 가져왔으니 청와대로 같이 갑시다"라고 했다. 그는 金載圭의 차를 타고 가서 오랜만에 朴 대통령을 만났다. 朴 대통령은 약 40분 동안 3選개헌案에 가표를 던져 줄 것을 설득했다.

朴 대통령은 金 의원에게 공화당 內의 개헌 반대자들도 돌려놓아 달라고 부탁했다. 金龍泰는 오히려 대통령을 돌려놓으려 했다.

"내가 자네한테 설득을 당하고 있군. 金 의원 어때? 지금까지 벌여 놓은 일들을 마무리하는 데까지만 시간을 얻을 수 없을까. 저질러 놓은 일들이나 끝내고 학교로 돌아가 평생을 보내고 싶어. 우리 집사람도 자네와 똑같은 이야기만 하는데 사무실만 나오면 딴판이란 말일세."

朴 대통령은 金 의원과의 과거 인연을 꺼내 압박했다.

"자네와 나는 혁명에 목숨을 걸었던 사이가 아닌가. 나의 결심이 오판이라고 생각하더라도 나를 좀 도와주게!"

결국 金 의원은 굴복했다. 그는 공화당에 남아 있는 개헌반대 의원들에게 피해가 가지 않도록 해달라고 건의했을 뿐이었다. 1969년 9월 14일 새벽 2시에 공화당이 국회 제3별관에서 3選개헌案을 통과시킬 때 가표를 던진 의원들은 공화당 106명, 정우회 11명, 신민당에서 넘어온 3명, 그리고 金龍泰 의원 등 무소속 4명을 합쳐 총 124명이었다.

이런 사정이 있었기 때문에 金 의원은 아무리 朴 대통령이 후계자를 추천하라고 해도 입을 뗄 수 없었다. 朴 대통령은 담배를 연거푸 피우면서 대답을 기다렸다. 金 의원은 대통령의 침묵에 도저히 견딜 수 없었다. 속으로는 '내가 말한다고 해서 이 나라 역사가 달라지는 것도 아니지 않는가' 라고 생각하면서 입을 뗐다.

"각하, 저의 뜻과 함께 시중의 여론을 말씀드리겠습니다. 각하의 후계자가 되실 분은 金鍾泌 공화당 부총재뿐이라고 생각합니다. 각하께서 3選개헌 전에 부총재로 임명해 놓으셨기 때문에 국민들도 그렇게 생각하고 있습니다."

"그래, 그 대답하는 데 그렇게도 시간을 끈단 말인가."

"섣불리 말씀드렸다가는 제 목이 온전하지 못할 것 아니겠습니까."

"두목에 어울리지 않게 겁쟁이군."

"각하, 그렇습니다. 저는 겁쟁이입니다."

"종필이… 글쎄, 다재다능은 하지만 신중하지 못해. 人和(인화)도 문제야. 吉在號(길재호)도 자기가 추천해 놓고는 요사이 犬猿之間(견원지간)이라고 해. 人和 없이는 막중한 일을 못해! 趙炳玉(조병옥) 같은 분도 軍政(군정) 때 경무부장을 했다고 해서 對人(대인)관계가 나빠졌대요. 종필이는 정보부장을 하는 동안 싫어하는 사람이 많아진 게 흠이란 말이야."

이때 충북으로 떠날 시간이 되었다는 기별이 들어왔다.

"金成坤이한테 똑바로 전하쇼"

1971년 5월 25일.

이날 치러진 제8대 국회의원 선거에서 야당인 신민당이 약진했다. 지역구에서 공화당 86석, 신민당 63석, 국민당과 민중당이 1석씩. 전국구 의원들을 합치면 공화당 113석, 신민당 89석이었다. 공화당 창당을 주도해 왔던 金鍾泌계의 舊(구)주류는 크게 약화되었다. 金成坤(김성곤)으로 대표되는 5·16 이전의 소위 舊정치인들과 그들과 손잡은 吉在號 같은 혁명주체들이 공화당의 주도권을 잡은 것처럼 보였다. 이 新(신)주류는 흔히 '4人 체제'라고 불렸다. 당의장 白南檍(백남억), 재정위원장 金成坤, 사무총장 吉在號, 원내총무를 지낸 金振晩(김진만)이 당을 끌고갔는데, 특히 金成坤의 지도력이 강했다.

이 4人 체제는 朴正熙를 위해 총대를 메고 3選개헌을 성공시켰고, 1971년에 들어서는 대통령 선거와 국회의원 선거를 주도하면서 더욱 영향력이 커졌다. 朴 대통령도 자신의 당선과 공화당의 승리를 위해서는 이들이 요구하는 人事(인사)·공천·청탁을 거절할 수 없는 처지였다. 朴 대통령은 당연히 이들에게 감사하는 마음이 있어야 마땅하지만 권력자의 심리는 그렇게 단순할 수 없었다.

깔끔하고 소박한 朴 대통령과 4人 체제로 상징되는 舊정치인들은 생래적으로 맞지 않은 면이 있었다. 朴 대통령은 돈과 이권이 오고 가는 與野(여야) 정치인들의 밤낮이 다른 모습에 대한 정보보고를 받을 때마다 이를 이용하고 허용할 수밖에 없는 자신에 대해 자존심이 상했다.

더구나 金成坤은 4년 후를 겨냥하여 내각제 개헌을 꿈꾸고 있었다. 그는 폭넓은 인간관계와 풍부한 자금을 바탕으로 하여 언론계와 야당에도 인맥을 구축해 놓았다. '이 따위 놈의 선거는 그만해야 돼'라고 생각하고 있던 朴 대통령에게는 이런 金成坤의 야망이 방해물일 수밖에 없었다.

이런저런 고려를 반영한 대통령의 人事가 1971년 6월의 金鍾泌 국무총리 기용이었다. 내무장관은 吳致成(오치성). 吳장관은 취임하자마자 지사, 치안국 간부, 시장, 군수, 경찰서장에 대한 대폭적인 교체와 인사 이동을 단행했다. 선거에 큰 역할을 하는 이런 요직의 인사 때는 공화당의 4人 체제와 협의를 거치는 것이 관례로 되어 있었다.

당시 요직에는 두 차례 선거를 위해서 공화당 실력자들이 천거한 인물들이 많이 앉아 있었다. 이들을 물갈이한 것이다. 吳 장관은 물론 朴 대통령의 결재를 받아서 했다. 그는 내무부의 고위 공무원과 특히 경찰간부들이 어떻게 공화당, 특히 4人체제와 연결되어 있는지를 조사하여 朴 대통령에게 보고하고 '철저하게 조사하여 시정조치를 취할 것'이라는 지침을 미리 받았던 것이다.

金成坤, 吉在號는 이것이 吳 장관의 독단이든지 金鍾泌 총리의 보복이라고 판단한 듯하다. 공화당 主流(주류)를 대표하는 이 두 사람은 朴 대통령이 자신들을 거세하려고 吳 장관을 부리고 있다는 생각은 하지 않았지만 여기서 자신들의 힘을 과시하지 않으면 안 된다는 강박감을 느꼈을 것이다.

1971년 7월 29일.

朴 대통령은 林大地(임대지) 총무비서관을 집무실로 불렀다. 朴 대통령은 전직 대통령의 사진 얘기를 꺼냈다.

"총리실이나 장관실에 가보면 집무실에 역대 전직자들의 사진이 걸려 있는데 왜 청와대에는 없지?"

"尹潽善 씨도 아직 살아 있는데 걸어 놔서 뭐 하겠습니까?"

"그런 정신으로 무슨 일을 하겠다는 거야. 밤낮 우리가 선거 때의 기분만 갖고 사나. 역대 대통령 사진을 모시는 것은 우리나라 관습상 예의야. 총무비서는 역대 대통령 사진들을 액자에 정중히 넣어서 내 서재에 갖다 모시시오!"

朴 대통령은 몹시 화가 나 있었고, 목소리 또한 높았다. 그날 총무비서관은 역대 대통령의 사진들을 구하느라 여러 곳을 뛰어다녀야 했고, 액자도 청와대 마크가 들어간 것으로 만들어 청와대 집무실에 걸어 놓느라 진땀을 흘렸다. 그 사진은 朴 대통령이 서거할 때까지 그대로 걸려 있었다. 尹潽善 前 대통령이 명동시국선언 사건으로 재판을 받고 있을 때도….

1971년 8월 5일.

朴 대통령은 을지연습 종합강평 때 이런 요지의 유시를 했다.

〈敵(적)으로부터 기습공격을 당했을 때를 한번 가상해 보자. 敵은 全(전)휴전선에 걸쳐서 일제히 공격할 것이며, 동시에 그 시간을 전후해서 동·서해안으로 敵이 기습 상륙할 것이다. 또한 敵은 공수부대를 우리의 후방 깊숙이 대량으로 공중투하할 것이다.

만약에 앞으로 공산당이 우리 대한민국에 지하조직을 가지게 된다면, 이러한 조직이 敵의 기습에 호응해서 일제히 도처에서 일어날 것이다.

동시에 敵은 그들이 가지고 있는 공군 세력으로 공중공격을 해올 것이다. 이러한 여러 가지 행동이 거의 같은 시간에 기습적으로 이뤄질 것이다. 그러면 우리는 여기에 대해서 어떠한 대응책을 강구할 수 있겠는가. 제일 먼저 움직이는 것은 역시 軍일 것이다.

다음에는 정부가 즉각 계엄령을 선포한다든지 동원령을 하달한다든지 戰時(전시) 국가지도회의를 소집해서 우리가 가지고 있는 충무계획에 따라서 하나하나 대응조치를 취해 나갈 것이다. 우리 국민들은 어떻게 되겠는가? 국민들은 초기에 반드시 상당한 불안과 공포에 싸여 혼란을 가져올 것이라고 예측해야 할 것이다.

초기에 우리 軍이 신속 과감한 행동으로 敵의 침투를 효과적으로 저지할 수 있고, 또한 정부가 침착하고 자신 있는 행동으로 사전계획에 따라서 하나하나 잘 처리해 나가게 될 때, 처음에는 불안과 공포를 느끼던 국민들도 점차 냉정을 되찾게 될 것이고, 정부가 하는 일에 대해서 신뢰감을 가지게 될 것이며, 시간이 흐를수록 불안과 공포감은 오히려 敵에 대한 적개심으로 변해서 정부가 하는 일에 대해 자진해서 적극 협력을 하게 될 것이다. 이렇게 되면 우리는 초기 대응책이 상당한 성공을 거둔 것이라고 생각할 수 있으며, 이 전쟁은 우리가 충분히 버티고 나갈 수 있는 전쟁이라고 할 수 있을 것이다〉

朴正熙가 그리고 있는 전쟁의 모습은 입체적이다. 이런 그림을 항상 머리에 넣어 두고 金日成을 상대한 사람이 그였다.

공화당의 지휘부를 장악하고 있던 4인 체제는 金鍾泌 총리와 吳致成 내무장관의 인사에 불만을 갖고 있다가 야당인 신민당이 金鶴烈(김학렬) 부총리 겸 경제기획원 장관, 申稙秀(신직수) 법무장관, 吳致成 내무장관에 대한 해임결의안을 내자 직계 공화당 의원들로 하여금 吳 장관 해임에 찬성하도록 일을 꾸미기 시작했다.

朴 대통령은 공화당 內의 이런 움직임을 보고받고는 白南檍(백남억) 공화당 의장에게 집안단속을 지시하는 한편 金成坤에게도 간접적으로 뜻을 전했다. 9월 말 같이 골프를 친 사람들과 술을 함께 하던 朴 대통령은 건설기업인 趙奉九(조봉구)가 선약이 있다면서 미리 일어서자 이렇

게 말했다.

"趙 회장, 그 자리에 金成坤이도 나온다고 했죠? 金成坤이한테 똑바로 전하쇼. 吳致成이 같은 어린애 문제를 가지고 계속 덤빈다면 혼날 줄 알라고. 똑바로 전해야 돼요."

朴 대통령이 이 정도로 반대한다면 李厚洛 정보부장이 움직여 간단하게 당내 반란을 저지할 수 있었다. 李厚洛은 걱정하는 金在淳(김재순) 공화당 원내총무에게 "부결될 것이니 걱정 말라"고만 하고는 움직이지 않았다. 朴 대통령도 반란 지도부 인사인 金成坤, 吉在號를 직접 불러 말릴 수 있었을 터인데 간접적으로 뜻을 전할 뿐이었다.

이런 가운데 金, 吉 두 사람은 나름대로의 논리를 만들어 자신들과 계파 의원들을 설득했다.

"우리가 吳 장관 해임안을 통과시키는 것이 각하를 돕는 일이다. 吳 장관에 대해서는 각하도 이미 능력의 한계를 알고 있다. 우리가 이렇게 해야 당도 살고 국회도 산다."

吉在號는 혁명동지이자 육사 8기 동기인 吳致成과는 거의 원수지간이었다. 그는 朴 대통령이 자신들의 반란을 추인해줄 것이라고 믿어 의심하지 않았지만 金成坤은 그 정도로 확신에 차 있지는 않았다. 다만, 그동안 자신이 朴 대통령에게 충성한 것을 감안한다면 사태를 이렇게 방치하면서 자신을 부르지도 않고 간접적인 경고만 보내는 대통령이 못내 섭섭하기는 했으리라.

최근 金鍾泌은 기자에게 해임결의안 표결이 있기 직전에 金成坤 의원 집을 찾아가 朴 대통령의 강력한 뜻을 전하면서 야당에 동조하지 않도록 말렸다고 회고했다. 金 총리는, 5·16 혁명 뒤 군사정부가 金成坤 의원의 6·25 때 행적을 알고도 덮어 준 것까지 상기시키면서 경거망동하지 말라고 했다는 것이다.

이때는 金成坤이 돌아설 수 없을 정도로 상황이 진행되고 있었다. 그는 일을 저질러 놓고 朴 대통령을 설득할 수 있다고 믿었다. 대통령에게 당하는 것이 자신을 믿고 따랐던 의원들로부터 욕을 먹는 것보다 낫다는 판단을 한 듯하다. 朴 대통령은 이런 일로 金 의원에게 부탁하기 싫고, 金 의원은 이런 일로 자존심을 굽히기 싫고, 배짱이 센 두 사람은 일종의 자존심 대결을 벌인 셈인데, 그런 승부는 동원 가능한 권력의 크기에 의해서 결정된다.

1971년 10월 2일.

이날 새벽 白南檍 의장은 아무래도 불안했다. 吳 장관 해임결의안이 공화당 의원들의 반란에 의해 통과될 것이란 예감이 들었다. 그는 이른 아침에 청와대로 대통령을 찾아갔다.

"이 시간에 웬일입니까."

"각하, 확증이 있는 건 아닙니다만 吳 내무 해임안은 가결될 것 같습니다. 표결을 하루쯤 연기하면 어떨까 해서…."

"그래요? 원내총무 보고로는 부결될 거라던데. 내 전투경험으로 보면 지휘관은 일단 정한 대로 밀고나가야 합니다."

반란의 실무 지휘자 중 한 사람이던 康誠元도 이날 아침 불안해서 吉在號 사무총장에게 전화를 걸었다. 거사에 앞서서 지휘관의 의지를 再확인하고 싶었다.

"여보 康 의원도 날 못 믿소? 吉在號가 언제 당신 속입디까? 이렇게 하는 것이 대통령을 돕는 일이란 것을 康 의원도 잘 알고 있지 않소?"

공화당 의원총회장으로 가면서 白南檍 의장은 金成坤에게 말했다.

"이 사람아, 지금 각하께 보고하고 나오는 길일세. 생각 고치지 않으면 다치겠네."

金成坤은 낮은 목소리로 "吉在號를 만났느냐"고 물었다. 金成坤은 金在淳 총무한테도 吉 총장을 만나 설득해 달라는 취지의 말을 했다. 吉在號 총장은 약간 흥분해 있었다고 한다.

"이제 와서 어쩌자는 겁니까."

白南檍·金在淳이 공화당 의원총회에서 해임안을 부결시켜 달라고 호소했다. 白 의장은 朴 대통령의 지시를 다시 옮기면서 "각하께서 복안이 있다고 하셨으니 전원 부표를 던져 달라"고 말했으나 반응이 냉담했다. 金成坤도 뒤늦게 吉在號·金昌槿(김창근)을 따로 불러내 "白 의장이 총재를 만난 모양이던데… 의장이 저렇게까지 말하는 걸 보면…"라고 했더니 吉 총장은 말을 들으려고 하지 않았다.

이날 본회의에서 金鶴烈 부총리, 申稙秀 법무장관에 대한 신민당의 해임안은 부결되었으나 吳 내무에 대한 해임안은 공화당 의원 20여 명의 이탈로 해서 가결되었다(可 107표, 否 90표, 무효 6표).

金正濂 비서실장이 朴 대통령에게 이 소식을 전했다.

"뭐 통과라구? 몇 표래?"

그러고는 말 없이 외면해 버렸다. 金 실장이 나간 뒤 朴 대통령은 공화당 의장실로 전화를 걸었다. 白 의장이 "각하, 뵐 면목이 없습니다"라고 했다.

"白 의장, 철저히 조사하시오! 조사를 해가지고 吉在號고 누구고 다 처벌토록 하시오!"

白의장이 미처 대꾸도 하기 전에 전화가 끊기더니 다시 전화가 왔다. 朴 대통령이었다.

"金成坤도 빼지 말아!"

이날 밤 金成坤·吉在號·康誠元 등 공화당 의원 30여 명이 정보부로 연행되어 조사를 받았다. 이들은 수사관들에게 얻어맞고 갖은 모욕을 당했다. 반란의 두 지휘관 金成坤·吉在號는 자진탈당 형식으로 의원직을 사퇴했다.

약 7년간 朴 정권을 정치적으로 뒷받침하면서 金鍾泌 견제, 3選개헌, 朴 대통령 당선을 가능케 했던 4인 체제는 무자비한 폭력 앞에서 무너져 버렸다. 이와 함께 포스트朴을 꿈꾸면서 내각제 개헌을 준비했던 여당 內 세력도 제거되었다.

그 1년 뒤 朴 대통령이 제2의 쿠데타를 일으키는 데 걸림돌이 될 수 있었던 한 세력이 사라지는 순간이었다. 또 다른 독자세력인 金鍾泌은 이미 국무총리로서 유신 쿠데타로 가는 길의 동행자가 되어 있었다. 朴 대통령이 그를 국무총리로 기용한 데는 유신정변에서 결백을 주장할 수 없는, 일종의 공범자로 만들려고 한 속셈도 있었을 것이다.

한때 朴正熙 이후의 대권까지 생각했던 金成坤은 정계를 떠난 뒤 한 측근에게 이런 말을 했다.

"내가 속았어. 그리고 내가 朴 대통령이 원래 그런 사람인 줄 알았으면서도 오판을 했어."

'원래 그런 사람' 이란 말은 朴 대통령이 결코 부하들의 반대에 몰려서 할 수 없다는 듯이 吳 장관을 자르는 식으로 장난을 칠 인물이 아닌데 그렇게 밀어붙이다가 당했다는 뜻이다. '속았어' 란 말은 자신에게 한 말인지, 누군가가 함정을 파놓고 기다렸다는 뜻인지 알 수 없다.

吳源哲의 방위산업 전략

1971년 11월 9~10일.

朴 대통령은 경제기획원에서 방위산업 건설에 대한 보고를 받았다. 차관先에 대한 교섭부터 어려움을 겪고 있었다. 그는 청와대로 오는 차 안에서 金正濂(김정렴) 비서실장에게 실망과 낙심을 토로했다.

金 실장이 집무실에서 이런저런 고민을 하고 있을 때 상공부의 吳源哲 鑛工電(광공전) 차관보로부터 전화가 걸려왔다. 金 실장은 상공부 장관을 지냈다. 吳 차관보는 "오늘 경제기획원 보고 때 배석했었는데 나름 대로 방위산업에 대한 생각이 있으니 한번 말씀을 드리고 싶다"고 했다. 金 실장은 "지금 곧 청와대로 오시오"라고 했다.

두 사람은 진지한 토론을 벌여 몇 가지 점에 의견의 일치를 보았다. 무기생산만 전문으로 하는 軍공장은 경제성이 없다. 그렇다고 민영군수공장도 병기수요가 따라 주지 않으면 낭비가 심하다. 모든 무기는 분해하면 부품이다. 부품을 정밀 가공하는 기술이 핵심이다.

현대무기는 선진국 수준의 중화학공업이 뒷받침되지 않으면 만들 수 없다. 중화학공업 건설은 경제의 고도성장, 수출증대, 국제수지의 개선을 위해서도 필수적이지만 방위산업의 기반이다. 따라서 방위산업을 중화학공업의 일환으로 추진하되 무기의 부품별·뭉치별로 유관공장에 분담시켜 제작케 함으로써 무기수요의 변동에 따른 낭비를 극소화시킨다.

1970년대의 한국을 크게 변모시킬 중화학공업-방위산업 동시 건설

전략의 대강이 이렇게 만들어졌다. 金 실장은 吳 차관보의 손을 이끌고 朴 대통령 집무실(서재)로 들어가 직접 대통령께 보고하도록 했다.

朴 대통령은 여러 각도로 질문을 했는데 저녁 식사 시간이 다 될 때까지 세 시간이 넘게 이야기는 계속되었다. 朴 대통령은 吳 차관보의 건의에 대체로 동의했으나 무기의 본격적인 대량생산에 4~5년이 걸린다는 말에는 불만이었다. 그는 북한군의 동향이나 해외 미군 감축 방침을 고려할 때 2~3년 내에 생산이 이뤄져야 한다고 강조했다.

두 사람이 서재를 물러나온 지 얼마 되지 않아 朴 대통령이 金 실장을 찾았다.

"내가 들어보니 방위산업뿐 아니라 중화학공업 건설도 직접 챙겨야 하겠어. 吳 차관보를 청와대에서 일하도록 하시오."

"그러시다면 제2경제수석실을 신설하여 吳 차관보에게 그 일을 맡기고 차관대우 수석비서관으로 임명하는 것이 좋겠습니다."

"당장 내일 발령을 내시오. 그리고 국방장관과 국방과학연구소장에게는 즉시 병기개발을 시작하라고 전하시오. 대통령 지시라고 하시오."

다음날 朴 대통령은 서재에서 吳 차관보에게 임명장을 준 뒤 선 채로 세 가지 지시를 또박또박 내렸다.

"우리나라의 안보상황은 현재 초비상 상태라고 판단된다. 우선 예비군 20개 사단을 경장비 사단으로 무장시키는 데 필요한 무기를 개발 생산토록 하라. 60mm 박격포도 생산하라. 청와대에 설계실부터 만들어서 직접 감독하라. 나도 수시로 가 보겠다.

처음 나오는 병기는 총구가 갈라져도 좋으니 우선 試製品(시제품)부터 만들라. 그리고 나서 개량해 가면 쓸 만한 병기를 생산할 수 있게 된다. 우수한 人材(인재)를 동원하라. 북한군의 최근 동향에 대해서는 李厚洛 부장을 만나 설명을 듣도록 하라."

이 순간 공군장교 출신인 吳 수석은 朴 대통령이 軍 지휘관처럼 지시한다고 생각했다. 그 또한 차렷자세였다. 하마터면 거수경례를 할 뻔했다. 吳 수석은 "예 알았습니다"라고 크게 말했다. 다시 군대에 입대한 기분이 들었다.

吳 수석은 그 길로 청와대 옆 궁정동의 정보부장 사무실로 갔다. 李 부장은 "지금 각하로부터 지시를 받았다"면서 곧바로 설명을 시작했다.

"지금 일선은 급박합니다. 북괴는 부대를 일선으로 이동시키고 있고, 탱크들도 휴전선에 바짝 붙여 놓았어요. 그런데 우리의 대비는 매우 취약하다는 것이 정보부의 판단입니다. 우리의 M1 소총은 북한 측 아카보 소총보다 성능이 떨어지고 그나마 자동장탄이 안 된단 말이에요. 하루 속히 M-16으로 교체해야겠는데 현역만 바꾸는 데도 5~6년이 걸립니다"

李 부장은 캐비닛을 열고 총 한 자루를 꺼내어 주면서 말했다.

"이것이 서독 軍에서 채택한 총인데 구조가 아주 간단합니다. 참고로 해서 만들어 보시오. 지금 일선에서 가장 부족한 것은 탄약입니다. 심지어 탱크가 쳐들어올 때 결사대가 지뢰 한 개씩을 메고 뛰어드는 육탄전이라도 해야 할 판인데 그런 수의 지뢰도 없다는 보고요. 吳 동지, 나라를 위해 死力(사력)을 다해 주시오!"

"예, 알았습니다."

"이스라엘에 한 번 다녀오시오. 모든 병기와 탄약을 자급자족하고 있다고 해요."

뭇 수석은 이날의 느낌을 이렇게 표현했다.

〈나는 몸과 마음이 전투에 직접 참여하는 분위기와 결심에 완전히 휩싸이게 되었다. 군복은 안 입었지만 다시 입대한 것이다. 총사령관은 朴 대통령, 전략참모본부장은 金正濂 실장, 나는 방위산업담당 참모가 된 다〉

朴 대통령으로부터 병기 시제품 긴급개발 지시를 받은 국방과학연구소는 한 달 반 안에 소총과 박격포를 만들어야 했다. 총포담당 洪判基 (홍판기·뒤에 대령 예편, 연구소 부소장 역임) 소령은 申應均(신응균) 소장의 지시에 대해 이렇게 대답했다.

"해보겠습니다. 형태를 만들어 내는 것은 가능합니다. 작동도 할 수 있습니다. 기능상은 가능합니다. 다만 성능만은 보장하지 못합니다."

무기 제작에 들어가는 특수강을 구하기 위해서 연구원들은 시중 철물상과 청계천 고물상을 뒤졌다. 3.5인치 로켓포의 경우 도면이 없었다. 로켓 분야 담당이던 具尙會(구상회·후에 연구소 부소장 역임) 박사는 육군에서 쓰던 포를 빌려와 해체하고 부품의 치수를 정밀측정하여 逆 (역)설계를 했다.

그는 또 사무실에 같이 근무하던 徐廷旭(서정욱·뒤에 과기처 장관 역임) 박사가 옛날에 청계천에서 구했던 3.5인치 로켓포의 미군 기술교범을 참고로 하여 부품 및 조립도를 만들었다.

1971년 12월 17일.

청와대 대접견실에는 샹들리에 불빛이 찬란했다. 유사 이래 최초의 國産(국산) 병기가 전시되었다. 60mm 박격포, 로켓포, 기관총, 소총류. 새로 칠을 한 병기들은 무기가 아니라 예술품처럼 보였다. 朴 대통령은

申應均 소장에게 치하의 말을 한 뒤 진열대 쪽으로 다가갔다. 침묵이 흘렀다.

그 순간 대통령을 따라 들어왔던 洪性澈 정무수석이 자신도 모르게 "와!"하고 소리를 냈다. 朴 대통령은 그를 향해 뒤돌아보더니 자랑스러운 표정을 지으며 말했다.

"우리가 만든 것이야. 금년도 최고의 크리스마스 선물이다. 우리도 마음만 먹으면 해낼 수 있다. 우리나라 공업도 이 정도로 발전된 거야. 그런데 언제 試射(시사)를 하는가."

1971년 12월 26일.

일요일이지만 대연각호텔 화재 뒤처리가 있어 많은 비서관들이 출근했다. 낮에 朴 대통령은 金正濂 비서실장과 金聖鎭(김성진) 대변인, 柳赫仁(유혁인) 비서관, 그리고 洪性澈, 金龍煥 비서실장 보좌관 등과 함께 점심 식사를 하면서 전날과 마찬가지로 안보와 방화 문제에 대해 계속 얘기했다.

"특근을 했으니 특근 수당을 줘야겠군"

朴 대통령은 웃으면서 미리 준비해 놓았던 봉투를 꺼내어 참석자 모두에게 일일이 나누어 주었다. 봉투에는 당시로는 거액인 50만 원이 들어 있었다.

식사를 끝낸 朴 대통령은 오후 1시 30분쯤 金聖鎭, 柳赫仁 등과 함께 뉴코리아 골프장에서 골프를 쳤다. 첫 홀을 돌고 두 번째 홀에 갔더니 지만 군이 기다리고 있었다.

골프를 끝내고 난 뒤 식당에서 저녁 식사를 하며 막걸리를 마셨다. 중간에 池弘昌(지홍창) 前 주치의가 참석했다. 화제는 주로 인도-파키스

탄 전쟁과 방글라데시 독립에 관한 것이었다.

"방글라데시는 홀로 서기가 힘들 거야. 상당한 난관을 겪게 될 게 분명해."

有備無患

1972년 1월 11일.

이날 연두 기자회견에서 朴正熙 대통령은 "작년까지 1, 2차 경제개발 5개년 계획을 성공적으로 추진한 결과 군사적인 측면을 제외한 경제·문화 등 모든 분야에서 북괴를 앞서게 되었다"고 말했다. 朴 대통령은 한국이 처한 위기를 강조하기 위하여 서두에 북괴의 위협에 대해서 많은 이야기를 했다.

朴 대통령은 남북한의 국력 격차를 가져온 지난 10년의 전략 차이를 이렇게 설명했다.

"북괴는 무력통일을 목표로 했기 때문에 다른 일을 제쳐놓고 모든 분야에서 희생을 무릅쓰면서까지 전쟁준비를 위한 군사력 증강에 총력을 기울였습니다. 우리는 평화통일을 목표로 했으므로 5·16 이후 지난 10년간 경제개발에 주력했습니다.

국력은 총체적으로 우리가 앞서지만 군사력 부문에서는 우리가 뒤지고 있는 것은 이 때문이며 여러 가지 비상조치를 취하지 않을 수 없는 이유도 여기에 있습니다."

오늘날 한국이 對北(대북) 우위를 점한 것은 金日成의 先(선)군사건설 전략과 朴正熙의 先경제건설 전략의 대결에서 朴 대통령이 이겼기 때문이다. 1960년대에 군부 출신인 朴 대통령이 군사비 지출을 억제하고 경제발전에 주력할 수 있었던 것은 駐韓(주한)미군의 우산 역할이 있었기 때문에 가능했다.

1970년대에 들어서면 朴 대통령은 충실해진 국력을 바탕으로 하여 자주국방력 건설을 추진하는 데 반해 金日成은 1960년대의 군사력 건설로 인해 피폐해진 경제건설을 위해 외자를 유치했다가 실패해 부도국가가 되어 버린다. 1976년부터는 연간 군사비 지출에서도 남한이 북한을 능가하게 된다.

이것은 훗날의 이야기이고 최고조에 달한 북한의 군사력 증강과 마주하게 된 1972년의 朴正熙는 자신을 한강 둑에 홀로 선 사람, 즉 '한강물이 넘치는지 않는지를 알 수 있는 사람'으로 비유하면서 이해 정초에는 '總力安保(총력안보)', '有備無患(유비무환)'을 신년휘호로 정하는 등 위기관리를 최우선 목표로 설정했다. 이날 기자회견도 그런 분위기로 진행되었다.

"북괴가 무력적화 야욕을 버리지 않는다면 우리도 도리가 없습니다. 우리도 살아야 합니다. 우리의 생명과 자유를 위해서 모든 대비책을 강구해야 합니다."

朴 대통령은 국력을 동원하고 조직화하여 국가보위를 위한 총력안보 체제를 다져나가야 한다고 강조했다. 그는 정치의 역할에 대한 그의 평소 소신을 피력했다. 이때 이미 朴 대통령은 국력을 조직화하고 능률을 극대화할 수 있는 제도개혁을 구상하고 있었다.

그는 한국적 현실에서는 부담이 너무 큰 민주주의 제도에서 거추장스러운 장식품과 군살을 뺀 효율적 한국적 민주주의를 만들기 위한 일대 개혁을 골똘히 생각하고 있었다. 이날 기자회견에서도 그런 생각들이 스며 나왔다.

朴 대통령은 "우리나라와 같이 개발의 도상에 있는 나라에서는 정치의 초점이 경제 건설에 있다"고 했다.

"국민들이 먹고 입는 생활에 불안을 느끼지 않을 수 있는 정도의 경제 건설을 하는 것이 민주주의의 성장을 위해서도 절대적인 기본요건이 되는 것입니다. 따라서 '경제 건설의 토양 위에서만 민주주의의 꽃을 피울 수 있다'고 하는 나의 주장이 옳았다는 것을 지금도 나는 믿고 있습니다."

朴 대통령은 전해부터 시작한 새마을운동의 철학을 쉽게 정리했다.

"정부의 상당한 지원이 따라가는 이 사업은 농촌 어느 부락이나 다하는 것이 아니라 자조·자립·협동정신이 왕성한 그런 농촌, 그런 농민들에 대해서 정부가 우선적으로 지원해 나가겠습니다."

말하자면 잘하는 마을만 지원하겠다는 것이었다. 새마을운동의 중요한 성공비결이 이런 식으로 차등 지원함으로써 전국 농촌마을들끼리 경쟁심을 일으킨 데 있었다.

전해 선거를 통해서 '이런 국민들을 가지고 민주주의를 하는 것은 시기상조이다'는 판단에 도달했던 朴 대통령은 이날 기자회견에서 수십 분 동안 담배꽁초나 휴지를 아무 데서나 버리지 않는 바로 그것이 애국이라고 강조했다. 교사가 학생들을 타이르는 식이었다.

"옛날 중국의 당나라 詩人(시인)이 읊은 漢詩(한시)에 이런 게 있습니다.

盡日尋春 不見春(진일심춘 불견춘)인데,

歸來庭前看梅花(귀래정전간매화)라.

어떤 이른 봄날 야외에 봄 구경을 나갔습니다. 아직도 봄이 이르기 때문에 종일 돌아다녀 보아도 봄을 구경할 수 없었습니다. 그래, 저녁에 자기 집에 돌아와서 마루턱에 앉아서 저 뜰 앞을 보니까, 담 밑에 매화나무가 한 포기 있는데, 거기에 매화가 활짝 피어 있더라, 바로 우리 집 뜰 앞 여기에 봄이 있구나, 이것을 모르고 하루 종일 들과 산을 헤매면서 봄 구경을 다녔구나, 하는 이야기입니다.

애국이 어디 멀리 있는 것이 아닙니다. 우리들의 일상 생업을 통해서 얼마든지 할 수 있는 그런 행위가 바로 애국입니다.

우리 수도 서울의 신사 숙녀들이 많이 지나다니는 그런 골목에 휴지와 담배꽁초가 지저분하게 버려져 있습니다. 바람이 불면 이것이 이리저리 날립니다. 우리 시민들이 저런 데에서도 간단한 애국을 할 수 있습니다. 담배꽁초를 버리지 말자는 것입니다. 휴지는 어디까지나 쓰레기통에 내다 버리자는 것입니다.

왜 이것이 애국이 되는가. 휴지를 마음대로 버리면 서울 시장은 청소부를 많이 고용해야 하는데, 서울 시장이 자기 개인 호주머니에서 월급을 주는가, 그렇지 않습니다. 쓰레기를 안 버리는 것은 국가 예산을 절약하는 일입니다.

옛날 독일의 니체라는 사람이 '아침에 자고 일어나서 자기 집 앞의 쓰레기를 청소하는 것이야말로 애국의 제1보다' 라고 말했다고 합니다. 그것도 못 하는 사람은, 뒤집으면 그것도 실천할 수 없는 사람은 애국이라는 소리를 입에 내지도 말아야 합니다. 애국이란 것이 관념으로 되는 것이 아닙니다."

朴 대통령은 보름 전에 일어났던 대연각 화재를 예로 들면서 안보도 미리미리 대비했을 때만이 전쟁을 막을 수 있다고 설명했다.

"어떤 사람이 만일 그렇게 해 가지고 전쟁이 안 나면 어떻게 할 테냐, 이러한 소리를 하더랍니다. 만일, 이렇게 해가지고 전쟁이 안 나면 그것은 만번 다행입니다. 우리가 대비를 해야 전쟁이 안 날 것 아닙니까. 왜 전쟁도 안 났는데 그렇게 소란을 피우며 준비를 했느냐, 그런 책임을 추궁할 사람은 아무도 없지 않겠습니까."

이날 朴 대통령은 "한 달 뒤에 중공을 방문하게 될 닉슨 대통령이 작년에 친서를 보내 '美中 회담에서 한국 문제를 거론하지 않겠다'고 약속했다"고 공개하고 이런 말을 덧붙였다.

"여하한 경우라도 우리 대한민국과, 대한민국 국민과, 대한민국 정부와 상의 없이 우리 이익에 위배되는 여하한 결정도 받아들일 수 없다 하는 것이 우리 정부의 기본 태도라는 것을 확실히 천명해 둡니다."

朴 대통령은 기자회견을 빌어 전해 金大中 후보가 주장했던 한반도 평화에 대한 '4대국 보장론'을 신랄하게 비판했다.

"미국·소련·중공·일본이 그렇게 합의했다고 하더라도 우리는 믿을 수도 없고 안심하고 살 수도 없습니다. 혹 이 주장을 하는 사람들은 북괴가 쳐들어오면 네 나라가 뜯어말릴 것 아닌가 할지도 모릅니다. 작년 연말에 인도-파키스탄 전쟁이 났을 때 유엔 안보리 이사회에서 두 나라 배후에 있는 美·蘇·中 3대 강국은 앉아서 입씨름만 했습니다.

아마 미국 측은, '이것은 북괴가 먼저 전쟁도발을 한 것이다. 당장 원위치하라'고 말할 것입니다. 소련과 중공은 金日成이 먼저 도발한 것을 뻔히 알지만 金日成이가 먼저 도발했다고 이야기하겠어요? 이쪽에서는

'북괴가 먼저 했다', 저쪽에서는 '남한에서 먼저 했다', 이렇게 입싸움만 하고 있는 동안에 승부는 결정나 버리고 말 것입니다. 韓美 방위조약이 북괴의 전쟁 도발을 막는 유일한 방파제가 되는 것이지 4대국 보장론 운운은 잠꼬대 같은 이야기입니다."

朴 대통령은 전해의 남북적십자회담으로 통일에 대한 기대가 높아지고 있는 점에 경고를 보냈다. 그는 신라가 진흥왕 때부터 120년 동안 준비하여, 그것도 唐(당)의 힘을 빌려 삼국통일을 했다가 그 唐을 내쫓는 전쟁을 통해서 통일을 완수한 史實(사실)을 설명한 뒤 이렇게 요약했다.

"어디까지나 우리의 내실을 키워야 하고, 객관적인 여건이 성숙되어야 하며, 그때 우리가 기민하게 기회를 포착할 수 있는 능력을 갖추어야 하는 것이지 그 이전에는 통일이 안 됩니다."

그는 광복이 왔을 때 우리의 내실이 갖추어져 있지 않았기 때문에 통일 독립국가를 만들 수 있는 기회를 놓친 점을 지적했다.

그는 자주국방에 대해서도 이렇게 요약했다.

〈자주국방이란 것은 이렇게 비유해서 얘기를 하고 싶다. 가령 자기 집에 불이 났다. 이랬을 때는 어떻게 하느냐. 우선 그 집 식구들이 일차적으로 전부 총동원해서 불을 꺼야 할 것이 아닌가. 그러는 동안에 이웃사람들이 쫓아와서 도와주고 물도 퍼다 주고, 소방대가 쫓아와서 지원을 해준다. 그런데 자기 집에 불이 났는데, 그 집 식구들이 끌 생각은 안 하고 이웃 사람들이 도와주는 것을 기다리고 앉았다면, 소방대가 와서 기분이 나빠서 불을 안 꺼줄 것이다. 왜 자기 집에 불이 났는데 멍청해 가지고 앉아 있느냐? 자기 집에 난 불은 일차적으로 그집 식구들이 총동원해 가지고 있는 힘을 다해서 꺼야 한다〉

1972년 2월 22일.

朴 대통령은 청와대 출입을 그만두게 된 權肅正·宋英大·鄭準模·金潤煥 기자에게 저녁을 대접했다. 이 자리에는 金聖鎭 대변인이 배석했다.

"미국 닉슨의 중공 방문은 목적의 90% 이상이 再選(재선)을 위한 것이야. 닉슨의 중공 低자세 외교는 유쾌한 일이 아니야. 우리의 국방력은 거의 완성에 가까운 자주 능력을 갖추었어요. 미국을 언제까지 믿을 수 있겠는가 말이오. 지금과 같이 어려운 때일수록 국민은 단결해야 할 것 아닌가.

야당 인사라고 하여 책임 없는 발언을 해서는 안 돼(필자 注 : 金大中 후보의 예비군 폐지, 軍 복무 단축, 병력 감축 등 주장과 관련해서). 지난 대통령 선거 때 야당의 金大中 후보가 무책임한 발언을 많이 했는데, 이런 말은 국민의 판단력을 해롭게 하는 것이야.

설령 그런 말을 한 金 씨가 당선되었다고 할지라도 모측에서 가만히 있지 않았을 것이오. 내가 극력 막는다 해도 그들은 움직였을걸(필자 注: 군대를 가리키는 듯).

金이 청와대 출입 메달을 만들어 주는 등 수단 방법을 가리지 않고 상식에 어긋난 선거전을 했는데, 앞으로는 이런 것을 절대 용인하지 않을 생각이오. 다음 선거는 비상사태 아래서 치르게 될지도 몰라. 그렇게 되면 무책임한 발언은 법의 규제를 받아야 할 것으로 생각해요. 한마디로 말해서 과거와 같은 선거 양상은 지양되어야 한다는 것이 내 소신이오."

朴 대통령은 북괴가 준동하고, 국내에서는 金大中 씨가 선동하는 소요가 일어날 것이니 비상사태라도 선포하지 않으면 선거를 못 치를 것

으로 생각하는 듯한 뉘앙스로 말했다.

1972년 4월 3일.

朴 대통령은 전해 12월에 만들었던 국산 兵器(병기) 시제품의 試射會(시사회)를 참관했다. 이날 시사회는 26사단 지구에서 있었다. 對전차지뢰를 터뜨리는 것을 朴 대통령은 쌍안경으로 보고 있었다. 고물탱크 밑에 파묻어 놓은 지뢰가 터지자 불기둥이 솟았다. 그 순간 내빈석에서 보니 무슨 검은 물체가 '휙' 하는 소리를 내면서 날아오는 것이 아닌가. 모두 '악' 하면서 몸을 움츠렸다. 그 물체는 내빈석을 넘어 멀리 날아가버렸다. 모두 '휴' 하고 안도하는데 방위산업과 중화학공업 담당수석비서관 吳源哲의 발 밑으로 '탁' 하면서 떨어지는 게 있었다. 쇳조각이었다. 吳수석이 朴 대통령을 보니 쌍안경으로 폭발지점을 계속 응시하고 있었다. 朴 대통령은 파편이 날아온 것을 모르는지 "지뢰란 대단한 것이구만. 砲身(포신)이 떨어져 나갔어"라고 했다.

劉載興(유재흥) 국방장관은 "중지!"라고 외쳤다. 그러자 朴 대통령은 가라앉은 목소리로 "순서대로 진행하세요"라고 말했다. 시사회가 끝난 뒤 朴 대통령은 81mm 박격포 쪽으로 가서 포신 윗부분을 몇 번이나 쓰다듬었다. 吳 수석이 보니 꼭 귀여운 자식의 뺨을 어루만지는 것 같았다. 그는 더 이상의 치하는 필요없다고 느끼며 눈시울이 뜨거워지는 것을 참을 수 없었다고 한다.

1972년 4월 21일.

朴 대통령은 좌측 흉부 쪽에 筋骨(근골) 타박상을 입었다. 목욕탕에서 타일 바닥에 미끄러지면서 다친 것이다.

발표는 '산책 중 돌을 헛디뎌 넘어지면서 타박상을 입어 당분간 휴양하실 것'이라고 했다. 항간에는 간이 나빠졌다느니 별별 소문이 나돌았다.

1972년 5월 16일.

지난번 다친 후 朴 대통령은 이날 처음으로 외부 행사에 참석했다. 5 · 16 민족상 시상식에 참석한 뒤, 朴 대통령은 기자단과 金正濂 비서실 장과 金聖鎭, 沈瀜澤, 권숙정 비서관 등과 함께 오찬을 들면서 5 · 16 당시를 회고했다.

"그때 해병대를 데리고 한강을 도하하는데, 내가 권총을 빼들고 '돌격 앞으로'라고 외치면서 한강 다리 난간에 파여 있는 홈을 세 개째 지났는 데도 아무도 따라나서질 않는 거야. 그래서 총을 한 방 쏘면서 '돌격 앞으로'하고 다시 외쳤더니 그때서야 다 따라오더군."

1972년 5월 21일.

朴 대통령은 고향에 계시는 백씨 東熙(동희) 옹을 문병하고 거의 밤 10시쯤 되어서 청와대로 돌아왔다. 申範植 서울신문 사장이 대통령을 수행하였다. 歸邸한 朴 대통령은, "東熙 형님이 병세가 악화되어 식사도 못 하고 말도 잘 못 하셨다"고 하시면서 수심에 싸여 있었다.

"청산가리도 가져갑니다"

1972년 3월 28일.

중앙정보부 간부 鄭洪鎭(정홍진 · 대외직명은 남북적십자회담 사무국 운영부장)은 이날 판문점을 통해서 북한으로 들어갔다. 그는 3박4일간 머 물면서 북한 노동당 조직부장 金英柱(김영주 · 金日成의 동생. 日軍 통역 출신)를 만나 李厚洛(이후락) 정보부장의 訪北(방북)에 합의하고 왔다.

3월 31일 서울로 돌아온 鄭洪鎭은 李厚洛 부장과 함께 청와대로 가서 朴 대통령을 만나 보고했다. 朴 대통령은 "수고했다"면서 술잔을 많이 권했다. 鄭 씨가 집에 돌아가니 아이들은 "제주도 출장을 가셨다면서 귤도 안 사오시고…" 하면서 섭섭해했다.

1972년 4월 26일.

朴 대통령은 李厚洛 정보부장의 평양行(행)에 앞서 이날 '특수지역 출장에 관한 대통령 훈령'을 하달했다. 이 훈령은 북한 측에 대해 우리가 밝힐 기본입장이었다.

朴 대통령이 직접 작성한 훈령 요지다.

〈조국통일은 궁극적으로 정치적 회담을 통한 평화적 통일이어야 한다. 4반세기 동안 정치·경제·사회·기타 분야에서 상이한 제도하에 놓여 있는 남북의 실정을 직시하고 통일 문제는 제반 문제의 해결을 통하여 이뤄져야 한다. 현재 진행 중인 남북한 적십자회담을 촉진시켜 인도적 문제의 조속한 해결을 보도록 할 것이며, 경제·문화 등 非정치적 문제를 풀어나가면서 정치적 문제로 이행하고, 非현실적 일방적 통일방안의 선전과 상호비방 및 무력사용을 하지 않는다〉

1972년 5월 2일.

이날 오전 10시 李厚洛 부장은 평양으로 출발하기 앞서 인사차 청와대로 왔다. 朴 대통령은 李 부장과 만날 때 金鍾泌 총리, 崔圭夏 특별보좌관, 金正濂 비서실장만 배석시켰다. 朴 대통령은 "미국 CIA 서울 책임자에게 잘 알려 주었지. 잘 갔다와"라고 말했다.

朴 대통령은 敵地(적지)로 들어가는 李 부장 일행의 안전을 보장한다는 각서를 북측으로부터 받도록 하고, 진행과정을 미국 CIA에 알려 주

도록 했다. 남북한은 평양에서 서울로 연락이 가능하도록 평양-서울 간
임시전화선을 개통시켰다. 李厚洛 부장은 웃저고리 주머니를 가리키면
서 "미국 CIA와 협조는 잘 되고 있습니다. 그것도 여기 준비해 갑니다"
라고 했다. 북한에서 유사시에 자결하기 위해서 청산가리를 준비했다는
것이었다.

李厚洛은 5월 5일 오전 전화연락에서 "어제 밤에 金日成과 만났다"고
알려 왔다.

1972년 5월 31일.

5월 29일 서울에 도착한 북한 측 대표단이 이날 청와대로 와서 朴 대
통령을 만났다. 북한 측 인사는 朴成哲(박성철) 제2부수상, 柳章植(유장
식) 노동당 조직지도부 부부장 겸 대외사업부장, 金德賢(김덕현) 노동당
정치위원회 직속 책임지도원이었다. 우리 쪽에선 金鍾泌 총리, 金正濂
실장, 崔圭夏 특보, 李厚洛 부장, 金致烈 차장, 鄭洪鎭 국장이 배석했다.

朴 대통령은 만면에 미소를 띠었으나 朴 부수상 일행은 얼굴이 굳어
있었다. 朴 대통령은 金日成의 안부를 물었다.

이윽고 朴成哲은 자세를 고치더니 웃옷 안주머니에서 수첩을 꺼냈다.
그는 '朴 대통령 각하'로부터 시작되는 金日成의 인사, 남북회담에 대
한 기본 입장을 수첩에 적힌 대로 읽어 내려갔다. 그 이후 대화가 있었
지만 朴成哲은 들으면서 메모만 할 뿐 반론도 동감도 없었다. 무슨 말로
대응해야 할지에 대해서 훈령을 받지 못한 탓이었다. 메모만은 세 사람
전원이 한 자도 빼놓지 않으려고 정신없이 적어 내려갔다.

朴 대통령은 타이르듯 말했다.

"귀하들은 남북 간의 장벽을 한꺼번에 허물자고 하는데 신뢰를 회복

하기 위해서는 벽돌을 한 장 한 장 쌓듯이 해야 합니다.

朴成哲 부수상도 시험 쳐본 적이 있지요. 시험을 볼 때도 쉬운 문제부터 풀고 어려운 문제는 나중에 풀지 않습니까. 남북 대화도 같은 식으로 풀도록 합시다."

공식 면담이 끝나자 만찬 전에 쌍방만 참석한 칵테일 파티가 있었다. 朴 대통령이 朴成哲에게 "자, 술 한 잔 합시다"라고 권해도 朴은 "저는 약을 먹고 있는 중이라서…"라면서 술잔을 피하기에 급급했다. 朴 대통령은 예상은 하였지만 북한 권부의 실력자라는 朴成哲까지 이렇게 경직된 행동을 하는 것을 보고 매우 놀랐다고 한다. 朴 대통령은 새삼 金日成 체제의 본질에 대해서 실감하는 바가 있었다.

1970년의 8·15 선언, 1971년 8월 12일의 남북적십자회담 제의, 1972년 7·4 공동성명으로 이어지는 일련의 남북대화는 朴 대통령이 주도권을 잡고서 진행하였다. 그는 8·15 선언을 통해서 "남북한이 선의의 체제경쟁을 하자"고 제의했다.

1967년부터 늘어난 對南무장침투, 1968년 1·21 청와대 기습사건, 이틀 뒤의 푸에블로호 나포사건, 그해 가을의 삼척·울진 공비 침투사건, 이듬해의 미군 정찰기 격추사건으로 이어지는 남북한의 긴장은 남한을 제2의 베트남화하려는 金日成의 모험주의를 잘 보여주었다.

1960년대 말에 북한은 군사력 건설의 절정기에 달해 있었다. 미국은 베트남戰의 수렁에서 헤어나지 못했다. 존슨에 이어 대통령에 취임한 닉슨 대통령은 게릴라戰이나 제한전쟁에는 미국이 개입하지 않는다는 '괌 독트린'을 선언했다. 미국은 또 키신저 외교를 통해서 中共(중공)에 대한 적대정책을 포기했다.

1970년대에 들면서 朴 대통령은 북한의 위협, 美中(미중) 접근, 남한의 국력충실을 조화시킬 수 있는 새로운 對北정책을 모색하지 않으면 안 될 형편이 되었다. 그것은 무력충돌을 막기 위한 남북대화 채널의 개척과 방위산업 건설을 핵심으로 하는 자주국방 정책으로 나타났다. 제2의 쿠데타라고도 볼 수 있는 유신조치도 이런 맥락에서 나왔다.

이 시기 朴 대통령을 지배한 가장 중심적인 전략 목표는 "남한의 국력은 시간이 흐를수록 커져 가므로 이제는 전쟁만 막으면 된다. 시간은 우리 편이다"라는 것으로 요약된다. 무장평화를 확보하기 위한 朴 대통령의 對北 제의에 金日成이 호응한 것은 남북대화에 따른 평화무드를 이용하여 남한에 적화기지를 만들 수 있다고 보았기 때문이다.

李厚洛 당시 정보부장은 〈月刊朝鮮〉 오효진 기자와의 인터뷰(1986년 12월호)에서 유신을 하기 위하여 남북회담을 한 것이 아니라, 1971년부터 남북회담을 하는 과정에서 유신을 생각하기 시작했다고 증언했다.

"내가 대통령에게 '북한과 대화를 하려면 우리가 딱 한 가지 의견만 가지고 해야 하는데 이쪽에선 말이 많으니까 대화가 안 됩니다. 이 체제 갖곤 대화해 봤자 우리가 손햅니다. 대통령께서 영구집권은 안 하더라도 영구집권할 수 있다는 기분으로 해야 대화가 되는 거지 얼마 있다가 그만둔다는 체제 갖고서는 대화가 안 됩니다. 이런 마당에 그렇게 안 하신다면 북한한테 밤낮 밀리는 겁니다. 그렇다면 저는 이민 가겠습니다' 그렇게 이야기했어요."

李 부장이 그런 건의를 하기 전에 이미 朴 대통령은 체제변혁을 구상하고 있었다. 李 부장의 건의는 그의 구상을 실천에 옮기는 날을 앞당기는 역할을 했겠지만 결정적인 것이라고 보기는 어렵다. 유신 쿠데타는

오로지 朴正熙 한 사람의 구상과 결심에 의해서 시작되었다는 점에서 육사 8기생들이 시작했던 5·16 혁명과는 다르다.

金鍾泌 총리는 1972년의 7·4 공동성명 이전인 5월 말 토요일에 유신 조치에 대한 이야기를 朴 대통령으로부터 들었다고 기억한다.

〈그날이 토요일이었어요. 12시 조금 전에 청와대에서 연락이 왔습니다.

"오늘 오후에 무슨 예정이 있나."

"다른 예정은 없습니다. 운동이나 할까 하는데요."

"나하고 가지. 이따 올라와."

뉴코리아 골프장으로 가는 차 안에서 朴 대통령은 이렇게 말했다.

"내가 좀 획기적인 체제를 구상하고 있어. 우리나라는 선거를 잘못하면 어디로 갈지 몰라. 내가 보기에 1970년대가 순탄치 않아. 없는 국력을 조직하여 효과적으로 관리해 나갈 수 있는 체제로 정비되어야 해. 그러지 않으면 도약이 어렵겠어. 이것은 많은 반대에 부딪힐 가능성이 있지만 해놓고 보면 1970년대를 잘 극복했다는 말을 들을 거야. 조금 더 있다가 자세한 이야기를 해줄게. 그때는 임자도 검토 멤버에 들어와야 해."〉

金鍾泌은 6월 이후엔 유신조치에 대한 윤곽을 알았다. 발표 날짜를 잡는 회의 때도 참여했다.

"자기 나라에 쓸모 없는 인간이…"

1972년 5월 11일.

이날 청와대 비서실은 朴正熙 대통령에게 '國史(국사)교육강화발언건의' 라는 제목의 보고를 했다. 그 요지는 '국사교육은 고등학교까지만 하고 각 기업체 채용시험은 물론 국가시행 考試(고시)에 있어서도 극소수 (2%)의 시험만이 국사를 시험과목에 포함시키고 있는 실정이다'는 것이었다.

서울大 교양과정부의 필수과목 중에 세계문화사는 포함되어 있으나 國史 과목은 없다는 것이다. 朴 대통령은 보고서 옆 여백에 이런 메모를 남겼다.

〈세계문화사를 알기 전에 제 나라 역사를 먼저 알아야 하지 않는가. 慨嘆. 慨嘆〉

朴 대통령은 1972년 2월 7일 경북도청 연두순시 때도 국적 있는 교육의 중요성을 강조했었다.

"지난 날 우리 교육은 선량한 민주시민을 양성한다는 막연한 목표를 내세웠기 때문에 교육을 받은 사람들이 한국 사람이면서도 정신상태는 한국인인지 외국인인지 분간할 수 없고 국가이념조차 분명치 않는 인간이 되는 일이 적지 않았다. 훌륭한 한국인이 된 다음에야 선량한 민주시민도 인류사회에 공헌하는 세계인도 될 수 있다. 자기 나라에 쓸모 없는 인간이 세계를 위해 공헌했다는 기록은 동서고금을 통해 찾아볼 수 없다."

朴正熙는 역사서를 많이 읽었다. 그의 역사관은 그의 통치철학의 바탕이었다. 그는 '主史翼經(주사익경)', 즉 역사적 경험을 중시하고 이론을 보조적으로 보려는 관점의 소유자였다. 요사이 한국의 지도층이 역사, 특히 자기 나라의 역사에 대해 무식하거나 왜곡되고 천박하며 편협한 관점을 가진 경우가 참으로 많다. '한국號'의 방향이 잘못 가고 있다면 이런 역사文盲(문맹)과도 관계가 있을 것이다.

1972년 5월 18일.

이날 새마을 소득 증대 촉진대회에 참석한 朴正熙 대통령의 치사는 두 시간이 넘었다. 그는 메모를 가지고 즉석 연설을 하는 식으로 자신의 꿈과 열정과 불만들을 작심한 듯 토로했다. 그는 새마을운동을 '잘 살기 운동'이라고 규정했다.

"그러면 어떻게 사는 것이 잘사는 것인가. 배 부르게 먹고 잘 입고 좋은 집에서 사는 것도 물론 잘사는 것입니다. 그러나, 그것만 가지고 잘산다고 할 수 없습니다. 우리가 인간으로서 좀더 여유 있고, 품위 있고, 좀더 문화적인 생활을 할 수 있어야겠고, 그것도 나 혼자만 그렇게 잘살아서는 안 됩니다. 내 이웃 사람은 지금 밥을 못 먹고 굶고 있는데 나만 잘 먹고 잘 입고 여유 있고 품위 있는 문화적인 생활을 하는 것, 이것은 잘사는 것이 아닙니다."

朴 대통령은 같은 맥락에서 도시민들이 농촌지역으로 놀러가서 농민들에게 방해되는 행락을 한다고 구체적으로 지적했다.

"지난 주말에 서울 근교에 나가 보니 산 위에서 떠드는데 올라가 보지는 못했지만 학생인지 하여튼 젊은 사람임이 틀림없었습니다. 한쪽에서는 잘살아보기 위하여 농민들이 새벽부터 깜깜해질 때까지 남녀노소할 것 없이 일하고 있습니다. 특히 도시의 처녀 같으면 한창 멋내고, 몸 가꾸고, 맵시 부릴 만한 나이의 학교 갓 나온 시골처녀들이 삽을 들고, 곡괭이 들고, 머리에 돌을 이고, 내 고장을 한번 살기 좋은 마을로 만들어 보려고 열의를 올리고 있는데, 그 옆에 도시에서 온 사람들은, 그 사람들은 대한민국 국민이 아닌지 어디 족속인지 모르지만, 부락사람들의 열의에 찬물을 끼얹는 그런 행동을 안 해주었으면 좋겠는데, 왜 그런 짓들을 하느냐 하는 것입니다."

도시 행락객들을 향해 대통령이 "그 사람들은 대한민국 국민이 아닌지 어디 족속인지 모르지만"이라고 거의 막말을 한다. 이 순간 朴 대통령은 철권 통치자가 아니라 가난한 농부의 아들로 돌아가 있는 것이다. 대통령이 되고도 특권, 사치에 대해서는 본능적인 거부감을 유지했던 그의 진면목이 드러나는 장면이다. 우리 민족사에서 가장 완벽하게 권력을 조직적으로 행사한 그였지만 내면의 본성은 反骨(반골)이었다.

1972년 6월 8일.

朴 대통령은 金 비서실장과 비서관들과 함께 저녁 식사를 하는 자리에서 이렇게 말했다.

"법에 지나치게 얽매이면 할 일도 못 할 때가 많아. 깡패 소탕 같은 것이 바로 그런 경우지. 할 일이 있으면 너무 법에 집착하지 말고 과감히 일을 처리해 나가야지."

그러자 金正濂 실장이 입을 열었다.

"경제가 어려워지는 주된 요인이 선거 때 마구 뿌려지는 정치 자금 때문입니다. 선거 때 생긴 경제 주름살을 펴려면 2년이 걸리는데, 겨우 정상 궤도에 올려놓고 보면 금방 또 2년 후에 닥쳐올 새 선거 준비를 해야 합니다. 그렇기 때문에 경제는 잠시도 제대로 자랄 수 없습니다."

"선거 안 하는 방법 좀 짜내 보지, 허허. 유혁인 비서는 신문사에 있었으니 묘방이 있을 것 아닌가. 선배나 동료들에게 좋은 아이디어 있는지 물어 봐."

朴 대통령은 이때 벌써 정보부를 시켜 유신 준비작업을 진행하고 있

었다.

"나는 李承晩 대통령 때부터의 비서실 역사를 알고 있어요. 그 당시 전방 지휘관들은 후방에 나들이할 기회만 있으면, '어떻게 하면 경무대 비서관과 저녁을 할 수 있을까' 하는 문제에 신경들을 많이 썼지. 요즘 우리 비서관들은 전에 없이 일을 잘하고 있다고 생각합니다. 그것은 우리 비서관들이 돈을 갖다 줘도 받지 않는다는 인식이 외부 인사들에게 알려졌기 때문이 아니겠소. 사실이 어때?"

"…"

"내가 깨끗하다고 해서 지나치게 행정부에 간섭하면 그들이 일을 못해. 이런 점을 유의해서 중요한 것만 체크하도록 해요. 屋上屋(옥상옥)이라는 말은 절대 듣지 말도록 하고. 건강은 40세부터 45세 사이에 조심해야 해. 김시진 장군은 마흔일곱이지? 알아서 하시고."

1972년 6월 14일.

朴 대통령은 아스팍 총회 대표들과 청와대 본관 옆뜰에서 가든파티를 열었다. 劉載興 국방장관이 옆에 있던 태국의 사라딘 대표를 가리키며 말을 했다.

"각하, 사라딘 대표는 '각하께서 10년은 더 집권하셔야 할 것'이라고 말합니다."

이 말을 들은 朴 대통령이 말없이 피식 웃으며 고개를 옆으로 돌렸다. 朴 대통령은 수줍음을 많이 타는 성격이어서 자신에게 듣기 좋은 얘기는 낯간지러워했다. 사라딘 태국 대표가 태국 政情(정정)을 설명했다.

"우리는 국회의원들이 국가 예산 심의를 5개월씩이나 연기시키면서까지 자기 선거구의 사업에 쓸 예산을 과다하게 요구하는 통에 의회를 해산시켜 버렸습니다."

"충분히 이해하겠소. 다른 나라의 평에 구애받지 말고 現 체제를 당분간 그대로 밀고 나가야 할 것이오."(朴)

"언젠가는 의회를 다시 가져야 하겠지만 우선은 現 상태대로 밀고 나가렵니다."

"동남아는 미국식 민주주의를 그대로 배우다가 병들었어요. 태국 현실에 대해 강대국들이 제시하는 의견에 태국 정부가 따를 필요는 없다고 총리에게 전하시오."(朴)

"비평만 하는 강대국이 우리에게 대하는 태도는 어떤 경우에나 마찬가지입니다. 지금은 국회를 없앴다고 비난하고 있지만, 또 국회를 열게 되면 다른 트집을 잡아서 비난할 것입니다."

"타놈 총리의 결단성을 높이 평가합니다. 나는 당신이 오늘 한 애기에 대해 전적으로 동감합니다."(朴)

1972년 6월 16일.

오후 6시경에 朴 대통령은 金玄玉(김현옥) 내무·金甫炫(김보현) 농림장관, 洪性澈(홍성철) 정무·정소영 경제1수석·朴振煥(박진환) 특보 등과 함께 본관 대통령 집무실 앞 등나무 아래에서 식사를 했다.

밤 9시쯤에 식사가 끝나자, 朴 대통령은 술이 센 비서관들과 "한 잔 더 하자"고 해서 한 시간 가량 막걸리로 대작했다.

"미국식 민주주의가 한때 나라를 병들게 했어. 국회와 언론계는 지금 정도의 관계를 맺고 있는 것이 적당한 수준이라고 봐. 서로가 더 규제하려고 하면 안 돼. 1975년에 정권을 누구에게 넘겨 줄 것인지가 문제인데, 자칫 잘못하면 그동안 쌓아올린 공든 탑이 하루아침에 무너질까 봐

걱정이야.

　나야 그때 그만두면 개인적으로는 편하고 명예로운 것이지. 장관들 중에는 아직 소신이 없는 사람들이 있어. 당에도 아직 문제가 있다는 걸 나는 알고 있어. 어이, ○○비서관 자네가 이 자리에서 장관들을 하나하나 평을 좀 해봐."

　"…"

　"임자가 장관들 얘기하는 것은 고자질이 아니야. 그건 비서관 임무에 속하는 것임을 알아야 해."

　"김○○ 장관이 청운각에서 술을 먹다가 업자들한테 한참 공격을 받으니까 '내가 이거 하고 싶어 합니까. 대통령이 하라니까 할 수 없이 하지요' 라고 말할 정도로 소신이 없습니다."

　"金 장관이 입장이 곤란하니까 내 이름을 좀 팔았겠지, 하하하!"

현장감독 같은 대통령

1972년 6월 20일.

　이날 하곡수매에 관한 지방장관 회의에 참석한 朴 대통령은 내무부 지방국장이 砂防(사방) 사업과 造林(조림) 사업에 대해 현장 슬라이드로 보고할 때 일문일답을 하는데 토목공사장의 현장감독 같은 날카로운 지적이 계속된다.

　〈朴: "저 슬라이드 한 장 넘겨 보시오. 내가 조금 서라고 하면 서고, 불좀 끄고, 가만있어, 넘기라면 넘기고. 이건 서울에서 춘천 가는 도중에 어디를 찍은 모양인데, 저런 상태를 두고 우리가 금수강산이니 무어니

하고 누구한테 큰 소리를 치고 자랑을 합니까? 그 다음 넘겨요. 저 곳은 업자가 공사하느라고 파갔는지 전국에 가면 도처에 저런 상태요."

국장: "이것은 그 자리를 바로 손질해 놓은 것입니다."

朴: "저 꼭대기는 다른 방법으로 해야지 만일 비가 와서 저곳이 와르르 무너지면 밑에까지 다 내려오지 않겠어요. 또 다음. 이곳은 뒤의 암석을 그대로 살렸는데…. 밑에는 자연석을 맞추어서 상당히 튼튼하게 됐는데, 다음. 암석이 떨어져서 내려오지 않을까? 저런 데는 좋은 나무를 심을 필요가 없다고 생각해요. 아카시아 같은 것을 심어서 자꾸 뻗어 나가게 해서 덮고 사이 사이로 바위가 노출되도록 하면 튼튼해지지 않을까?"(下略)〉

朴 대통령은 경제·국방뿐 아니라 造林, 造景, 토목공사 등에 대해서는 전문적인 수준의 안목을 갖고 있었다. 그가 토목공사나 도시계획 및 造景 등에 대해서 스케치로 남긴 여러 도면들을 보면 사물을 입체적으로 파악하고 있음을 알 수 있다. 朴 대통령은 상황이나 사물의 핵심을 한눈에 잡아낼 수 있는 동물적인 능력의 소유자였다.

朴 대통령은 헬리콥터로 전국을 돌아보면서 지도와 현장을 대조하는 것을 즐겼다. 장교 시절부터 '讀圖法(독도법)'에 능했던 朴 대통령은 1970년대에 들어가면 전국의 큰 나무 한 그루까지 안다고 할 정도로 국토에 대해 완벽하게 장악하고 있었다. 그는 가끔 하늘에서 내려다본 국토를 "내가 그린 그림을 보는 것 같아"라고 말하기도 했다.

國政(국정)과 국토개발의 세부 사항에 대한 종합적이고 입체적인 파악능력에 있어서 朴 대통령은 당대의 한국인들 중 단연 1위였다고 할 수 있다. 李承晩 대통령도 그렇지만 朴 대통령의 경우에는 한국인들 중 가장 두뇌가 우수하고 비전과 열정이 가장 뜨거웠던 사람이 권력자가 된 경우이다. 대한민국의 기적적 발전의 결정적 요인은 두 천재형 지도자의 연속(30년) 등장이 아닐까.

1972년 7월 1일.

저녁 9시45분 당직 비서실로 내려온 朴 대통령은 당직자와 한참 동안 얘기했다.

"송요찬 씨가 신병 치료차 일본 갈 적에 모든 편의를 봐주었지. 본인이 희망해서 군의관과 간호원을 따라 보냈어. 그 뒤 송 씨가 星友會(성우회)에 들러 이 사실을 장군들에게 전하면서 나의 은덕이 어떻다느니 하며 한참이나 칭찬을 했다고 하더군.

이때 동석했던 다른 장성들은 송 씨가 간 다음에 '지난 날에는 대통령을 배신하더니 지금은 저렇게 입에 침이 마르도록 찬양한다'고 빈정댔다는 얘기를 전해 들었어.

10년 전에 많은 사람들과 혁명을 같이 했는데 거의 모두가 도중에 흔들리거나 탈락해 버렸어. 한 길을 걸어온 사람은 洪鍾哲과 李錫濟인 것 같아. 혁명을 같이 한 그 사람들이 나와 생각이 근본적으로 다르지 않다면 내게 충고를 해 주는 것이 옳다고 생각하는데, 내가 자기들 말을 듣지 않자 의견이 다르다면서 한마디 말도 없이 내 곁을 떠나는 것처럼 섭섭한 일은 없어."

당직 비서관은 이렇게 말했다.

"한 번 뜻을 같이 했으면 윗분이 잘못된 길을 걸으시더라도 몇 번 되풀이해서 충고 말씀을 드리고, 그래도 달라지지 않을 경우에는 윗분과 헤어질 것이 아니라 잘못된 길인 줄 알면서도 윗분을 따라가는 것이 인간의 도리라고 생각합니다."

"그것이 동양적 사고방식에서 말하는 의리인데, 요즘에는 그런 생각들이 점점 없어지는 것 같아서 안타까워. 우리 국민의 도덕률에 대해서 회의감마저 가지게 되더군. 나는 10년 정치에서 그러한 경우를 당할 때마다 그런 것이려니, 하고 체념하게 되었어"

朴 대통령의 표정은 쓸쓸하게 보였다.

1972년 7·4 공동성명이 발표되고 난 뒤 남북적십자회담이 열리고 있던 어느 날. 북한 대표가 서울에 오기로 결정된 뒤, 박 대통령은 柳赫仁 비서 등과 함께 식사를 했다.

"서북청년회 사람들은 때리는 것도 잘하잖아. 왜, 영락교회 한경직 목사에게 얘기해서 달걀 좀 던지라고 해요. 국민들이 반대하는 사건도 있어야 회담이 잘 되는 거야."

영락교회 신도들은 북한의 적십자회담 대표가 서울에 올 때 던지기 위해 달걀까지 준비를 했었는데, 이것을 정보부가 알고 사전에 막아 버려 실제로 달걀 던지는 일은 발생하지 않았다.

다음 자료는 1972년 7·4 공동성명 직후 朴正熙 대통령이 軍 지휘관들에게 보낸 친서의 주요 부분이다. 朴 대통령은 남북대화 무드 속에서 국군 지휘부가 어떻게 대응해야 할 것인지를 강조하여 설명하고 있다. 남북 무장대치상황에서 전개되는 오늘날의 대화 속에서 국군이 어떤 자세를 가져야 할 것인지에 대한 하나의 示唆가 될 것 같다.

〈(前略)이제 '대화 있는 대결'로 접어드는 이 시점에서 나는 국토방위의 막중한 책임을 맡고 있는 軍 지휘관 여러분에게 다음 몇 가지 사항을 특별히 강조하고자 합니다.

1. 북한 공산주의자들과의 대결에 있어서 이제부터 시작되는 '대화 있는 대결'은 어느 의미에서는 지금까지의 '대화 없는 대결'보다도 오히려 더 복잡하고 어려운 일입니다. 새로운 시련에 직면하는 이런 때일수록 우리는 확고한 자신을 가지고 민족적 자각을 바탕으로 더욱 굳게 단결해야 하겠습니다.

만의 일이라도 '대화'가 곧 '평화'나 '통일'을 가져오는 것으로 착각하여, 동요하거나 안이한 생각에 사로잡히는 일이 있어서는 결코 아니되겠습니다. 자신과 자각과 단결로써 결집된 국민의 힘이 정부를 강력히 뒷받침해 주어야만 할 때인 것입니다.

2. '남북공동성명'의 발표가 우리 대한민국의 유일 합법적 정통성과 국가 기본 정책 등에 아무런 영향을 미치지 않는다는 사실을 명확히 인식해야 하겠습니다. 더욱이 이 성명이 북한 공산집단을 합법정권으로 인정한 것은 결코 아니며 '유엔 감시下에 토착인구 비례에 의한 총선거'라는 우리의 통일정책 기조가 바뀐 것도 아니고, 그들을 비방·중상하지 않는다고 해서 공산주의를 반대하는 우리의 정책에 하등의 변경이 있는 것도 아님을 똑똑히 알아야 하겠습니다.

3. '남북공동성명'이 발표되었다고 해서 우리의 통일노력의 성과에 대하여 조급하게 서두르거나 환상적인 기대를 갖는 것은 삼가야 하겠습니다. 공동성명의 발표는 대화를 모색하는 첫 단계에 불과하며, 그 성과 여하는 북한 공산주의자들이 과연 그들이 약속한 바를 성의 있게 행동으로 옮기느냐 않느냐에 달려 있습니다.

그러므로 우리는 그들의 동태에 더욱 큰 경계를 견지하면서 각기 자기가 맡은 임무에 충실하여 내실을 강화함으로써 국력배양에 더욱 힘써야 하겠습니다.

4. '남북공동성명'이 발표되었다고 해서 국군의 감축이나 유엔군 철수는 결코 있을 수 없는 일입니다. 유엔군의 한국 주둔은 우리나라의 안전보장을 돕기 위해서 아직도 필요한 것입니다. 따라서 북한의 공산주의자들이 무력행사의 포기를 말만으로가 아니라 행동으로 실증할 때까지는 유엔군 철수는 있을 수 없는 것입니다.

5. 이런 때일수록 軍 지휘관 여러분은 더욱 긴장하여 막하 장병과 더불어 對共(대공) 경계를 철저히 할 것이며, 국방력 강화에 일각의 소홀도 있어서는 아니되겠습니다. 공산주의자들은 항상 우리의 허점을 노리고 있다는 사실을 명심하여 우리의 방위태세에 만전을 기해 줄 것을 거듭 당부하는 바입니다〉

"代議제도란 미명下에 非능률 감수"

1972년 7월 17일.

이날 朴 대통령에게는 제헌절 경축사가 특별한 의미가 있었다. 금명간 憲政(헌정)을 중단시킬 조치를 비밀리에 추진하고 있었던 그로서는 관례대로 헌법수호를 강조할 입장이 아니었다. 이날 그는 憲政의 낭비적 요소를 비판했다.

"우리는 지금까지 헌정 제도를 운영해오는 과정에서 과연 代議(대의) 제도의 이름으로 非능률을 감수했던 일은 없는지, 자유만을 방종스럽게 주장한 나머지 사회기강의 확립마저 독재라고 모함하지는 않았는지, 그리고, 민주주의가 마치 분열과 파쟁을 뜻하는 것으로 본의 아니게 착각한 일은 없었는지, 깊이 반성해 보아야 할 것입니다."

朴 대통령은 민주제도를 형식적 차원에서가 아니라 내실적 차원에서 짜임새 있고 능률적으로 운영해야 하고, 이것이 공산주의와의 대결에서 승리하는 길이라고 강조했다. 지나놓고 이 대목을 읽어 보면 새 헌정질서를 모색하겠다는 뜻을 함축하고 있음을 알 수 있다.

1972년 8월 3일.

朴 대통령은 기업은 私債(사채)를 신고하고, 빌린 모든 高利(고리) 私債의 상환조건을 '月利(월리) 1.35%에 3년 거치 5년 분할상환'의 새로운 조건으로 교체하라는 긴급명령을 내렸다. 이는 '8·3 조치'로 알려지게 된다. 이 조치로 해서 기업이 고리 사채의 부담에서 벗어나 체질이 건강해졌고, 이듬해의 석유파동을 돌파할 수 있게 되었다. 기업의 회생은 그러나 수많은 私債업자들의 희생을 딛고 이뤄졌다.

이 8·3 조치는 미리 정보가 새면 私債회수 사태로 번져 경제질서를 파국으로 몰아갈 위험이 있었다. 준비작업은 朴 대통령, 金正濂 비서실장, 南惪祐 재무장관, 金聖煥 한국은행 총재, 그리고 실무책임자인 金龍煥 비서실장 보좌관(뒤에 재무장관)만 알았다.

1972년 10월 6일.

金聖鎭 청와대 대변인은 "朴正熙 대통령 내외는 일본국 히로히토 천황 내외의 초청으로 오는 11월 13일부터 18일까지 6일간 일본을 공식방문한다"고 발표했다. 朴鐘圭 경호실장은 며칠 뒤 경호 선발대를 데리고 준비차 도쿄로 날아갔다. 그는 비상조치에 대한 낌새를 전혀 차리지 못했다. 유신선포를 안 것도 도쿄에서였다. 비상조치의 발표날짜를 10월 17일로 정하는 회의 때 金鍾泌 총리는 朴 대통령의 訪日(방일) 뒤에 하

자고 했으나 '중과부적으로 받아들여지지 않았다'고 한다. 최초의 국빈 訪日은 성사되지 않았다.

1972년 10월 유신선포 前夜(전야).

10월 유신선포의 실무작업은 李厚洛이 지휘하는 정보부 팀이 맡고 청와대의 참모들과 申稙秀 장관의 법무부 팀이 거들었다. 金正濂 비서실장, 崔圭夏, 洪性澈, 柳赫仁, 金聖鎭 같은 이들이었다. 崔 특보는 외국의 憲政제도를 연구했다.

金正濂 실장에 따르면, 朴 대통령이 특히 관심을 보인 것은 인도네시아의 수하르토 대통령이 운영하던 제도였다. 인도네시아 軍은 헌법에 의하여 정치참여가 제도적으로 보장되어 있었다. 정원 500명인 국회의원 중 100명은 대통령이 현역군인으로 임명한다. 수하르토 대통령이 소속된 여당과는 별도로 인도네시아 국민협의회(MPR)가 대통령을 선출하고 헌법제정 및 국책사업을 확정한다. 대의원 정원의 절반은 국회의원이 겸임하며 나머지 절반은 대통령이 임명한다.

朴 대통령이 유신선포 직전에 확정한 유신헌법의 핵심은 통일주체국민회의를 국가기관의 頂上(정상)에 놓고 여기서 대통령을 間選(간선)한다는 것이었다. 통일주체국민회의 법안을 검토할 때 朴 대통령은 곤란하다는 표정이었다. 대통령 후보의 정견발표와 찬반토론이 없는 상태에서 대통령을 선출하도록 한 것이어서, 이는 '선출이 아니라 추대가 아닌가'라고 그는 곤혹스러워했다.

심의과정에서 李厚洛의 중앙정보부 팀은 남북대화를 물고 들어가면서 강하게 나왔다. 그들은 북한 측에 대하여 한국의 국론이 단결되어 있다는 것을 보이게 하기 위해서라도 압도적인 다수로 대통령을 선출해야 한다고 주장했다. 朴 대통령은 꺼림칙하게 생각하면서도 이 건의를 받아들였으나 두고두고 후회하게 된다(김정렴 증언).

1972년 10월 16일.

이날 오후 6시. 金鍾泌 국무총리는 필립 하비브 駐韓 미국대사에게 다음날 朴 대통령이 발표할 비상조치의 내용을 통보했다(같은 통보는 駐韓 일본대사에게도 이뤄졌다). 金총리는 이 내용을 앞으로 24시간 비밀에 부쳐줄 것을 요청했다. 하비브는 수 시간 뒤 美 국무성으로 긴급電文(전문)을 보냈다.

〈이 비상조치는 朴 대통령에게 적어도 12년을 더 현직에 머물게 하기 위하여 만들어진 것이며 이 기간 중 반대와 불만은 더욱 약화될 것이다. 만약 이 조치가 시행된다면 한국은 완전한 권위주의 정부로 변모할 것이다. 朴 정권이 북한과 대화하는 데 국내기반을 강화해야 한다는 점을 인정한다고 하더라도 이런 조치를 정당화할 수 있는 객관적인 조건은 존재하지 않는다〉

돈 오버도퍼 前 〈워싱턴 포스트〉 기자가 쓴 《두 개의 한국》이란 책에는 하비브 대사가 대사관 측이 朴 대통령의 쿠데타에 대한 정보를 미리 얻지 못한 데 대하여 화가 났었다고 썼다. 그는 朴 대통령이 비상조치의 발표일을 잡은 것도 미국을 바보로 만들기 딱 좋게 한 것이라고 판단했다고 한다.

그 3주 전 필리핀의 마르코스 대통령은 비상계엄령을 선포하고 헌정질서를 중단시켰지만 미국은 개입할 수 없었다. 마르코스와 朴正熙는 닉슨 대통령이 再選(재선)을 노리고 선거전에 돌입해 있는 시점을 잡았다. 닉슨은 베트남戰 휴전협상에 골몰하고 있을 때였다. 닉슨은 선거전이 막바지를 향해 치닫고 있는데 마르코스나 朴 대통령의 비상조치에 공개적으로 개입하여 말썽거리를 만들 여유가 없었다.

하비브는 電文에서 "가장 강경하고 즉각적인 조치만이 朴 대통령의 예정된 비상조치를 막을 수 있지만 다음 몇 시간 안에 그런 조치를 취해야 하는 것이 미국 정부의 의무는 아니다. 그렇지만 朴 대통령은 이번 조치로써 그와 우리의 관계에 있어서 큰 문제를 일으킨 것만은 분명하다. 우리가 이번 조치에 대해서 논평할 때는 한국의 국내문제에 대해서 무관함을 명백히 하면서도 극히 우회적 표현을 해야 할 것이다"고 건의했다.

美 국무부는 하비브의 건의를 받아들였다. 그 대신 朴 대통령에게는 다음과 같이 항의하도록 훈령했다.

〈한국 정부가 이처럼 장기적으로 큰 영향을 끼칠 결정을 내림에 있어서 미국 정부와 의견 교환을 하지 않은 것은 미국이 역대 한국 정부, 특히 現 정부에게 제공했던 지원과 희생을 생각할 때 도저히 이해할 수 없는 일이다〉

美 국무부는 또 하비브에게 지시했다.

〈만약 귀하가 '미국은 계엄령 선포에 반대하는가' 라는 질문을 받는다면 "이것은 국내문제이므로 결정권은 朴 대통령에게 있다"고 답하라〉

美 국무부는 비상조치에 즈음한 朴 대통령의 성명서가 美中 화해와 이에서 비롯된 국제정세의 流動化(유동화)를 비상조치의 한 이유로 지적하고 있는 데 대해서 크게 우려했다. 윌리엄 로저스 국무장관은 金東祚(김동조) 駐美 한국대사에게 항의하여 이 대목을 빼도록 요청했다.

당시 미국 CIA 지부장은 존 리처드슨이었다. 그는 1969년에 부임하여

1973년까지 근무하면서 3選개헌, 대통령 선거, 남북회담, 유신선포를 경험했다. 부임할 때 그는 이미 56세였다. 대머리인 그는 허리가 구부정하여 나이보다 더 늙어 보였다. 그는 제2차 세계대전 때 이미 CIA의 전신인 OSS(Office of Strategic Services · 전략정보국)에 몸담았던 베테랑 정보맨이었다. CIA 부장을 지낸 윌리엄 콜비, 리처드 헬름즈와는 친구 사이였다. 그는 그리스 정보기관을 조직, 훈련시켜 주고 자금을 대주는 일에 관여했다. 리처드슨은 1960년대 초반 사이공 주재 CIA 지부장을 지냈다.

그는 고딘 디엠 대통령뿐 아니라 그의 동생으로서 정보기관장이던 고딘 누와 친했고 反고딘 디엠 장성 그룹과도 연락관을 두고 있었다. 당시 미국대사인 헨리 캐보트 롯지가 고딘 디엠 제거 공작을 시작하자 리처드슨은 이에 반대하다가 롯지의 요구로 본국에 소환되었다.

미국이 불만에 찬 장성들을 지원하여 일으킨 고딘 디엠 제거 쿠데타는 고딘 디엠과 동생 고딘 누의 피살을 불렀고 베트남의 지도력 不在(부재)를 초래하여 미국이 베트남戰에서 패배하는 원인을 만들었다.

리처드슨 지부장은 하비브 대사의 주장과는 달리 李厚洛 정보부장이 지휘하던 유신 준비작업을 미리 알았음이 확실하다. 朴 대통령, 李厚洛, 그리고 한 軍 정보기관장이 청와대에서 만나 비상조치에 대한 협의를 한 며칠 뒤 리처드슨 지부장은 軍 정보기관장을 만나러 왔는데, 토의내용을 알고 있는 것처럼 물었다고 한다.

李厚洛 정보부장은 鄭洪鎭과 자신이 판문점을 넘어 북한으로 들어갈 때 리처드슨을 통하여 미리 美 CIA에 통보하여 신변의 안전을 보장받았다.

1950년대 駐美 대사관의 무관으로 근무할 때부터 미국 정보기관과 친했고, 자신의 출세에 있어서 그쪽으로부터 적지 않은 도움을 받았던 李 부장이 리처드슨 지부장을 바보로 만드는 보안작전을 쓴 것 같지는 않다.

金炯旭 前 정보부장은 공화당 전국구 의원으로 있으면서 리처드슨 지부장과 자주 만났다. 리처드슨은 끈질기게 "朴 대통령은 결국 총통제를 강행할 것으로 보는가"라고 물었다. 그 며칠 뒤 李厚洛 부장이 부하를 金炯旭에게 보내 "왜 총통제 이야기를 발설하고 다니느냐"고 경고했다는 것이다. 리처드슨은 李 부장에게 金炯旭의 이름을 인용했던 것 같다(김형욱 회고록).

하비브가 유신조치에 대해서 하루 전까지도 몰랐다고 말한 것은 공식 통보를 받지 못했다는 의미일 뿐이다.

1972년 10월 17일.

이날 아침 朴 대통령은 崔圭夏·朴振煥 등 특별보좌관들을 서재로 불러 저녁에 발표될 비상조치 발표문을 읽고 있었다. 李厚洛 부장이 들어오더니 "미국대사관에서 발표문 중 '미국과 중공의 접근'이 이번 조치의 한 원인이라고 되어 있는 것을 삭제해 달라고 부탁합니다"라고 보고했다.

"내가 뭐 거짓말했나? 미국놈들이 안 그랬으면 내가 뭐 답답해서…."

金正濂 비서실장도 "각하, 그 대목은 그렇게 중요한 것이 아니지 않습니까"라고 말했다.

"그래, 빼줘!"

좀 있으니 일본대사관에서도 비슷한 주문이 들어왔다. 朴 대통령은 "그것도 빼줘!"라고 말하더니 "호네누키노곤냐쿠다"(뼈가 없는 곤냐쿠다. 곤냐쿠는 구약나물의 지하뿌리를 반죽한 다음 끓는 석회유와 섞은 뒤 물에 넣어 익힌 식품)라고 중얼거렸다.

유신선포로 알려진 1972년 10월 17일의 대통령 특별선언은 비상조치를 선포함으로써 헌정을 중단시키고, 국회를 해산하며, 정치활동을 금지시키고, 열흘 이내에 새 헌법안을 공고하며, 그 한 달 이내에 이를 국민투표에 부쳐 확정시킨다는 내용이었다. 이날 朴 정권은 전국 비상계엄도 선포했다. 며칠 뒤 새 헌법안도 계엄下에서 찬반토론이 금지된 가운데 국민투표에 부쳐졌다. 이는 사실상의 쿠데타였다.

나는 入社 2년짜리 기자로서 이 뉴스에 접했을 때 그야말로 느닷없다는 느낌을 받았다. 소요사태가 있는 것도 아니고, 북한군이 쳐들어온 것도 아닌데 갑자기 국회 해산이라니….

5·16 군사혁명은 尹潽善 대통령마저 "올 것이 왔구나"라고 할 정도였고, 서울 시민의 과반수가 혁명을 지지한 것으로 여론조사가 나올 정도로 외부의 혼란이 무르익은 가운데서 일어났다. 10월유신은 그런 가시적인 요인이 전혀 감지되지 않은 상태에서 단행되었기 때문에 많은 사람들이 "아, 이건 朴正熙의 독재이다"라고 생각하게 되었다. 유신에 대한 이런 선입견이 그 후 7년간 朴 정권을 따라다녔다.

이날 朴 대통령이 읽은 특별선언문에도 왜 이런 엄청난 조치를 하지 않으면 안 되는가에 대한 납득할 만한 설명이 없었다.

진행 중이던 남북대화에 대비한 한국의 체제 정비 필요성, 파쟁을 일삼는 정당과 국회에 대한 불신, 한반도 주변정세의 변화만으로는 헌정 중단의 당위성을 설명하기가 어려웠다. 朴 대통령의 다른 연설과 비교해서 이 연설은 내용상 힘이 없었다. 다만, 끝 부분의 한 줄이 그의 비장한 각오를 드러낼 정도였다.

〈나 개인은 조국통일과 민족중흥의 제단 위에 이미 모든 것을 바친 지

오래입니다〉

　이날 정부는 전국에 비상계엄령을 선포했다. 계엄사령관은 盧載鉉(노재현) 육군참모총장. 그 직후 朴 대통령은 육군보안사령관 姜昌成(강창성) 소장을 불렀다. 朴 대통령은 "이 친구들을 잡아 넣고 철저히 조사해"라면서 명단을 건네주었다. 李世圭, 趙尹衡, 趙淵夏, 李鍾南, 姜根鎬, 崔炯佑, 朴鍾律, 金漢洙, 金祿永, 金敬仁, 羅碩昊, 金相賢, 洪英基, 尹吉重, 李基澤, 朴漢相, 金東英의 이름이 적혀 있었다고 한다.

　姜昌成은 "朴 대통령이 한 사람씩 짚어가며 문제점과 비리를 이야기했다. 나는 돌아와서 곰곰이 생각하다가 충격을 줄이기 위해서 다시 청와대로 들어가 尹吉重, 李基澤, 朴漢相, 金東英, 金相賢, 趙尹衡, 李世圭는 온건하니 제외해 주십시오"라고 건의했다고 한다. 朴 대통령은 "李世圭하고 趙尹衡은 절대로 안 돼"라고 잘랐다. 金相賢은 그대로 넘어갔다가 한 달 후 유신비판 발언으로 연행되어 조사를 받았다.

　군부대로 끌려가서 혹독한 고문을 받은 이 야당의원들은 주로 金泳三·金大中의 측근이었거나 朴 대통령과 직접 관련되는 문제를 국회에서 폭로한 이들이었다. 비리혐의라고 했지만 朴正熙의 私感(사감)이 많이 개재된 수사지시였다. 수사관들은 "金大中의 자금출처와 조직계보를 대라"는 식으로 다그쳤다.

　이때 일본에 나가 있던 金大中은 국내로부터 들어온 정보를, 자기 수첩의 1972년 12월 19일자 난에다가 이렇게 적었다.

　〈金相賢-너무 아파서 만 원까지도 자백. 나의 정치 자금 캐는 것. 안방까지, 부의금 명단. 운전사 고문.

　趙윤형 태도 의연: 나에게 격려. 玉斗-제일 强, 李泰九 씨 全裸 고문〉

1972년 10월 21일.

朴 대통령은 사이공에서 귀임한 하비브 駐韓 미국대사를 면담했다. 하비브 대사는 사이공에 가서, 베트남 휴전案(안)을 가지고 와 베트남의 티우 정부를 설득하고 있던 키신저를 만나고 온 뒤였다. 하비브는 朴 대통령에게 막바지에 접어든 베트남 휴전회담의 진전 상황을 보고했다. 이야기를 심각하게 듣고 있던 朴 대통령은 이런 요지의 우려를 표명했다.

"휴전案에 침략자인 월맹군의 철수는 규정하지 않고 외국군의 철수만 규정한 것은 불공평하다. 월맹과 베트콩과 베트남을 묶는 연립정부案의 성격이 애매하다. 국제감시에 대한 규정도 불안전하다. 따라서 이 案은 공산당의 침략을 법적으로 인정해 주는 것이 되어 베트남 정부를 약화시키고 그들의 사기를 떨어뜨리는 것은 물론이고, 티우 대통령이 결코 동의하지 않을 것이다. 공산당에 대해서는 강한 힘만이 그들로 하여금 약속을 지키게 할 수 있다. 만약 이 案대로 휴전이 이뤄지면 베트남은 1년도 지탱하기 어려울 것이다."

1972년 10월 23일.

駐베트남 한국대사 柳陽洙(유양수)는 본국의 훈령으로 일시 귀국하여 일차로 朴 대통령에게 베트남 휴전협상 건을 보고 올렸었다. 이날 새벽 金正濂 비서실장으로부터 柳 대사에게 청와대로 들어오라는 전갈이 왔다. 오전 9시 대통령 집무실에서 朴 대통령은 하비브로부터 통보받은 휴전案을 柳 대사에게 보여주면서 자신의 걱정을 티우 대통령에게 전달할 것을 지시했다. 柳 대사는 朴 대통령이 하비브로부터 받은 휴전案이 자신이 그 며칠 전에 朴 대통령에게 보고했던 첩보 내용과 너무 달라 송구스럽기 짝이 없었다.

유신선포 7일째인 朴 대통령은 무척 수척해 보였다. 그는 연신 담배를 피워 가면서 두 시간 반 동안이나 걱정과 다짐이 오고가는 이야기를 이어갔다.

"민주주의도 좋고 자유도 다 좋지만 공산주의와 대결하는 미국의 국론이 저렇게 분열되어 수습을 못 한다면 미국에 대한 자유세계의 신뢰는 떨어질 것이다. 우리는 결코 안보를 미국에만 의존해선 안 된다. 베트남을 보라! 자주국방을 하려면 중화학공업을 중심으로 경제를 발전시켜야 한다. 경제발전을 이룩하기 위해선 국력의 낭비를 막아야 한다. 효율의 극대화, 국력의 조직화가 유신선포를 한 이유이다."

朴 대통령은 자기 말에 취해서 주먹을 불끈 쥐기도 했다. 朴 대통령의 눈빛도 예사롭지 않았다. 柳 대사가 대통령 집무실을 나올 때 보니 재떨이에 담배꽁초가 수북했다.

1972년 10월 27일.

이날 朴 대통령이 발표한 '헌법개정안 공고에 즈음한 특별담화문'은 유신선포를 만들어낸 자신의 정치 철학을 당당하게 밝힌다.

〈남의 민주주의를 모방만 하기 위하여 귀중한 우리의 국력을 부질없이 소모하고만 있을 수는 없습니다. 몸에 알맞게 옷을 맞추어서 입는 것과 마찬가지로 우리의 역사와 문화적 전통, 그리고 우리의 현실에 가장 알맞은 국적 있는 민주주의적 정치 제도를 창조적으로 발전시켜서 신념을 갖고 운영해 나가야 할 것입니다.

이 헌법 개정안은, 능률을 극대화하여 국력을 조직화하고 안정과 번영의 기조를 굳게 다져나감으로써 민주주의 제도를 우리에게 가장 알맞게 토착화시킬 수 있는 올바른 규범임을 확신합니다〉

朴 대통령은 이날 담화문에서 유신체제라고 불리게 될 새 제도를 '능률적인 민주적 정치' 라고 표현하기도 했다.

이날 국무회의는 사실상의 쿠데타인 이번 조치를 '10월유신으로 개념화하여 모든 유신작업을 진행할 것' 을 의결했다. 崔圭夏가 座長(좌장)으로 있던 특별보좌관 일동이 그렇게 건의했던 것이다.

이 作名(작명)에 주로 관계했던 분은 국민교육헌장을 기초했던 철학자 朴鍾鴻(박종홍)·林芳鉉(임방현) 두 특보였다. 중국의 고전인 詩經(시경)에 나오는 '周雖舊邦(주수구방)이나 其命維新(기명유신)이라' 는 문구(周나라는 오래된 나라이나 국정혁신으로 그 생명력이 새롭다)에서 '維新', 또 공자가 편찬한 《書經(서경)》에 나오는 '咸與維新'(함여유신: 다 함께 참여하자)에서 '維新' 을 따왔다.

維新이라 하면 한국인에게는 일본의 성공한 근대화 개혁인 '明治維新' 이 너무 강하게 기억되어 아무리 중국의 고전을 들먹여도 일본적인 것, 무단적인 것, 따라서 非민주적인 것이 연상되었고, 이것이 일본 육사 출신 朴 대통령의 이미지와 중첩되었다. 維新은 한국인의 가슴속에 공통된 가치관으로서 뿌리 내리기에는 너무 고루하고 딱딱한 명사였다. 維新의 모토인 '국력의 조직화', '능률의 극대화' 는 朴 대통령의 뛰어난 작명이었지만.

육군보안사령관 출신인 金載圭 중장은 당시 제3군단장이었다.

"유신헌법案이 나왔을 때 나는 세 번이나 읽었지. 읽는 데 분통이 터지더라고. '더러운 놈의 나라, 이게 무슨 헌법이야, 독재하는 거지' 라고 고함을 지르고 책을 내던졌더니 애 엄마가 놀라 깨더군"

이는 金載圭가 처형되기 하루 전 면회온 동생(恒圭)에게 한 말이다.

제35장

尹必鏞 사령관
숙청의 뒤안길

朴正熙

운명적인 날

최근 기자는 朴正熙(박정희) 대통령 재임 시절 청와대 비서실에서 매일 기록했던 대통령 면담일지를 입수했다. 대통령의 면담·회의·행사참여 기록인데, 朴 대통령 재임 18년을 연구하는 데 1차적 자료일 것이다. 시간대별로 적혀 있는 이 일지를 읽어 보면 현대사의 비밀들이 많이 풀리기도 한다.

예컨대 1972년 10월 10일 오후 청와대 書道室(서도실)에선 朴 대통령 주재下에 '임시회의' 라는 게 열렸다. 오후 2시부터 7시 15분까지 다섯 시간 15분이나 걸린 이 회의 참석자는 쟁쟁하다.

朴 대통령 이외에 金鍾泌 국무총리, 丁一權 공화당 의장, 李厚洛 정보부장, 申稙秀 법무부 장관, 金正濂 비서실장, 崔圭夏 특별보좌관, 柳赫仁 정무비서관. 이들은 유신선포에 따른 준비 회의를 한 것이다. 유신과 계엄령 선포를 오는 10월 17일에 하기로 최종 결정한 것도 이 회의였다.

1972년 10월 11일의 일지를 보면 朴 대통령은 오전 11시 35분부터 15분간 盧載鉉 육군참모총장을 불러 유신선포에 따른 계엄준비를 지시한 것으로 추정된다. 盧 총장은 계엄사령관에 임명될 사람이었다.

이날 朴 대통령은 오후에 金正濂 비서실장과 康濟天 의전관, 그리고 閔獻基 주치의를 데리고 승용차 편으로 고향 경북 구미의 큰형 東熙 씨 상가에 도착, 조문했다. 그날밤을 구미전자수출공단 숙소에서 보낸 朴 대통령은 다음날엔 큰형의 영결식과 하관식에 참석했다가 자동차 편으로 귀경했다.

憲政(헌정)을 중단시킨 제2의 쿠데타인 유신 선포를 사흘 앞둔 10월

14일 朴 대통령은 오전 10시부터 두 시간 30분 동안 청와대 지하 회의실에서 유신선포 최종 점검 모임을 가졌다. 참석자는 朴 대통령 이외에 金鍾泌 국무총리, 李厚洛 정보부장, 丁一權 공화당 의장, 金溶植 외무장관, 劉載興 국방장관, 崔圭夏 외교특별보좌관, 徐鐘喆 안보특별보좌관, 金正濂 비서실장, 盧載鉉 육군참모총장이었다.

유신 선포 하루 전인 10월 16일 朴 대통령은 오후 1시 23분부터 25분 동안 姜昌成 육군 보안사령관을 불러 유신 선포에 따른 준비를 지시했다.

1972년 10월 17일은 朴正熙 대통령에게는 1961년 5월 16일과 함께 운명적인 날이었다. 이날 그의 행적을 청와대 접견일지를 통해서 再구성해 본다.

朴 대통령은 오전 9시 30분에 金溶植 외무장관을 불러 곧 발표할 유신조치에 대한 외무부의 대책을 지시했다. 일본과 미국 대사에 대한 공식통보도 지시했다. 朴 대통령은 오전 9시 40분에 書道室에서 崔圭夏, 朴振煥, 朴鍾鴻 씨 등 특별보좌관 회의를 소집하고 유신조치에 대해서 설명했다. 이 회의 도중 李厚洛 정보부장, 金溶植 외무장관, 金正濂 비서실장이 긴급보고를 하기 위해 朴 대통령을 몇 차례 집무실로 모시고 나갔다.

朴 대통령은 오전 11시 25분부터 金正濂 비서실장, 李厚洛 정보부장, 金溶植 외무장관, 金鍾泌 총리, 丁一權 공화당 의장과 점심을 함께 하면서 오후에 발표할 비상조치를 논의했다.

이날 특이한 것은 오후 3시 11분부터 34분간 申範植 〈서울신문〉 사장이 朴 대통령을 만난 것과 그의 뒤를 이어 공화당 車智澈 의원이 20분간 朴 대통령을 만나고 간 사실이다. 두 사람은 이 무렵 朴 대통령을 공·사석에서 자주 만났고, 곧 중요한 역사적 사건에 연루된다.

朴 대통령은 오후 4시 4분부터 白斗鎭 국회의장, 閔復基 대법원장을 초치하여 유신 선포에 대하여 통보했다. 곧 계엄사령관이 될 盧載鉉 육군참모총장도 다시 불렀다.

이날 오후 6시부터 37분간 대접견실에서 있었던 비상국무회의는 국회해산, 헌법효력 중단을 결정한 대통령의 뜻을 받아 전국에 계엄령을 선포하기로 의결했다.

유신 선포 다음날인 1972년 10월 18일에도 朴 대통령은 바빴다. 전날 국회를 해산하고 헌정을 중단시킨 뒤 전국 비상계엄령을 선포함으로써 5·16에 이어 제2의 쿠데타를 감행한 그는 11년 전 한강을 건너온 기분으로 임했다. 비상사태 선포를 전후하여 朴 대통령을 만난 사람들은 찬바람이 돌 정도로 결의에 차 있던 朴 대통령이 야전사령관처럼 보였다고 기억한다.

朴 대통령은 대충 네 가지 얼굴을 갖고 있었다. 국가경영자, 즉 CEO로서의 얼굴, 교사로서의 얼굴, 전략가로서의 얼굴, 그리고 권력자로서의 얼굴이 그것이었다. CEO 朴正熙는 치밀한 사람이고, 교사로서의 朴正熙는 엄격하되 자상했고, 전략가로서의 그는 深謀遠慮(심모원려)의 사색가였으며, 권력자로서의 朴 대통령은 냉엄하고 냉혹했다. 이해 10월 하순의 朴正熙는 바로 권력자의 얼굴을 하고 있었다.

10월 18일 아침 朴 대통령은 유신헌법을 연구하고 있었던 헌법학회장 韓泰淵 교수를 불러 20분간 의견을 들었다. 오전 10시 5분부터 한 시간 20분 동안 그는 중앙대책협의회의를 소접견실에서 주재했다. 이 자리에는 당시 한국의 국가핵심지도부가 전원 참석했다.

金鍾泌 국무총리, 丁一權 공화당 의장, 金溶植 외무장관, 金玄玉 내무
장관, 申稙秀 법무장관, 劉載興 국방장관, 閔寬植 문교장관, 尹胄榮 문
공장관, 李厚洛 정보부장, 李敏雨 계엄부사령관, 金正濂 비서실장, 朴
鐘圭 경호실장, 洪性澈 정무수석, 金聖鎭 공보수석, 金詩珍 민정수석.

유신 쿠데타의 사령관은 朴 대통령, 작전참모는 李厚洛 부장이었고,
사령부는 정보부였다. 이때의 정보부는 정부 위에 군림하고 있던 권력
자 朴正熙의 채찍이요, 고삐였다. 정보부의 힘은 朴 대통령의 신임과 대
통령에 대한 부장의 접근권에서 나오고 있었다.

따라서 이날 회의도 李厚洛 부장이 주재하다시피 하면서 각 부처의
대책을 점검했다. 회의가 끝난 뒤 朴 대통령은 李 부장, 金 총리, 丁 의
장을 따로 만나 은밀한 이야기를 25분간 나누었다. 金 비서실장의 배석
도 허용되지 않았다.

이날 오후 4시부터 약 30분간 朴 대통령은 全軍의 주요지휘관 53명과
劉載興 국방장관, 盧載鉉 육군참모총장 겸 계엄사령관, 崔世寅 1군사령
관, 朴元根 2군사령관을 불러 비상조치의 배경을 설명했다. 총구로써
張勉(장면) 정부를 뒤엎고 정권을 잡았던 朴 대통령은 권력의 기본이 군
대라는 것을 한시도 잊지 않았다.

朴 대통령은 이날 오후 6시 47분부터 9시까지 궁정동 中情(중정) 사무
실, 즉 10·26의 무대가 되는 安家(안가)에 가서 저녁을 먹었다. 참석자들
은 白斗鎭 국회의장, 金鍾泌 총리, 丁一權 공화당 의장, 張坰淳 국회 부
의장, 金溶植 외무장관, 李秉禧 의원, 李厚洛 부장, 金正濂 실장이었다.

朴 대통령은 다음날(10월 19일)에도 중앙대책회의를 주재했다. 그는
일본대사를 초치하여 비상조치에 대한 배경을 설명해 주었다. 오후 4시

사위인 韓丙起 의원이 찾아와 50분간 장인을 만나고 갔다. 韓 의원의 부인은 朴 대통령과 첫부인 김호남 여사 사이에서 난 朴在玉 씨였다.

유신 선포 나흘째인 10월 20일 朴 대통령은 중앙대책회의를 주재한 뒤에 언론계 인사들을 불러 비상조치에 대한 이해를 구했다. 합동통신 사장 李源京, 원로 언론인 薛國煥, 기자 출신 정치인 徐仁錫, 동양통신 기자 沈鍊燮, 그리고 李桓儀 문화방송 사장이 불려 왔다. 朴 대통령은 또 내무장관, 서울·부산 시장과 지방의 지사들을 저녁식사에 초대하여 놓고 비상조치를 설명해 주었다.

10월 21일 필립 C. 하비브 주한 미국대사가 오후 7시에 朴 대통령을 찾아와 닉슨 미국 대통령의 친서를 전달했다. 닉슨 대통령은 이 편지에서 내정불간섭 원칙을 천명하면서도 韓美동맹관계상 이번 조치에 대한 양국 간의 사전 협의가 없었다는 점에 대해 유감을 표명했다.

하비브 대사는 세 시간 동안 朴 대통령과 깊은 대화를 나누었다. 金正濂 비서실장과 曺相鎬 의전수석(통역)이 배석했다.

10월 22일 朴 대통령은 金鍾泌 총리를 불러 미국대사가 전해 준 닉슨의 친서에 대한 답신에 관해 논의했다. 이 자리에서 金 총리가 금명간 워싱턴을 방문하여 닉슨 대통령에게 朴 대통령의 친서를 전하고 유신에 대한 설명을 하기로 결정했다.

이날 朴 대통령은 군부의 두 실세인 尹必鏞 수경사령관과 姜昌成 육군보안사령관을 불러 약 네 시간 요담했다. 수도방위를 책임진 尹 장군과 군부의 동향을 감시하는 것이 임무인 姜 장군은 육사 8기 동기였으나, 직무상 상호감시·견제해야 하는 처지였다.

朴 대통령이 유신 선포 넉 달 전인 6월에 徐鐘喆 육군참모총장 후임

에 盧載鉉 대장을 임명하였을 때 李厚洛 부장은 劉載興 국방장관에게 "이 인사를 보면 각하께서 조만간에 계엄령을 펴실 것입니다"라고 이야기했다(劉載興 회고록 《격동의 세월》).

劉 장관은 徐 총장 후임에 韓信(한신) 대장을 朴 대통령에게 추천하고 있었다. 朴 대통령의 반응도 호의적이었다. 李 부장도 韓 대장을 밀었다. 6·25 전쟁의 영웅인 韓信 대장은 깨끗하고 강직한 성품으로 해서 軍에서 가장 신망이 높았다.

朴 대통령은 유신 선포에 따른 계엄령을 펼 경우 韓信 대장이 계엄사령관이 되는 것은 부담스럽다고 판단한 듯하다. 계엄령을 펴면 사령관에게 권력이 집중되어 대통령 다음 가는 강자가 된다. 만약 그 계엄사령관이 韓信처럼 정치를 싫어하고 쿠데타를 반대하는 원칙주의자라면 대통령으로서는 불안해진다. 朴 대통령은 군인으로서는 韓信을 높게 평가했으나 계엄사령관으로서는 거북했다. 朴 대통령은 그래서 부담이 적은 盧載鉉 장군을 육군참모총장으로, 韓信 대장을 지휘병력이 없는 합참의 장으로 임명한 것이다.

朴 대통령은 수줍어하고 겸손한 사람이었지만, 권력 관리에 관한 한 어떤 도전이나 위험도 허용하지 않았다. 권력을 관리하는 측근들, 즉 정보부장·수경사령관·보안사령관·軍 요직 인사들에게 朴 대통령은 존경의 대상이라기보다는 공포의 대상이었다.

劉載興 국방장관이 유신조치에 대해서 공식적으로 사전 통보를 받은 것은 金鍾泌 총리가 劉 장관을 총리실로 오게 한 뒤 며칠 뒤 발표될 비상조치를 설명해 줄 때였다고 한다.

金 총리는 劉 장관에게 동의 여부를 물었다. 劉 장관은 "북한과 대화

하는 체제를 정비해야 한다"고 말했다. 군부의 책임자가 비상조치에 동의해 준 셈이었다.

朴 대통령-閔機植의 車中 대화

1973년 1월 1일과 2일 朴 대통령은 신년하례를 생략하고 속리산으로 가서 이틀간 쉬다가 돌아왔다. 閔機植(민기식)·金鍾哲(김종철·한국화약 회장)이 동행했다.

朴 대통령은 1971년부터 1976년까지는 5월, 10월에 4박5일 예정으로 속리산을 찾곤 했다. 그럴 때마다 朴 대통령이 만나는 사람은 육군참모총장 출신의 공화당 의원 閔機植이었다. 두 사람은 술을 밤새워 마시곤 했다. 陸英修 여사가 閔 의원에게 "제발 저 양반 술 많이 드시지 않도록 해주세요"라고 부탁하면, 閔 의원은 "제가 다 마셔버릴 것이니 안심하십시오"라고 했다. 朴 대통령의 장모까지 찾아와서 閔 의원에게 술을 많이 하지 않도록 부탁하기도 했다.

朴 대통령은 술자리에서도 국정과 관계 있는 말을 많이 했다고 한다. 閔 의원은 '저분은 어떻게 국정의 세부 사항까지 저렇게 많이 알까. 아마 대통령이 되기 위하여 태어나신 분이다'라고 생각했다고 한다. 그때 朴 대통령은 이상한 음주 습관이 있었다.

한 자리에서 두 시간 정도 마신 다음엔 다른 방으로 옮겨 또 마시는 것이었다. 밤샘을 하면서 술을 마실 때는 대여섯 번 방을 옮겨다니곤 했다.

朴 대통령은 술에 약한 사람은 낮추어 보는 경향이 있었다. 그런 사람들과 합석한 朴 대통령은 가끔 閔 의원에게 눈짓을 보내면서 "저 친구,

술도 한 잔 못 하면서 일은 어떻게 하는지…"라고 쑥덕거리곤 했다.

閔機植은 짓궂은 농담을 잘했지만 그것은 항상 言中有骨(언중유골)이었다. 1970년 초 정계에서 유명했던 고급 콜걸 鄭仁淑(정인숙) 씨가 오빠에게 피살되었다. 朴正熙 대통령이 관계한 여자라느니, 범인도 오빠가 아니라느니 하는 소문이 퍼졌고 국회에서도 문제가 되었다. 결론부터 말한다면 이 여인과 朴 대통령은 아무런 관계가 없었고, 범인은 오빠임이 분명하다.

이 무렵 閔機植 씨가 朴 대통령의 기동차에 함께 타고 땅콩을 안주 삼아 술을 마시고 있었다. 이런 대화가 오고갔다.

"閔 장군, 그 〇〇〇이라는 배우를 모르시오?"

"압니다."

"이거 큰일 났소. 북한 방송에 나오고, 그걸 갖고 〇〇이란 놈은 야당놈과 짜고 부추기고 있고."

"그런 소문이 돌기는 합니다만."

"아니 무슨 얘기를 하는 거요. 내가 그런 일을 저지를 사람이오?"

"저도 그렇게 생각합니다만 몇 달 전부터 시중에 파다하게 퍼졌으니… 엔조이했다고요."

"아니 당신도 그 얘기를 믿습니까."

"나는 안 믿습니다만 시중에서 자꾸 떠드니…."

"그럼 육인수나 당 간부들도 압니까?"

"글쎄 소문이 났으니."

朴 대통령은 뒤에 타고 있던 공화당 중진을 불렀다.

"나와 〇〇〇의 관계에 대한 이야기를 들었소?"

그들은 우물쭈물하다가 돌아갔다. 閔 의원은 속으로 남자가 한두 번쯤 그러면 어떠냐는 생각이 들었다고 한다.

다시 閔機植이 말했다.

"그쪽 배우가 피해가 많은 것 같습니다."

"그 배우의 어머니가 음식점을 하는데 대통령과 가깝다는 소문이 돌아 손님이 오지 않는답니다."

"아니 閔 장군이 그걸 어떻게 아오. 왜 그런 얘기를 듣고도 나에게 안 했소."

"다 아실 줄 알고 안 했지요. 누군가는 보상을 해주어야 할 것 같습니다."

"여보 그럼 나보고 보상하라는 거요?"

"왜 대통령께서 보상합니까."

이날 대화는 이것으로 끝났다. 閔機植은 생전의 기록에서 朴正熙 대통령의 결백을 믿는다면서 "가까이에서 오랫동안 지켜본 朴 대통령은 눈물이 있는 한 인간"이었다고 했다.

朴正熙 대통령은 연설이나 기자회견을 국민 설득의 기회로 활용했다. 매년 1월 초에 열린 연두기자회견은 서너 시간 정도 진행되었다. 일문일답이 오고 가는 기자회견이 아니었다. 朴 대통령이 강의하듯이 국정을 설명하는 장소였다. 대통령에 의한 일종의 국정보고대회였다.

이런 기자회견 기록을 읽어 보면 朴 대통령이 어떤 철학과 전략으로 국가를 경영해 갔는지 아주 명료하게 떠오른다. 朴 대통령의 말은 대중 정치인들의 말과는 사뭇 달랐다. 도덕과 명분을 앞세운 말이 아니라 비전과 방법론, 사례와 통계를 주로 구사한 말이었다.

과장이 적고 정확한 단어를 사용하려고 애쓰다가 보니 그의 말은 듣기엔 재미가 적었다. 세월이 지나서 그의 비전이 적중했고 그의 꿈이 이뤄진 것을 확인한 뒤에 읽어 보니 '朴 대통령은 기자들이 아니라 그 뒤에 있는 국민들을 보면서, 또 역사와 미래를 향해서 증언했구나' 하는 생각이 드는 것이다. 朴正熙 연구에 있어서 가장 중요한 자료는 그가 썼던 책과 연설문이다. 그의 말과 글은 그의 것이었고, 거짓과 과장이 적기 때문에 믿을 수 있다.

1973년 1월 12일 기자회견에서 朴 대통령은 전해에 있었던 8·3 私債(사채)동결조치의 성과를 자랑했다.

"그런데, 그 실적과 효과를 지금부터 구체적으로 말씀드린다면, 8·3 조치에 의한 私債 동결에 따른 신고 액수는 여러분이 아시는 바와 같이 3,450여억 원이었습니다. 이것은 그 당시 우리나라의 전체 통화량과 거의 맞먹는 액수였습니다.

그 당시 우리나라 통화량이 4,000몇백억 원이라고 기억합니다마는, 우리도 우리나라의 사채가 이렇게 많이 돌아다니는 것은 미처 몰랐었습니다. 이러한 사채를 쓰고 있는 기업에 대해 금리를 낮추어 주고 상환 기한을 연장해 주었습니다. 전체 사채의 약 4분의 1에 해당하는 805억 원이 출자로 전환되었습니다.

그 다음에, 정부는 은행 금리를 대폭적으로 인하했고, 2,000억 원에 달하는 貸換(대환)을 해주었고, 642억 원에 달하는 산업 합리화 자금을 방출했습니다. 기업의 부담을 1,000억 원 가량 경감해 주었습니다.

이렇게 함으로써 우리 기업의 체질을 강화시키고, 재무 구조를 개선하며, 우리 경제가 앞으로 안정된 바탕 위에서 고도 성장을 지속할 수 있는 하나의 기틀이 마련되었다고 보겠습니다.

예년 같으면 추석이다, 김장 때다, 또 크리스마스다, 연말 연시다 하면 으레 물가가 오르고 또 오르는 것이 당연한 것으로 생각하고 살아왔습니다.

그런데, 작년 8·3 조치 이후 연말까지는 도매 물가나 소비자 물가가 앞에서 설명한 바와 같이 안정 내지는 하락 추세를 보여 도매 물가가 0.1% 오르고, 소비자 물가는 1.5%가 오히려 하락하는 현상을 나타냈습니다. 이것은 광복 이후 우리 경제에서 처음으로 나타난 현상입니다.

작년 수출 목표 17억 5,000만 달러, 이것은 처음에 목표 그 자체도 국제 경제가 불황에 빠져 있기 때문에 어렵지 않겠느냐는 얘기가 많았습니다마는, 그것을 초과해서 18억 달러를 약간 초과 달성했습니다. 무역과 무역외 수지에 있어서, 작년에는 약 3억 달러의 흑자를 나타냈는데, 이런 것을 8·3 조치의 효과로 들 수 있겠습니다."

이날 연두기자회견에서 朴正熙 대통령은 자신의 정치소신과 국가비전을 밝혔다. 이날의 기자회견은 유신조치 이후 최초로 작심하고 자신의 생각을 토로할 기회였다. 그는 '민족과 국가라는 것은 영생하는' 존재라고 규정한 뒤 이렇게 말했다.

"하나의 민족이란 것은 영원한 생명체입니다. 따라서 민족의 안태와 번영을 위해서는 그 민족의 후견인으로서 국가가 반드시 있어야겠습니다. 국가는 민족의 후견인입니다. 국가 없는 민족의 발전이란 있을 수 없습니다."

朴 대통령은 10월 유신을 단행하게 된 자신의 정치관을 가차없는 국회 비판으로 시작했다. 그는 "국력배양을 저해한 가장 큰 요인의 하나

는, 이 자리에서 솔직하게 말해서 과거 국회의 非능률에 있었다고 나는 단정한다"라고 했다. 그는 또 "우리의 모든 행동을 생산과 직결시키는 것이 10월 유신 질서의 기본방향이다"고 말했다. 유신의 목적은 "국력의 배양과 국력의 조직화"란 것이다. 그는 또 "능률적이고 낭비 없는, 생산에 직결되는 정치제도"를 '한국적 민주주의'라고 이름지었다.

이날 朴 대통령은 "고도성장을 지속해 나가기 위해서는 중화학공업을 중점적으로 육성해 나가야 한다"고 선언했다. 10월 유신으로 조직된 국력을 중화학공업에 집중시킴으로써 방위산업을 건설함은 물론 수출의 확충을 기한다는 핵심전략이 피력된 것이었다. 유신 시기와 겹치는 중화학 건설 시대가 시작된 것이다.

정치비용을 최소화하여 국가체제의 군살을 빼게 한 朴 대통령은 고도의 효율을 지니게 된 이 국가기능을 중화학공업 건설에 집중시키는 것이다. 이것이 성공함으로써 한국은 중량급 국가로 바뀌고 10년 뒤에 꽃이 피는 민주화의 기반을 착실하게 놓게 된다.

이날 기자회견에서 朴 대통령은 전해의 7·4 남북 공동성명의 배경에 대해서 털어놓았다.

"'북한의 도발행위가 계속되면 언젠가는 예기치 않던 전쟁이 재발할지도 모른다. 우리 측의 자제에도 한계가 있다. 또 다시 동족상잔의 비극을 되풀이해서는 안 되겠다. 무슨 방법을 써서라도 전쟁 재발만은 막아야겠다' 이것이 나의 결심이었습니다. 나는 정보부장을 평양에 보낼 때 과거 우리 삼국시대의 역사를 회상해 보았습니다.

신라의 김춘추가 김유신과 의논을 해가지고 단신 고구려의 평양을 방문했습니다. 고구려는 김춘추를 억류하고 돌려보내지 않았으나 탈출해서 나왔는데, 이런 모험도 감행하지 않을 수 없었습니다."

孫永吉과 全斗煥·盧泰愚

1973년 1월 7일.

朴正熙 대통령의 면담일지를 읽다 보면 재미있는 대목을 발견하게 된
다. 권위주의 정권下에서 가장 중요한 것은 대통령이 누구와 만나는가
이기 때문이다.

1973년 1월 7일은 일요일인데, 이날 朴 대통령은 首警司(수경사) 참모
장 孫永吉(손영길) 준장과 공수특전단장 全斗煥(전두환) 준장을 청와대
집무실에서 만났다. 면담기록엔 낮 12시 24분부터 오후 2시 41분까지로
되어 있다. 아마도 점심 식사를 함께 했을 것이다. 朴 대통령이 40代 초
반의 젊은 준장을 이렇게 대우하니 이들이 軍內(군내)에서 하나회를 만
들어 큰 세력을 형성할 수 있었다.

孫·全 두 준장은 육사 11기 출신이었다. 孫 준장은 위관장교 시절 朴
正熙 장군의 전속부관으로 따라다녔고, 全 준장은 최고회의 의장비서실
에서 근무했다. 朴 대통령은 장군 시절부터 정규육사 출신 장교들에게
특별한 관심을 보였다. 그는 한국군의 미래가 이들에게 있다는 이야기
를 해주면서 격려했다.

盧泰愚(노태우) 前 대통령은 1955년에 육사를 졸업하고(11기) 朴正熙
준장이 사단장으로 있던 5사단에 배치되었다. 朴 사단장이 사격장 공사
를 지휘하던 그를 불러 점심을 함께 했다. 부대에 돌아가려고 경례를 하
는 盧 중위에게 朴 사단장이 "내가 바닷가로 오리사냥을 가는데 같이 가

자"고 했다. 盧 중위는 "저는 임무가 있어 못 가겠습니다"라고 했다.

"무슨 임무?"

"사격장을 닦다가 왔습니다. 그래서 못 가겠습니다."

"할 수 없지. 잘 가게."

盧 중위가 돌아서는데 朴 사단장이 다시 부르더니 "내가 사단을 떠나게 되었어"라고 했다.

"어디로 가십니까?"

"아마도 陸大로 갈 거야."

盧 중위는 착잡했지만 할 말도 없어서 "잘 가십시오"하고 경례를 붙이고 나왔다. 5·16 군사혁명 뒤 盧 소령을 만난 朴 의장은 "야 임마, 그때 내가 서운했다"고 했다.

孫·全 두 사람은 일찍부터 정치장교의 역할을 했다. 1963년 2월 18일 朴正熙 의장이 민정불참-원대복귀를 선언하자 두 사람은 동기생들과 함께 장충동 의장 공관을 찾아갔다. 이들이 응접실에서 기다리는데 陸英修 여사가 나왔다.

"이 양반이 일을 저질러 놓고 다시 軍에 돌아가겠다니 어떻게 하려고 그러는지 모르겠어요. 이미 내친 발걸음인데 정치를 하셔야지요. 여러분들이 생각을 바꾸시도록 건의 좀 해주세요."

청년장교들이 그런 건의를 하자 朴 의장은 "여러분의 뜻을 잘 알아요. 그러나 정치는 그렇게 하는 게 아니야"라고 했다. 민정불참 선언이 하나의 전술이라는 말투였다.

朴 대통령은 全斗煥이 중심이 되어 만든 '하나회'를 후원했다. 정보부가 軍內 사조직을 소탕해야 한다는 건의를 하자 방첩대를 시켜 형식적

인 조사를 하고 끝내도록 했다. 육사 11기의 선두주자였던 全·孫 두 사람은 중령 시절 청와대 경호를 맡은 수경사 30대대장으로 근무했다. 孫永吉이 먼저였고, 그가 全斗煥을 후임으로 추천했다. 朴 대통령은 두 사람을 가끔 식사자리에 초청하기도 했다.

朴 대통령이 키운 하나회 중심의 정규육사 출신들은 그 報恩(보은)을, 10·26 사건 이후에 하게 된다. 全斗煥 국군보안사령관은 합수본부장으로서 朴 대통령 시해범 金載圭(김재규) 일당을 단죄하는 것이 서거한 朴 대통령에 대한 의리라고 믿었다. 이들은 국가원수 시해사건은 성역 없이 수사해야 한다는 명분을 내세워 鄭昇和(정승화) 계엄사령관까지 연행하려다가 12·12 사건을 일으키고 돌아올 수 없는 다리를 건너 정권을 향해 진격했다.

朴 대통령이 자신의 친위세력으로 키운 하나회와 정규육사 출신 장교단은 10·26 사건 이후에 유신이 매도당하는 분위기에서도 유신의 당위성을 확신하고 있었다. 이들은 朴正熙의 죽음을 민주화의 好機(호기)로 보고 있었던 정치인들과는 달리 그의 죽음을 국가안보의 위기라고 해석했다.

정규육사 출신 장교단에 대한 朴 대통령의 오랜 투자는 그의 死後 격하를 막았다. 朴 대통령이 키운 하나회 출신들이 그의 사망 후 13년간 한국을 이끌고 가면서 朴正熙에 대한 흠집내기를 잘 막았기 때문이다. 제5공화국 시절 안기부와 문공부의 중요한 일 중의 하나는 〈月刊朝鮮〉과 〈신동아〉에 朴 대통령에 대한 폭로기사가 못 나오게 막는 일이었다.

"잘하는 마을만 지원하라"

朴 대통령은 매년 1월 중순의 연두기자회견이 끝나면 2월 중순까지 약 한 달간 각 부처와 지방을 순시하면서 업무현황을 파악하고 지침을 내렸다. 朴 대통령의 부처 및 지방순시는 허례를 빼고 실무를 중점적으로 챙기는 가장 강도 높은 현장수업이었다. 朴 대통령이 국정의 구석구석까지 알 정도로 업무파악이 완벽했던 것은 18년간 이런 현장순시를 많이 하여 실무자들의 견해를 들었기 때문이다.

1973년 1월 15일 朴 대통령은 오전엔 경제기획원, 오후엔 재무부를 순시했다. 朴 대통령은 국세청과 관세청 직원들에게 '큰 야망이 없는 사람은 小利(소리)에 끌리기 쉽다'는 《牧民心書(목민심서)》의 한 구절을 인용하기도 했다. 다음날 朴 대통령은 오전엔 농림부, 오후엔 상공부를 순시했다. 농림부 순시 때 그는 농민 위에 군림하려는 공직자의 자세를 직설적으로 비판했다.

"토지개량조합은 농민으로부터 水稅(수세)를 받아 월급에 보너스까지 타먹고 코로나나 크라운 차를 타고 다니고 있다는데, 세단 타고 다니면서 무슨 토지개량을 한다는 것입니까. 자전거나 오토바이를 타고 다니는 것이 우리의 실정에 맞아요."

그는 국민들을 향해서도 일침을 놓았다.

"경기米가 아닌 통일벼 같은 것은 못 먹겠다고 생각하는 주부들의 사고방식을 뜯어 고쳐야 합니다."

1월 17일 朴 대통령은 건설부와 과학기술처를 순시했다. 1월 18일 朴 대통령은 큰형 東熙 옹의 백일 脫喪(탈상)에 다녀왔다. 아들 志晩 군과

朴鐘圭 경호실장만 데리고 갔다.

다음날 朴 대통령은 교통부와 체신부를 순시하고 청와대로 돌아와 오후 3시 35분부터 25분 동안 尹必鏞(윤필용) 수경사령관의 업무보고를 들었다. 석 달 만에 처음으로 尹 사령관이 청와대에 들어온 것이다. 이때는 벌써 朴 대통령의 마음이 그로부터 떠나고 있었다. 반면 姜昌成 육군보안사령관은 자주 대통령 경호실장과 함께 골프를 치면서 尹 사령관에 대한 수사를 준비하고 있었다.

1월 21일 朴 대통령은 닉슨 대통령의 특사인 알렉산드 헤이그 장군(뒤에 닉슨의 비서실장, 레이건 대통령 시절 국무장관)을 접견했다. 헤이그는 타결이 임박한 베트남戰(전) 휴전협상안에 대해서 설명했다.

朴 대통령은 이 휴전협상안이 결국은 베트남을 붕괴시킬 것이라고 확신하고 있었기 때문에 두 시간에 걸친 면담에서 많은 문제점을 제기했다. 朴 대통령은 특히 휴전안이, 미군은 베트남에서 철수하도록 하면서 베트남에 들어온 월맹군의 철수를 조건화하지 않은 것은 치명적인 결과를 부를 것이라고 경고했다.

1월 22일 朴 대통령은 문교부를 순시한 자리에서 '국적 있는 교육'을 강조했다. 그는 기존 교육의 방향에 의문을 제기했다.

"교육이란 피교육자로 하여금 사명의식을 분발시켜 가난한 농촌을 보면 富强策(부강책)을 생각케 하고 붉은 산을 보면 푸른 산으로 만들 수 있는 방법을 스스로 생각할 줄 아는 사람을 길러야 합니다."

朴 대통령은 내무부 순시에선 잘하는 마을을 우선적으로 지원한다는 새마을운동의 원칙을 새삼 강조했다.

"당분간은 저 마을에는 돈을 주고 왜 우리 마을에는 돈을 주지 않는가라는 불평 따위는 들은 체 만 체 해도 좋습니다."

2월 4일 朴 대통령은 안양 컨트리 클럽에서 골프를 쳤다. 朴鐘圭 경호실장, 姜昌成 육군보안사령관이 李秉喆 삼성회장, 金容完 전경련 회장과 함께 했다. 姜 사령관은 그 이틀 전에도 朴 대통령을 獨對(독대)했다. 朴 정권 시대 측근들의 힘은 얼마나 자주 대통령을 만나느냐에 의해서 서열이 결정될 정도였다. 이미 그 횟수에서 姜 보안사령관은 尹必鏞 수경사령관을 앞지르고 있었다. 尹必鏞-李厚洛의 밀착에 대응하는 朴鐘圭-姜昌成 구도를 만들어 놓고 구경하고 있었던 것이 朴 대통령이었다. 남은 것은 이 대립구도의 균형을 무너뜨릴 사건이었다. 그것은 朴 대통령만이 만들 수 있는 것이었다.

2월 6일 朴 대통령은 감사원(원장 李錫濟)을 순시하는 자리에서 감사의 원칙을 제시했다. 대통령이 업무지침을 어떤 식으로 해야 하는가에 대한 모범답안이 될 만하여 소개한다.

〈가. 10월 유신 과업 수행에 있어 감사원이 담당해야 할 가장 중요한 일은 공무원의 紀綱(기강)을 확립하는 일이며, 이를 통해 일반 국민들에게도 영향을 주어 종국적으로는 국가의 기강을 바로잡는 것입니다.

나. 현재 우리나라에는 2만 6,000여 기관에서 2조 4,000억 원이라는 천문학적인 예산을 집행하고 있습니다. 속담에 '열 사람이 도둑 하나를 잡지 못한다'는 말이 있듯이 이처럼 많은 기관을 감사원에서 일일이 다 감사를 하고 非違(비위)를 적발해 낸다는 것은 불가능한 일이므로 역시 중점적인 감사를 해야겠습니다.

또한 적은 인원으로 많은 대상 기관을 효과적으로 감사하고 단속하자면 고도의 감사 지식과 기술이 필요할 것입니다. 따라서 감사원 직원들은 평소 감사업무에 대한 연구에 더욱 주력하여 풍부한 지식과 고도의 감사기술을 갖고 권위 있는 감사를 할 수 있도록 해야 하겠습니다.

감사의 권위와 공정성이 보장된다면 비록 중점감사만을 실시하더라도 모든 기관이 사전에 스스로 비위를 시정하려고 노력할 것이며 자체 단속도 더욱 강화할 것이므로, 결국은 일부 기관에 대한 감사가 전체 기관에 대한 영향을 미치고 모든 기강이 스스로 바로잡혀 나갈 것입니다. 나는 이것이 바람직한 감사의 효과라고 생각합니다〉

朴 대통령은 지시를 할 때 오해가 일어날 소지를 없애기 위해 정확하면서도 쉬운 말을 한다. 그가 사안의 핵심을 적확하게 파악하고 있으므로 가능한 것이다. 상황파악이 제대로 안 된 상태에서 높은 사람이 지시를 할 때는 총론이나 원론, 때로는 말장난만 늘어놓는다. 핵심을 정확히 파악한다는 것은 말을 할 때뿐만 아니라 일을 할 때도 낭비가 적다는 이야기이다.

한국 역사상 가장 위대한 경영자(CEO)로 평가될 朴正熙의 성공비결 중 하나는 행정에도 경쟁개념을 도입했다는 점이다. 그는 1973년 연두순시를 하면서 '새마을사업 지원의 추진 방향'을 이렇게 설명했다.

"새마을사업은 우수부락부터 우선적으로 지원하여 추진해야 합니다. 과거에 우리는 여러 가지 운동을 전개해 보았으나, 별로 두드러진 성과를 올리지 못했는데 그 가장 큰 원인은 정부에서 모든 부락에 대해서 일률적으로 똑같이 분배해 주는 식으로 지원해 주었기 때문입니다.

다시 말하면 한정된 예산을 가지고 전체 부락에 고루 나눴기 때문에 지원자금이 영세하여 소기의 투자효과를 거둘 수 없었고, 또 스스로 잘살아 보려는 의욕도 없고, 부지런히 일하지도 않는 부락을 아무리 도와

주어 보았자 '밑 빠진 독에 물 붓는 식'으로 아무런 효과를 거둘 수 없었던 것입니다.

우수부락부터 우선 지원하면 잘하는 우수부락은 놀라울 정도로 발전하고, 그렇지 않은 부락은 뒤떨어질 수밖에 없을 것이며, 결과적으로 이들 부락 사이에는 많은 격차가 생길 것입니다.

물론, 부락 간에 격차가 생기는 것 자체는 가슴 아픈 일이지만, 그러나 뒤떨어진 부락 사람들도 우수부락 사람들이 부지런히 일하여 잘 살게 된 모습을 직접 눈으로 보게 되면 이에 자극을 받아 조만간 분발을 하지 않을 수 없게 될 것입니다. 그때 비로소 정부는 이 마을도 지원해 줌으로써 궁극적으로는 모든 부락이 차례로 다 고루 잘 살게 되도록 하자는 것입니다.

얼핏 보기에는 이렇게 추진해 가는 것이 시간이 걸리고 지루하게 보일지 모르나 결과적으로는 훨씬 빠르고 성과 있는 방법이 된다고 믿습니다. 새마을운동 실적을 심사하고 평가할 때는 명확한 기준이 있어야 하겠으며, 그 다음에는 객관적이고도 공정한 심사가 이뤄져야 하겠습니다.

그저 막연한 추상적 기준이나 외양만 보고 잘 되었다는 식의 평가를 해서는 안 됩니다. 심사기준에는 주민들의 소득증대를 주된 기준으로 삼아야 합니다."

朴 대통령은 기계적 평등을 자원낭비와 非효율적인 것으로 배척하고 의도적으로 차등 지원을 하여 마을과 마을 사이에 경쟁을 붙인 것이다. 사촌이 논을 사면 배가 아픈 사람은 그 사촌을 따라잡기 위하여 부지런하게 일해야지 계속 배만 움켜쥐고 있다가는 정부로부터 일전 한 푼 받지 못하는 제도를 만든 것이다. 이런 차등 지원책이 결과적으로는 전국

마을이 다 잘 사는 방향으로 나아간다고 그는 확신했다. '차등을 통한 평등구현'과 '평등을 통한 불평등 自招(자초)'중 前者(전자)를 선택한 것이다.

"대화는 대화고 혁명은 혁명"

1973년 1월 24일.

朴 대통령은 전국 치안 및 예비군 관계관 중앙회의의 유시를 통해서 7·4 공동성명 이후 진행되고 있던 남북대화에 대해서 아주 현실적이고 비관적인 전망을 내놓았다.

"지금으로서는 그들을 결코 믿을 수 없습니다. 지금까지 우리가 접촉을 하여 한 가지 뚜렷이 안 것이 있다면 그것은 북한 공산주의자들의 기본 전략은 조금도 달라진 것이 없으며, 우리 남한을 적화통일하겠다는 야욕은 하나도 포기한 것이 없다는 것입니다. 다만 주변 정세와 세계적인 조류에 맞추어서 방법과 전술만을 약간 바꾸었을 뿐 아무것도 달라진 것이 없습니다.

북한은 금년에 들어서도 '4대 군사노선을 철통같이 다그쳐 나가야 한다'고 계속 주장하고 있습니다. '4대 군사노선'이란 全국토의 요새화, 全인민의 무장화, 全인민군의 간부화, 장비의 현대화를 말하는 것입니다.

내가 알기로는 그들은 입으로는 7·4 공동성명이니 평화통일 운운했지만 자기들이 무력 남침을 하지 않겠다는 공식적인 발언을 한 적은 아직 한 번도 없습니다.

'대화는 대화고, 혁명은 어디까지나 혁명이다'라는 말이 아마 그들 속심의 솔직한 표현일 것입니다."

1973년 4월 5일.

朴 대통령은 식목일 기념일, 새마을운동 행사에 나가면 꼭 긴 연설을 했다. 연설이라기보다는 강의였다. 이런 강의식 연설을 통해서 그는 자신의 비전과 열정을 직설적으로 쏟아 부었다. 이날도 그는 열을 냈다.

"이 땅은 우리 조상들이 살다 갔고, 오늘날 우리가 살고 있고, 또 언젠가는 우리가 죽어서 모두 이 조국 강산에 묻혀야 될 땅입니다. 또한, 길이길이 우리 후손들이 이 땅에서 살아야 될 것입니다. 여기는 우리가 가장 사랑하는 조국이요, 조국의 강산입니다.

그 사랑하는 표시를 무엇으로 해야 되겠습니까? 우리는 당분간 '애국'이란 말은 입에서 딱 떼어 버리고, 우선 산에다 나무를 심고 나무를 아끼고 이 조국 강산을 하루바삐 울울창창하게 만듭시다. 그런 상태를 만드는 것, 이것이 무엇보다도 나라를 사랑하는 길인 것입니다."

1973년 4월 17일.

朴 대통령은 전국경제인대회 치사를 통해서 기업의 사회적 의무와 윤리를 강조한다. 朴 대통령이 대기업 중시 정책을 쓴 것은 사실이지만 그의 정서는 재벌적이라기보다는 서민적이었다. 그는 노동조합의 활동을 규제했지만 그 자신이 노조위원장이란 자세로 재벌총수들에게 富(부)의 사회적 환원을 강조하곤 했다.

"넷째로, 모든 기업인은 노동 조건의 개선과 노동자의 복지 향상에 최선을 다하고 국민 민복에 기여한다는 투철한 사명 의식을 길러야 되겠습니다. 그리고 기업의 이윤은 사회에 되돌린다는 大義(대의)에 투철한 기업이 되어야겠다는 것입니다.

정부가 지난해 막대한 재정 부담을 무릅쓰고 '경제의 안정과 성장에 관한 8·3 긴급 조치'를 취했던 것도 기업의 이윤만을 보장해 주기 위해서가 아니라, 기업의 건전한 성장 없이는 경제의 발전과 국민 생활의 향상을 기대할 수 없다는 기업의 공익성 때문에 취하게 되었던 것입니다."

尹必鏞 계열 숙청

1973년 4월 28일.

朴正熙 대통령을 가장 오랫동안 모신 측근이자 군부內 실력자이던 尹必鏞 장군이 육군보안사에 연행된 것은 1973년 3월 9일, 정식 구속된 것은 3월 26일, 軍 검찰에 의해 기소된 것은 4월 17일, 비공개 공판 끝에 육군보통군법회의에서 선고가 있었던 것이 4월 28일이었다. 尹必鏞 소장, 孫永吉 준장 등 10명의 장교들이 군복을 입은 차렷 자세로 선고를 받는 사진이 이 날짜 석간에 실리면서 그들의 '죄상'이 처음으로 공개되었다.

그 소스는 판결문과 국방부 장관 담화문이었다. 내용은 尹 장군 등의 부정·부패적 사생활, 軍內 사조직 운영을 중점 부각시키는 것이었다. 판결문은 법률적 판단을 한 내용이 아니라 '치부와 엽색행각에 치달음으로써 反유신적 죄악을 자행했다'는 식의 인신공격적인 규탄문이었다.

〈대한일보〉 사장 金連俊(김연준) 씨의 수재의연금 횡령사건에 대한 수사를 尹 장군이 압력을 넣어 중단시켰다는 대목이 눈길을 끌었다. 그 얼마 뒤 金 씨는 횡령 혐의로 구속되고(나중에 무죄 판결을 받음) 〈대한일보〉는 폐간되었다.

이날 징역 15년에서 2년까지의 유죄선고를 받은 사람은 尹必鏞 소장 (징역 15년)과 수경사 참모장 孫永吉 준장(육사 11기. 징역 15년)을 비롯하여, 육군본부 진급인사실 보좌관 金成培 준장, 육본중앙수사단장 池聖漢 대령, 26사단 연대장 權翊鉉 대령(나중에 무죄 확정. 육사 11기. 뒤에 민정당 대표), 육본 진급인사실 辛再基 대령(육사 13기. 뒤에 민자당 의원) 등 10명이었다. 기소는 되지 않았으나 尹必鏞 계열로 알려졌던 장교들 30여 명이 전역당했다.

이들은 盧泰愚 대통령 시절 청와대 민정수석비서관을 지냈던 安敎德 (안교덕·육사 11기)을 비롯하여, 鄭東喆(정동철·육사 12기. 506보안대장), 裵命國(배명국·육사 14기. 청와대 민정비서관실 파견. 뒤에 민자당 의원), 朴正基(박정기·육사 14기. 뒤에 韓電 사장), 金相球(김상구·육사 15기. 뒤에 민자당 의원), 鄭奉和(정봉화·육사 18기. 수경사령관 비서실장) 등이었다. 이때 숙청되었던 군인들이 5공화국 때 重用(중용)되는 경향이 있었다.

尹 장군 계열의 숙청은 정보부로도 번져 李厚洛 부장의 고향(울산) 후배인 李載杰 감찰실장이 구속되었고 30여 명이 해직되었다. 李 실장은 동향인 孫永吉 수경사 비서실장과 연락하여 사이가 좋지 않던 李 부장과 尹 소장을 친하게 만들어 준 것이 화가 되었다. 이 사실은 이 사건의 핵심적 의미를 담고 있다.

尹必鏞 계열의 숙청은 朴正熙 대통령이 갖고 있던 권력자 고유의 의심과 불안을 반영한다. 그는 전해의 7·4 공동선언 이후 李厚洛 정보부장의 대중적 인기가 높아지는 것을 주시하고 있었다. 李 부장은 朴 대통령의 지시에 따라 '제2의 5·16 쿠데타'인 10월 유신도 기획, 실행했고

많은 여당 국회의원 후보를 추천하는 등 새로운 정치판을 짜는 데 큰 영향을 끼쳤다.

1973년 초 李厚洛 부장의 영향력이나 그에 대한 대통령의 신임은 절정에 달해 있는 것처럼 보였으나 위기의 씨앗이 자라고 있었다. 朴 대통령이 내려다보니 尹必鏞 수경사령관까지도 李厚洛 부장과 가까워지고 있었던 것이다.

朴 대통령은 권력의 4대 파수꾼인 정보부장, 육군보안사령관, 수경사령관, 경호실장을 서로 견제시켜 놓음으로써 권력의 안정을 기하는 방식을 애호했다. 尹必鏞 장군도 李厚洛 부장에 대한 좋지 않은 정보를 朴 대통령에게 많이 올렸다. 그를 잘라야 한다는 건의도 했다. 그런데 尹 장군이 朴 대통령에게 올린 보고서 내용이 李 부장에게 넘어가는 것이었다. 李 부장이 尹 장군에게 전화를 걸어 "내가 그렇게 못마땅하냐"고 말한 적도 있었다. 尹 장군은 李 부장에 대한 朴 대통령의 신임이 굳다는 판단을 한 뒤에는 그에 대한 견제役을 회피했다.

尹 장군은, 李 부장이 평양에 들어가서 金日成을 만나고 온 뒤엔 그에 대한 평가도 달리 하게 되었다. 이런 상황에서 李 부장과 尹 장군 두 사람의 측근이 나서서 권부의 2大 실세를 친하게 만들고 있었다. 朴 대통령으로서는 심기가 불편할 수밖에 없었다.

1972년 10월 17일의 유신 선포와 동시에 계엄령이 선포된 직후 李厚洛 정보부장은 요인들을 초대하여 저녁 식사 자리를 마련했다. 尹必鏞 수경사령관도 초청되었다. 尹 장군이 그 자리에 가보니 李 부장 이외에 朴鐘圭 경호실장과 대기업 회장 몇 명이 와 있었다. 尹 장군은 "계엄下인데 두 사람 이상이 모이면 내 허가를 받아야 합니다. 이건 불법집회입니다"라고 농담을 했다.

李 부장은 "그래서 우리가 尹 장군을 모신 것이 아닙니까. 계엄업무로 고생하시는데 우리가 격려금이라도 내놓아야겠습니다"라고 했다. 李 부장은 참석자들의 지갑을 털게 해서 수백만 원을 몽땅 尹 장군에게 건네주었다. 이날 尹장군은 軍 선배인 李 부장을 "형님"이라고 불렀다. 尹 장군은 또 李 부장에게 "앞으로 구성될 국회에는 軍 출신들이 많이 들어갈 수 있도록 해주시오"라는 부탁도 했다.

"이제 어차피 계엄정치를 하게 되었으니 군인이 정치에 책임을 져야합니다. 그러려면 유정회 의원의 3분의 1을 장군, 영관, 위관급 출신자들로 메워야 합니다. 태국처럼 군인들이 국회에 들어가야 합니다. 그렇게 朴 대통령한테 건의해 주시오."

李 부장은 "각하께 보고하여 30석 정도는 마련해 보겠다"고 했다는 것이다. 尹 장군이 나중에 들으니 이런 보고를 받은 朴 대통령이 "건방진 놈들, 지들이 뭔데 국회의원을 마음대로 고르려고 해"라면서 화를 냈다는 것이었다. 이런 모습들을 朴 대통령 편에 서서 지켜보던 이가 朴鐘圭 경호실장이었다.

尹必鏞 사건의 단초가 된 뉴코리아 골프장에서의 申範植 사장의 提報(제보)도 朴鐘圭 실장이 미리 그 이야기를 듣고 자연스럽게 朴 대통령에게 전달될 수 있도록 그 자리를 마련했던 것으로 보인다.

尹必鏞 씨는 자신이 거세된 경위에 대해서는 이렇게 설명했다.

"1972년 말인가, 1973년 초인가 하루는 朴鐘圭 경호실장이 저를 보자고 하더니 전날 뉴코리아 골프장에서 있었던 일을 설명해 주었습니다."

골프 한 코스를 돈 뒤 커피숍에서 朴 대통령, 申範植 당시 〈서울신문〉

사장, 朴鐘圭 경호실장이 담소를 하고 있었다. 申 사장이 느닷없이 이런 말을 꺼냈다는 것이다.

"각하께서 연만하시니 더 노쇠하시기 전에 후계자를 키우셔야 한다는 이야기들이 많습니다. 李厚洛 부장이 후계자로 좋다는 이야기도 있습니다"

朴 대통령은 "미친 놈들, 내가 아직 노망하려면 멀었는데"라고 대수롭지 않게 받았다. 세 사람은 다시 골프장으로 나갔다. 골프를 다 치고 필드에서 나왔을 때 朴 대통령의 표정은 굳어 있었다. 그는 申 사장에게 무섭게 물었다.

"아까 그 말 말이야, 누가 그런 소릴 했어? 李厚洛이가 그랬나?"

朴鐘圭의 설명에 따르면 申 사장은 그 자리에 꿇어앉았다고 한다.

"이름을 못 대겠습니다."

朴 실장이 권총을 뽑아 "이름을 대라"고 위협했다는 것이었다. 申 사장은 "尹必鏞 장군이 그럽디다"라고 했다는 게 朴 실장의 설명이었다. 尹 사령관은 그 말을 듣자마자 피가 역류하는 듯하여 전화기를 들고 申 사장을 부르려 했으나 朴 실장이 말렸다. 朴 실장은 "이 문제는 나한테 맡겨 주십시오"라고 했다.

"제가 형무소에 있으면서 아무리 생각해도 왜 申 씨가 그런 이야기를 했는지 이해가 안 돼, 어떤 추리까지 해 보았습니다. 그때까지 申 씨는 저와는 가깝고 李 부장과는 사이가 아주 나빴어요. 그런데 7·4 공동성명과 유신 이후에 李 부장의 힘이 세어지니까 혹시 李 부장이 후계자가 되면 어쩌나 하는 공포심에서 직접 각하의 의중을 시험해 보고자 그런 말을 한 것이 아닐까….

그러다가 무섭게 추궁하니까 다급해서 내 이름을 갖다 붙인 것이고…. 朴 대통령께서는 제가 그런 말을 했다고 하면 가볍게 넘겨 버릴 것이란 계산에서 말입니다. 그전에 申 씨와 함께한 술자리에서 노망 운운하는 이야기가 오간 적은 있었습니다."

尹 씨에 따르면 유신 선포 뒤의 어느 날 申 씨가 尹 사령관, 鄭韶永 청와대 경제수석비서관, 金詩珍 민정수석비서관, 육군본부 池聖漢 대령 등을 이태원 식당으로 초대하여 대접을 했다. 이 자리에서 申 씨는 대강 이런 뜻의 말을 했다는 것이다.

"각하께 정말로 충성하는 분이라면 '각하께서 연만하셔서 노쇠하시기 전에 청와대를 물러나십시오. 우리가 모시겠습니다. 그러면 영원한 대통령이 되십니다' 이렇게 말씀드려야 합니다. 그런 말씀을 하실 분은 尹 장군뿐이십니다."

尹 사령관은 "술집에서 당치도 않은 말씀하십니다"면서 입을 막았다고 한다. "그런데 내가 조사받을 때 보니 申 씨가 한 말은 내가 한 말로 돼 있고, 내가 한 좋은 말은 전부 거두절미하여 오해하기 좋게 만들어 놓았더군요."

尹必鏞 사건의 발단이 되었다는 뉴코리아 골프장에서 있었던 일은 언제인가? 기자가 입수한 朴 대통령 업무일지 1972년 11월호분을 찾아보았다. 이 무렵은 유신조치에 따른 비상계엄 기간임에도 朴 대통령은 골프장에 자주 나갔다. 申範植 〈서울신문〉 사장이 말동무로 따라다녔다.

11월 5일 한양 컨트리 클럽에서 대통령, 朴경호실장, 申範植 회동.

11월 12일(일) 대통령, 경호실장, 申範植이 뉴코리아 골프장行(이것이 朴 실장이 말한 문제의 회동으로 추정되나 1973년 초의 일이라는 주장도 있다).

11월 18일에도 뉴코리아 클럽에서 골프.

흥미로운 것은 이 무렵 朴 대통령이 尹必鏞 수경사령관은 거의 만나지 않고 육군보안사령관 姜昌成 소장을 자주 청와대로 불러 만나고 있었다는 점이다.

尹 장군에 대한 감시역인 姜 장군을 朴 대통령이 자주 만난다는 것은 尹 장군에 대한 신임이 약해졌다는 의미이기도 했다. 특히 유의할 대목은 11월 12일의 뉴코리아 골프장 회동 직후 姜昌成 사령관의 청와대 출입이 부쩍 잦아졌다는 점이다.

姜昌成 보안사령관

1972년 11월 14일 오전 朴 대통령은 姜 장군을 불러 약 30분간 요담했다. 그 이틀 전의 골프 회동 때 申範植 사장의 提報가 있었다면 이날 朴 대통령은 姜 장군에게 수경사령관과 李厚洛 부장의 관계에 대한 뒷조사를 지시했을 가능성이 크다.

11월 18일에도 朴 대통령은 姜 장군을 초치하여 약 한 시간 동안 이야기했다. 그 이틀 뒤 姜昌成 장군은 또 朴 대통령에게 불려와 약 40분간 요담했다. 11월 29일에도 姜 장군은 朴 대통령을 만나 35분간 軍內의 동향을 보고했다. 尹 장군에 대한 첩보수집 결과도 알렸을 것이다.

尹必鏞 사건의 진행과정에 대한 각자의 주장을 검증하려면 1973년 3, 4월의 朴 대통령 업무일지를 분석해 볼 필요가 있다.

朴 대통령은 1972년 11월 뉴코리아 골프장에서 申範植 〈서울신문〉 사

장으로부터 尹必鏞 수경사령관의 불순한 언동에 대해서 보고를 받은 지 넉 달 만인 1973년 3월 8일에 姜昌成 육군보안사령관을 불러 수사를 지시한다.

이 넉 달 동안 朴 대통령은 姜 장군, 朴鐘圭 경호실장, 그리고 軍內의 다른 루트를 통해서 尹 장군에 대한 첩보를 보고받고 숙청을 결심하기에 이른 것이다. 尹 장군의 발언뿐 아니라 李厚洛 정보부장과의 밀착이 수사 지시의 가장 중요한 이유였다.

1973년 3월 8일 낮 12시 7분에 朴 대통령은 姜昌成 소장을 초치하여 12시 35분까지 28분간 尹 사령관에 대한 수사지시를 내렸다. 姜 장군은 "朴 대통령이 나에게 수사를 지시하면서 '全斗煥 준장에게도 물어 봐'라고 말했다"고 기억한다. 朴 대통령은 한 장짜리 보고서를 건네주면서 "직위 고하를 막론하고 철저히 조사하라"고 강조했다.

그 보고서는 申 사장의 제보가 요약된 것이었다. 姜 장군이 대통령 집무실에서 물러나오는데 朴鐘圭 경호실장이 들러 주었으면 좋겠다는 연락을 해왔다. 경호실장 방에 들렀더니 朴 실장은 대단히 흥분하여 "모조리 잡아 넣어야 한다"고 말하는 것이었다.

姜昌成 보안사령관은 수사관들에게 조사를 지시하고, 별도로 수도경비사 소속의 지휘관 몇 명을 불러서 "어떤 일이 있더라도 수사에 저항하지 말고 협조해 달라"고 당부, 사전조치를 취했다는 것이다. 姜 사령관은 尹必鏞 소장에게 전화를 걸어 "퇴근길에 한 번 들러 주었으면 좋겠다"고 했다.

두 사람은 육사 8기생으로 동기생인데다가 장성 진급도 같은 날에 했다. 姜 씨가 중앙정보부 차장보와 육군 보안사령관을 거치는 동안 수도

경비사령관인 尹 소장과는 업무상으로도 밀접한 관계를 유지해 왔었다. 姜 소장은 尹 소장에게 수사에 착수했음을 알렸다. 尹 소장은 모함이라고 펄쩍 뛴 뒤 "모든 것을 姜 사령관에게 맡길 것이니 선처해 달라"고 했다고 한다.

姜 소장은 "이 문제를 푸는 길은 각하께 찾아가 사과하는 것뿐이다"고 말했다고 한다. 尹 장군은 3월 9일 해임되고 보안사로 연행된다.

바로 이 무렵 池聖漢 육군본부 중앙수사단장(대령)에게 金詩珍 정보비서관이 전화를 걸어왔다. 金 비서관은 떨리는 목소리로 "빨리 내 방으로 오라"고 했다. 池聖漢 대령은 청와대 비서실에서 현역으로 근무했고 朴 대통령의 신임도 두터웠다. 池 대령이 金 비서관을 찾아갔더니 "그날 우리 尹 장군 하고 저녁 먹은 날이 며칠이지?"하고 물었다.

池 대령은 "작년 연말입니다"라고 했다. 申範植 〈서울신문〉 사장의 부탁으로 이태원동 식사 자리를 만든 것이 池 대령이었다.

金 비서관은 그 몇 시간 전에 朴 대통령에게 불려갔다는 것이다. 朴 대통령은 대뜸 "내가 너를 신임하여 그 자리를 맡겼는데 못된 자들 하고 돌아다니면서 술이나 마시고 나를 두고는 영감이니 노망이니 뭐니 그 따위 소리만 한다면서. 너도 그 자리에 있었다면서?"

朴 대통령이 말한 그 자리란 尹必鏞, 申範植, 鄭鎔永, 金詩珍, 池聖漢이 만났던 이태원동의 식사자리였다. 金 비서관은 "각하, 그 자리에서는 그런 말이 나오지 않았습니다"라고 말했다. 朴 대통령은 "이 친구야, 더 알아봐"라고 했다.

池 대령도 그 식사자리에 있었기 때문에 朴 대통령에게 불경스러운 이야기는 나온 적이 없음을 잘 알고 있었다. 池 대령은 청와대에서 바로

수도경비사령부로 직행했다. 尹必鏞 장군은 장교식당에서 식사 중이었다. 池 대령이 "그날 申範植 사장과 만났을 때 무슨 말씀을 하신 겁니까"라고 물었다. 尹 사령관은 "허, 왜 자꾸 그것 가지고 이야기가 있는지 모르겠네. 얼마 전에도 朴鐘圭 경호실장이 나한테 그것을 물어와서 내가 다 이야기해 주었는데…"라고 했다.

尹 사령관은 이런 부연설명을 했다.

"그날 식사자리에서 나와 申 사장이 화장실에 다녀오다가 홀의 소파에 앉아 이야기를 하던 중 그 이야기가 나왔다. 申 사장과 '이제부터는 朴 대통령이 건강하셔야 한다, 각하의 판단이 흐려지시면 물러날 시기를 우리가 알려드려야 한다'는 정도의 이야기를 했다. 그게 전부인데 왜 문제가 되는지 모르겠다."

池 대령은 다시 申範植 〈서울신문〉 사장을 찾아가 물었다. 申 사장도 "맞아, 맞아. 尹 장군이 말한 게 맞아"라고 했다. 안심한 池 대령은 金詩珍 정보비서관을 찾아가 자신이 파악한 내용을 보고했다. 두 사람이 이야기를 하는 도중에 鄭韶永 경제수석 비서관이 들어왔다. 이태원동 식사모임의 동석자였던 그도 조금 전에 朴 대통령에게 불려갔다는 것이다.

朴 대통령은 "자네도 그 자리에서 날 욕했다면서"는 취지로 이야기했다고 한다. 鄭 수석은 "그런 일이 없었습니다. 이것은 고도의 모략입니다"라고 말했다. 鄭韶永 수석이 대통령 집무실에서 물러나오는데 朴 대통령이 전화 버튼을 누르더니 "姜昌成 보안사령관 대줘!"라고 말하는 게 등 뒤로 들렸다고 한다. 이 말을 들은 金詩珍 비서관은 그 자리에서 姜昌成 사령관에게 전화를 걸었다. 金詩珍 비서관이 '각하께서 오해하고 있다'는 취지로 이야기했더니 姜 사령관은 이렇게 말했다.

"무슨 말씀입니까. 尹 사령관이 불경스런 이야기를 했다는 것을 申範植 사장이 다 시인했습니다. 보안사에서 조사했고 그때 申範植 사장이 그렇게 진술했습니다."

金詩珍 비서관은 얼굴이 하얗게 되더니 "申 사장이 시인했대. 나도 이제 그만둬야겠어"라고 했다. 池聖漢 대령은 "가만 계십시오. 제가 한번 더 갔다 오겠습니다"라고 말한 뒤 申範植 사장을 다시 찾아갔다. 외투 속에 녹음기를 숨기고 가서 대화를 녹음했다. 申 사장은 "내가 시인을 했다고? 무슨 소리야 아까 말한 그대로야"라고 했다. 池 대령은 "틀림 없지요?"라고 확인을 받은 뒤 사장실을 나와 녹취록을 작성하여 金詩珍 비서관에게 전달했다.

申 사장은 池聖漢 대령이 나간 뒤 姜昌成 보안사령관에게 전화를 걸어 신변보호를 요청했다고 한다. 池聖漢 대령도 며칠 후 구속되어 다른 尹必鏞 계열사람들과 함께 혹독한 고문을 받았다. 재판에 넘겨졌던 그는 나중에 무죄로 석방되었다.

전역 뒤 기업인으로 변신했고, 마주협회 회장을 지내기도 했던 池聖漢 씨는 "이 사건은 유신 조치 뒤에 영향력이 커진 李厚洛 부장과 尹 사령관이 밀착되어 가는 것을 의심하고 있던 朴正熙 대통령에게 朴鐘圭, 申範植 두 사람이 과장된 보고를 올린 것이 계기가 되었다. 수사를 지시 받은 姜昌成 보안사령관은 尹 사령관의 군복을 벗기는 선에서 그쳤으면 좋은데 가혹한 수사로 억울한 희생자를 너무 많이 만들었다"고 평했다.

朴 대통령 업무일지를 살펴보면 姜 소장의 육군보안사령부는 즉각적으로, 또 집중적으로 尹必鏞 사령관과 그 계열 장교들에 대한 수사에 착수한 뒤 수시로 대통령에게 상황을 直報(직보)했음을 알 수 있다.

3월 9일 朴 대통령은 오전 10시 10분부터 37분간 姜 장군의 수사착수 보고를 들었다. 그 한 시간 뒤 朴 대통령은 劉載興 국방장관과 李敏雨 육군참모차장을 불러 尹必鏞 수경사령관의 교체를 지시했다. 후임은 육사 8기인 陳鍾垛(진종채) 소장이었다.

이날 오후 3시 25분 李厚洛 정보부장은 朴 대통령을 만나 약 55분간 업무보고를 했다. 자신의 운명에 큰 그림자를 남기게 될 尹必鏞 수사가 시작된 것을 알았을 李 부장은 상당히 불안했을 것이다.

다음날인 3월 10일에도 姜昌成 사령관은 오전 9시 27분부터 30분 동안 수사상황을 대통령에게 보고했다. 보안사령관이 거의 매일 대통령에게 직보하고 있었다. 이는 전례가 없는 일이었다. 수도권의 안전을 책임진 수경사사령관에 대한 조사였으므로 朴 대통령도 신경을 무척 썼다. 朴 대통령은 3월 12일 오전 10시 55분 신임 수경 사령관 陳鍾垛 소장을 불러 부대 장악에 만전을 기하라고 지시했다.

1973년 3, 4월 중 朴 대통령의 업무일지를 보면 중대한 변화가 감지된다.

姜昌成 육군보안사령관이 하루가 멀다 하고 朴 대통령을 獨對하여 보고를 하는 동안 거의 매일 朴 대통령을 만나던 李厚洛 정보부장의 청와대 출입이 줄어든다. 朴 대통령이 부르지 않았던지 면담요청을 받아주지 않았기 때문일 것이다.

3월 21일에서 4월 2일까지 朴 대통령은 李厚洛 정보부장을 한 번밖에 만나 주지 않았다. 그 한 번이란 것도 15분간의 보고였다. 4월 3일 李 부장으로부터 약 50분간 보고를 받았던 朴 대통령은 다시 4월 8일까지 그를 만나 주지 않았다. 그가 4월 9일 밤 10시에 李부장을 만나 준 시간은 불과 5분이었다.

　거의 매일, 하루에도 몇 차례 찾던 정보부장을 대통령이 근 보름간이나 소외시켜버린 것이다. 이 기간에 姜昌成 육군보안사령관은 朴 대통령에게 獨對보고를 세 번 올렸다. 그 보고의 핵심은 尹必鏞과 李厚洛 부장의 밀착관계에 대한 것이었다.

　朴 대통령은 이 기간 중 金致烈 정보부 차장을 한 번 불러 결재를 해준 것으로 나타나 있다. 노골적으로 부장을 따돌린 셈이었다. 朴 대통령이란 태양의 둘레를 도는 행성에 불과했던 李厚洛 부장의 초조와 불안은 대단했을 것이다. 朴 대통령은 이런 조치를 통해서 李 부장에게 확실한 경고신호를 보낸 것이었다.

　朴 대통령이 이 무렵 李厚洛 정보부장에 대해서 의구심을 갖고 보는 대목이 또 하나 있었다. 朴 대통령은 1972년 5월에 평양에 가서 金日成을 만나고 와서 하는 행동에서 북한 측의 영향을 감지했던 것이다.

　7·4 공동성명 문안부터 북한의 對南공작노선을 상당히 반영하였고, 한때 李厚洛 부장은 북한 측이 요구하는 보안법 폐지를 추진하다가 金鍾泌 총리의 강한 반대와 朴 대통령의 신경질적인 반응에 부딪혀 포기한 적도 있었다.

　朴 대통령은 남북회담을 하면서도 金日成의 약속이나 말에 아무런 신뢰를 두지 않고 있었음을 알 수 있게 하는 자료가 있다. 1972년 8월 남북적십자 본회담이 평양에서 열렸다. 朴 대통령은 돌아온 남측 대표 李範錫 씨 일행을 격려하는 자리에서 북한 당국을 상대할 때의 지침을 내렸다.

　〈남북적십자 본회담時 지침

1. 평양에서 있었던 일은 공식·비공식을 막론하고 모두 보고해야 한다.
2. 공산주의자들과 접촉할 때는 사전에 전략을 세워놓고 해야 한다.
3. 북한 위정자들과 우리가 핏줄이 같다고 생각하는 것은 오산이다.
4. 우리 적십자사는 인도적 사업이라고 보나 북한은 정치적 사업으로 본다.
5. 북한 요인들의 말 한마디 한마디는 모두 정치적이다.
6. 우리의 말 한마디 한마디에는 신념이 있어야 한다.
7. 술을 마실 때도 상대방이 공산당이란 사실을 잊지 마라.
8. 북한 사람들과는 어떤 자리에서도 감상적으로 흐르지 마라.
9. 북한이 남한 언론을 비판하면 자문위원들은 즉각 반박하라.
10. 대표단과 자문위원 사이는 긴밀한 협의를 하되 매일 저녁 결산토 록 하라〉

당시 權府(권부)에서 李厚洛 부장의 獨走(독주)를 좋지 않게 생각하고 있던 이는 金鍾泌 총리와 朴鐘圭 경호실장이었다. 尹必鏞의 수경사와 姜昌成 소장의 보안사는 전통적으로 라이벌 관계였다. 이런 권력 갈등 하에서 李 부장과 가까워진 尹必鏞 장군이 도마 위에 오른 것이다.

尹必鏞 사건은 李厚洛 정보부장을 초조하게 만들었고, 그가 朴 대통 령의 신임을 다시 얻기 위하여 저지른 金大中 납치사건은 결국 자신의 몰락을 불렀다. 金大中 납치에 대한 일본 언론의 집중보도로 생긴 反韓 (반한)감정 속에서 文世光의 살의가 탄생하여, 陸英修 여사 피살을 부른 다. 이 사건으로 朴鐘圭(박종규) 실장은 해임된다. 陸 여사의 퇴장은 朴 대통령의 내면을 흔들어 결국 그의 몰락으로 이어진다. 尹必鏞 사건 수 사에 따른 군맥의 浮沈(부침)은 5공화국 출범에도 흔적을 남긴다.

尹必鏞 세력 제거는 그 영향의 심도에서 朴 대통령 시절의 최대 사건
이다.

구속 면한 李厚洛

육군 보안사령부의 수사에서 드러난 사실은 尹 장군에 의한 후계자 옹
립說(설)과는 거리가 멀었다. 尹 장군이 申範植, 金詩珍 정보비서관 등
과 어울려 술을 마시면서 朴 대통령의 건강과 후계자 문제에 대해서 이
야기한 부분과, 尹 소장이 李厚洛 중앙정보부장을 찾아가서 역시 후계
자 옹립문제 등에 대해 언급한 부분이 일종의 '불경죄'로 몰리게 된 것이
란다.

朴 대통령의 업무일지를 보면 수사 착수 18일째인 3월 26일 姜昌成
사령관은 오전에 약 두 시간에 걸쳐 朴 대통령에게 중간수사 결과를 보
고했다. 3월 29일 姜 사령관은 서재에서 朴 대통령에게 수사보고를 올
렸는데, 오후 2시 12분부터 세 시간이 걸렸다.

이 자리에는 朴鐘圭 경호실장과 金正濂 비서실장이 동석했다. 보고를
다 들은 뒤 朴 대통령은 노기를 띠며 "李厚洛이까지도 잡아 넣어"라고
했다는 것이 姜 씨의 증언이다. 朴 실장도 이에 동조했다고 한다.

이에 대해 姜 사령관은 수사를 확대하지 않도록 건의했다는 것이다.
金 실장도 거들고 해서 결국 尹 소장과 그 부하들만 처리하도록 했다는
것이다. 姜 소장은 "각하의 측근이 모반했다는 인상을 주면 정치하는 데
어려움이 따를 것이니 이 사건은 일반 형사사건으로 만들어 발표해야
한다"고 건의해 尹 장군과 그 부하들을 수뢰·직권남용 등의 죄명으로

처리하게 되었다는 것이다.

金正濂 당시 대통령 비서실장은 '李厚洛 부장까지 구속해야 한다'는 姜 사령관의 수사보고에 대해서 "그렇게 하면 대통령의 권위가 손상되니 당분간 보류하면 좋겠다"는 건의를 자신이 했고, 姜 사령관도 동의하니 朴 대통령이 건의를 받아들였다고 회고록에서 밝혔다. 金 실장의 증언은, 姜 소장의 주장과는 다소 뉘앙스가 다르지만 李厚洛 정보부장이 감옥行을 할 뻔했다는 점에서는 일치한다.

姜昌成 육군보안사령관은 尹必鏞 사령관 수사를 하다가 그가 후원했던 軍內의 정규육사 출신 사조직인 하나회의 존재를 알게 되었다. 이들에 대해서도 수사를 진행했다. 하나회의 회장인 全斗煥 준장, 前 회장인 權翊鉉 대령, 盧泰愚 대령도 조사대상에 포함되었다.

姜 사령관의 증언.

"대통령의 최종결심을 받기 위해서 차트에 하나회 조직표를 그려 朴 대통령에게 가지고 갔지요. 당시 하나회 회원들이 70~80명 되었을 것입니다. 朴 대통령은 한 사람, 한 사람 이름 위에 직접 ○, × 표시를 하면서 '全斗煥이든 盧泰愚이든 尹必鏞과 어울려 못된 짓을 했으면 다 잡아 넣어'라고 호통을 쳤습니다."

姜 사령관의 증언에 따르면 朴鐘圭 경호실장이 全·盧 두 사람을 적극적으로 비호하여 다치지 않도록 했다고 한다. 하나회는 朴 대통령의 애호 下에서 조직되었으므로 姜 사령관이 이 조직을 깊게 수사할 수 없었다.

1973년 여름 朴 대통령은 태릉 골프장에서 朴鐘圭 경호실장, 姜昌成 사령관, 崔宇根 육사교장과 함께 골프를 쳤다. 朴 대통령은 姜 사령관에게 조용히 "姜 장군 때문에 경상도 장군의 씨가 마른다고 불평이 커"라고 말했다. 골프장에서 돌아와 보니 자신이 3관구 사령관으로 발령이 나 있는 것을 알게 되었다.

姜 장군은 "나중에 알고 보니 李厚洛이 陳鍾埰 수경사령관을 시켜 나의 경질을 건의했다는 것을 알게 되었다"고 말했다. '권력운용의 화신'으로 불리는 朴 대통령은 보안사령관을 시켜 수경사령관을 치고 정보부장을 혼내 주게 한 뒤 다시 그 보안사령관을 친 것이다. 姜 사령관이 朴 대통령의 친위세력으로 자라고 있던 하나회 장교들을 친 것이 조직적 반발을 부른 측면도 있다.

姜 장군은 중장으로 진급하지 못하고 전역한 뒤 항만청장으로 일하던 중 10·26 사건 후 全斗煥 등 하나회 출신들의 득세를 목격했다. 항만청장에서 물러난 뒤 그는 수뢰혐의로 구속기소되어 2년5개월간 옥살이를 했다. 尹必鏞 세력을 친 데 대한 보복이었다.

尹必鏞 씨는 스스로 "내가 朴正熙 대통령의 측근에 가장 오래 있었던 사람이다"고 말한다. 물론 朴正熙의 군대 시절부터 계산해서다. 1954년 朴正熙 준장이 5사단장으로 부임하여 대대장인 그를 군수참모로 발탁한 뒤 1973년 3월 구속되어 군복을 벗을 때까지, 꼭 20년간 朴正熙를 그림자처럼 따라다닌 사람이 尹必鏞 씨다. 朴正熙 장군은 5사단장, 7사단장, 1군참모장, 군수기지사령관, 1관구사령관으로 자리를 옮길 때마다 尹 중령을 데리고 다니면서 군수참모, 참모장, 보좌관, 비서실장 등 최측근 요직에 앉혔다.

朴 대통령은 5·16 뒤에도 최고회의 의장 비서실장, 육군방첩대장, 수도경비사령관 등의 권력핵심부에 그를 두었다. 朴 대통령과 직접 인연을 맺은 20년간의 軍 생활 가운데 15년간은 거의 매일 朴 대통령을 만날

수 있는 자리에 있었다. 따라서 그는 朴正熙를 가장 잘 아는 사람으로 꼽힌다. 더구나 그는 朴正熙의 인정뿐 아니라 비정까지 맛본 사람이다.

尹 씨는 그토록 오랫동안 모셨던 朴 대통령과 금이 가게 된 계기는 '尹必鏞 사건' 훨씬 전이었다고 말했다.

"朴 대통령이 두 번의 임기로 그만두신다는 것이 기정사실로 되어 있었던 1967년 어느 날에 제(당시 육군방첩대장)가 청와대에 들어가 진언을 했어요. '후계자에게 모든 것을 맡겨 버리면 너무 무책임한 것 아닙니까. 공약사항도 다 못 지킨 것이 있고 하니 각하께서 당 총재로서 계속 후계자를 뒷바라지해야 할 것으로 봅니다. 총재실을 개편하도록 하십시오' 이렇게 말씀드렸는데 그분의 반응이 너무나 의외였습니다. 좀처럼 언성을 높이지 않으시는 분인데 벌떡 일어나시더니, '네 할 일이나 잘 해!' 하고 호통을 치시는데 내 평생에 그렇게 화난 표정을 본 적이 없습니다.

그 이튿날 다른 일로 李厚洛 실장 방에 가 있는데 朴 대통령께서 지나가다가 들어오셔서, '어이, 李 실장, 내가 어제 尹 장군에게 기합을 넣었는데, 자네가 오늘 한 번 더 기합 줘!' 하십디다. 저는 그것으로 그분의 분이 풀린 것으로 알았는데, 다음날부터 청와대 면회가 잘 안 되더니 얼마 뒤 사단장으로 전보되었어요."

이때 朴 대통령은 3選개헌을 구상하고 있을 때였다. 그것을 모르는 尹 준장이 정권이양 뒤의 후견인 역할을 건의하자, 아픈 곳을 찔린 반사작용으로 그토록 화를 냈던 것으로 보인다.

尹 준장은 1968년 1월 8일자로 소장으로 진급했다. 육사 8기생 가운데 가장 빨랐다. 그는 진급과 함께 방첩부대장에서 일선 사단장으로 전보되

었다. 사단장으로 있을 때 金聖恩 국방장관이 부르더니 "얼마 전 각하를 만났는데 尹 장군에 대해서 좋지 않은 말씀을 많이 하시더라"고 했다.

"그토록 키워 주었는데, 호랑이를 기른 격이 됐다고 말씀하시더랍디다. 저는 '임기문제에 대해서 제가 한 이야기를 아직도 오해하시고 있구나' 하고 생각했습니다. 그런 뒤 제가 駐越 맹호부대장으로 임명되어 베트남에 가게 되었습니다. 출발하기 며칠 전에 朴 대통령께서 직접 전화를 걸어서 같이 식사를 하고 가라는 것이었습니다.

청와대에서 단 둘이서 식사를 함께 했습니다. 좋은 기회라고 생각해서 제가 말씀을 드렸지요. '각하는 높은 데서 넓게 보시고, 저는 낮은 데서 좁게 보기 때문에 각하께 불충한 말씀도 많이 올렸는데 용서해 달라'고 했습니다. 그분은 저의 손을 잡더니, '괜찮아, 괜찮아'라고 하셨어요. 이것으로 오해가 풀린 것으로 알았습니다."

尹必鏞 소장은 베트남에서 귀국한 직후인 1970년 1월 수도경비사령관에 임명되었다.

"사실은 그때 다른 사람이 그 자리에 내정돼 있었어요. 그런데 당시 軍內의 인맥이 徐鐘喆 참모총장 그룹과 金載圭 보안사령관·韓信 장군 등 2기생 그룹으로 갈라져 있었어요. 徐 총장 쪽에서 저를 천거한 겁니다. 朴 대통령께서 徐 총장의 천거를 받아들이긴 했지만 석연찮은 표정이었다는 이야기를 뒤에 들었습니다"

尹必鏞 당시 수도경비사령관은 1971년 4월의 대통령 선거 뒤 朴 대통령이 "국가안보를 정략적 차원에 맡겨선 안 된다. 이렇게 돈 드는 선거를 해선 국가적 낭비다. 먹고살 정도로 돼야 민주주의가 가능한 것 아닌가"라고 말하는 것을 듣고 뭔가 새로운 구상을 하고 있음을 짐작할 수

있었다.

朴 대통령이 춘천에서 육사 8기생 출신 사단장들과 술을 함께 마신 뒤 이렇게 말했다는 정보도 尹 소장에게 들어왔다.

"너희들이 尹必鏞이 동기생이구먼. 겁나는 것은 金大中이가 아니야. 尹必鏞이 겁이 나."

尹必鏞 씨는 "그때 국방장관이나 육군참모총장을 결정할 때 나의 의견이 가장 많이 반영된 것도 사실이다"고 했다.

尹 장군은 朴 대통령이 자신을 친 것은 "역적모의를 했다고 해서가 아니고 李厚洛 부장에게 경고를 보내기 위함이었다"고 해석했다.

"저는 朴 대통령이 사람을 쓸 때 그 사람됨을 훤히 알고 일정기간 쓰신 다음엔 버리신다는 것을 잘 알고 또 각오도 하고 있었습니다. 朴正熙란 보호막이 무너진다면 제일 먼저 희생되는 것은 저라고 생각하고 있었죠.

朴 대통령은 실수가 없는 분입니다. 내가 모의하지 않았다는 것을 모르실 분이 아니에요.

金鍾泌은 탄압해서 다스렸고, 李厚洛은 그저 잔재주 피우는 것을 받아주면서 다루었죠. 李 부장이 金日成을 만나고 와서 우쭐대는 것 같으니까 모델 케이스로 나를 치면서 '너희들도 똑바로 해' 라는 경고를 보낸 것이지요.

내가 잡혀 들어간 뒤 金炯旭 前 정보부장이 도망가고, 李厚洛 씨도 부장에서 해임된 뒤 장기간 외국으로 피해 있다가 보장을 받고 돌아오지 않았습니까. 제가 당한 뒤로는 측근들 사이에 누구 누구가 친하다는 말이 없어졌어요. 親JP니 反JP니 하는 말도 사라졌어요."

朴 대통령은 친자식처럼 아끼던 尹 장군을 희생양으로 삼아 권력핵심

부를 정리정돈했다는 이야기이다.

朴 대통령은, 1971년 10월의 항명파동 때 여당 內의 독자세력(4인방)을 숙청한 데 이어 자신의 권력측근들 안에서도 독자세력을 이룰 만한 소지를 없애 버렸다는 이야기이다.

유신체제의 목표인 국력의 조직화와 능률의 극대화에 방해물이 될 만한 여권 內 정치세력을 정리해 버린 것이다. 일견 朴 대통령은 국정에 전념할 수 있는 정지작업을 완료한 듯했으나 여기에 함정이 생기고 있었다.

李厚洛은 尹必鏞 사령관의 숙청이 자신을 겨냥한 것이며, 朴 대통령의 신뢰가 약해지고 있음을 알고 대책을 강구한다. 이즈음부터 朴 대통령에 대한 그의 보고 때마다 '해외에서의 金大中 反韓활동' 항목이 올라간다. 그는 '죽을 꾀'를 내고 있었던 것이다.

朴 대통령은 처음엔 반응이 없었으나 같은 보고가 계속되자 "정보부는 왜 발생보고만 올리나. 대책은 없는가"라고 말했다.

1973년 4월 15일 저녁.

鮮于煉 공보비서관이 당직을 하고 있는데 朴 대통령이 불렀다. 朴 대통령은 의전 비서실에서 약 20분간 얘기를 나누었다. 기자 출신인 鮮于煉은 거침없이 이야기했다.

"현재 고위층 관리들, 특히 장관들이 시책을 펴 나가는 데 있어서 대통령으로부터 점수 따는 일에만 열중하는, 이른바 '포인트주의'가 성행하고 있습니다. 이들은 각하로부터 치하 말씀 듣는 것에 중점을 두다 보니 개중에는 국민이 불편을 느끼는 일들을 서슴지 않는 사람도 있습니다.

여름철을 앞두고 양수기, 管井(관정) 등 수리 기재와 시설, 그리고 저수지 등의 관리가 엉망인데도 불구하고 감독 기관장들이 각하의 꾸지람을 들을까 염려하여 서로를 감싸 주면서 각하께 보고하지 않는 사례가 허다합니다."

그는 구체적인 증거를 제시했다.

"북괴가 허위 선전하고 있는 6·25 북침설에 대해 언론기관에서 이를 반박하려 했으나, 남북회담을 의식한 당국의 제지로 언론이 북괴 주장을 반박하지 못한 사실이 몇 번 있습니다."

鮮于煉 씨가 보고를 하는 동안 朴 대통령은 눈을 지그시 감은 채 고개만 끄덕이고 있었다. 보고가 끝나자, 朴 대통령은 그제야 눈을 뜨고 입을 열었다.

"장관들이 아직 정신을 차리지 못한 것 같아. 요즘 정신이 해이해진 것은 사실이야. 유신이 자기들 하는 일을 편하게 해주기 위해 만든 것으로 착각들을 하고 있어.

내가 듣기에는 고급 관리들이 유신을 내세워서 오히려 일을 간단히 편하게 해나가는 것 같아. 이런 것들을 잘못하면 내가 생각했던 유신의 본뜻을 국민들이 왜곡하여 해석하는 계기가 될 수도 있어. 나는 유신 단행 후 공무원들이 일을 간단하게 해치운다는 소리를 몇 번이나 들었는데, '아비 마음을 아들이 모른다' 고 하는 우리 속담을 연상하게 되는구면."

1973년 5월 10일.

청와대 근무자들에 대한 朴 대통령의 특별 지시가 있었다.

〈첫째, 비서관이나 행정관 및 고용직 전원은 출근 시간을 엄수할 것.

둘째, 근무시간 중에는 외출을 금할 것.

셋째, 공용 외출 시에는 상급자에게 사전 승인을 받고 연락처를 명백히 할 것.

넷째, 외식은 전원 금하고 부처와의 연락·타협을 위한 오찬도 금할 것. 단, 외국 인사와의 오찬이나 실장의 승인을 받은 공식 오찬은 제외한다.

그리고 이들 사항을 위반할 때는 즉각 파면한다〉

전날 낮에 朴 대통령이 급히 張禮準(장예준) 상공장관을 불렀는데 세 시간이 넘게 연락이 없었던 것이 이 지시를 내리게 한 원인이었다. 후에 張 장관은 "치과에 갔었는데 비서관들이 모르고 있었다" 라고 해명하였다.

1973년 6월 13일.

朴 대통령은 비서진 6, 7명을 불러 식당에서 함께 저녁 식사를 했다. 비서관들이 식당에 들어가니 식탁에는 이미 술상이 차려져 있었다. 朴 대통령의 술상엔 거의 대부분 막걸리가 올랐었는데, 이날은 처음 보는 술병이 놓여 있었다. 술병에는 '法酒(법주)' 라고 쓰여 있었다.

자리를 잡고 비서관들이 잔을 채우려 하자, 朴 대통령은 "가만히 있어" 하면서 한 사람씩 돌아가며 술을 따라 주었다.

"이게 오늘 처음 나온 법주인데, 이 법주라는 것은 경주 지방에서 내려오는 특주라는 거야."

술잔이 다 차고 모두들 함께 마실 기미를 보이자, 朴 대통령은 다시 제지시키며 말했다.

"잠깐, 처음 나온 법주니 술 좋아하는 鮮于 비서관이 먼저 먹어 보고 평가한 다음에 마십시다."

"합격입니다. 이만하면 괜찮은데요."

"鮮于 비서관이 합격이라니, 이 술 허가해 줘야겠구먼. 그럼 같이 마시지."

제36장

중화학공업 건설의 결단과
金大中 납치사건

朴正熙

한국의 命運을 결정한 吳源哲의 브리핑

1973년 1월 연두기자회견에서 중화학공업 건설을 선언한 朴正熙 대통령은 1월 31일 오후 청와대 국산병기전시실에서 吳源哲(오원철) 경제 제2수석비서관으로부터 방위산업 건설 및 공업구조 개편에 대한 보고를 들었다.

吳 수석이 보고하기 전 의전실에 "브리핑에 적어도 네 시간은 걸릴 것 같다"라고 하니 의전실 쪽에서는 "각하의 결정사항이다. 그날 오후 각하 일정은 없다"고 했다.

이렇게 해서 두 가지 중요한 안건이 동시에 상정되었다. 이날 보고로써 중화학공업과 방위산업은 접목이 되어 큰 울타리로 생각한다면 한 가지 사업으로 통합되는 것이다. 吳 수석의 회고에 따르면 이날 브리핑은 중화학공업 건설에 국가의 命運(명운)을 걸기로 결심한 역사적인 사건이다.

朴 대통령 이하 金鍾泌 국무총리, 太完善 부총리, 南悳祐 재무, 劉載興 국방, 李洛善 상공, 張禮準 건설, 崔亨燮 과기처, 閔寬植 문교, 沈汝澤 국방과학연구소 소장, 청와대에서는 金正濂 비서실장 이하 관계 특별보좌관, 수석비서관이 참석했다. 좁은 방에 큰 의자는 3개만 놓고 나머지는 소형 간이의자를 놓을 수밖에 없었다. 이렇게 작은 방에서 국무회의격인 회의가 개최된 예는 전무후무했다.

오후 1시가 가까워 오자 각 장관들이 속속 도착했다. 장관들은 장소가 어딘지 몰라 직원들의 안내를 받아서 들어왔다.

이들은 방에 들어오자마자 진열된 兵器(병기)를 보고 모두 놀라는 눈치였다. 우선 청와대 안에 병기진열실이 있는 것을 보고, 朴 대통령의 방위산업에 대한 강한 의지를 피부로 느꼈다. 그간 개발된 국산 병기의 종류에 놀라는 듯했고 신기해했다. 朴 대통령도 그런 뜻으로 전시실을 만든 것이다.

오후 1시 정각에 회의가 시작되었다. 회의라고 했지만 吳 수석의 브리핑이었다. 吳 수석은 방위산업 및 중화학공업 건설계획에 대해선 그동안 朴 대통령에게는 수시로 보고를 했지만, 체계적으로 설명하는 것은 이번이 처음이었다. 그는 朴 대통령이 세부계획에까지 확신을 갖도록 해야 한다고 마음먹었다.

국무총리 이하 국무위원은, 중화학공업 육성 내지는 '공업구조 개편'에 대해서 처음으로 설명을 듣는 기회였다. 이 회의에서 반대가 나오면 중화학공업은 출발도 하기 전에 백지화된다. 吳 수석으로서는 死活(사활)을 거는 중대사가 된 것이다. 그래서 방위산업에 관한 보고는 시간 관계상 대폭 줄이고 본론인 '공업구조 개편론' 보고에 들어갔다(이하 吳源哲 비망록).

"중화학공업과 방위산업은 表裏一體(표리일체)입니다. 우선 화약공장 문제부터 설명하겠습니다. 화약을 생산하는 기초원료는 질산입니다. 다른 나라에서는 비료공장에 사용됩니다만 우리나라는 요소비료만 생산하고 있기 때문에 기초화공약품을 생산하지 않고 있습니다.

이번 중화학공업 계획을 추진하면서 질산을 위시한 無機(무기) 화공약품을 대량 공급할 수 있는 종합화학공장을 건설하겠습니다. 국내 화학공업 발전을 위한 기반도 구축될 것입니다. 평상시에는 비료생산에 더 많은 양이 사용되지만 비상시에는 주로 화약 제조용으로 공급되겠습니다(注: 제7비료, 즉 남해화학 이야기). 그리고 그 공장 근처에 현대적 화약공장을 건설하겠습니다. 새로운 현대식 공장입니다(여천 한국화약 제2공장).

포탄공장은 소구경에서 대구경까지 만들 수 있는 공장을 신설하겠습니다. 위치는 물론 남쪽입니다. 1972년 8월에 정부 승인이 나고 9월에 착공해서 현재 건설 중에 있습니다. 포탄을 생산하는 데 화약도 필요하지만 탄피로서 놋쇠가 필요합니다. 소구경 탄에는 납(鉛·연)도 필요합니다. 그래서 이 세 가지 금속, 즉 銅(동)과 아연과 鉛의 제련소를 온산공업기지에 건설하게 됩니다.

두 번째가 조선소입니다. 어느 조선소나 민간용 배를 만드는 곳이라면 크기는 다르지만 군함도 건조할 수 있습니다. 이번 중화학공업 계획에서는 어떠한 대형 군함이라도 건조할 수 있는 대형 조선소를 건설하겠습니다. 필요하다면 초대형 항공모함도 건조할 수 있는 시설을 갖추어 놓겠습니다. 이 계획에서 새로 건설하는 조선소는 보안상 진해 해군기지 가까운 곳에 위치하게 될 것입니다. 해군이 방어를 맡아 주게 되기 때문입니다. 가능하다면 진해만 안에 건설토록 하겠습니다(注: 진해만 입구에 위치하는 옥포조선소 및 진해만 안에 있는 삼성조선소).

전자병기는 구미공업기지에서 생산하게 됩니다. 기존 공장도 (구미)공업기지로 이전시키며, 신설되는 전자병기 공장은 (구미)공업기지 외에는 건설하지 못하도록 하겠습니다.

끝으로 기계공업 쪽입니다. 방위산업의 근간은 기계공업입니다. 그런데 우리나라의 기계공업은 아직 유치원 단계입니다. 이번 기회에 국제적 기계공업으로 키워 나가겠습니다. 어떠한 기계제품도 만들 수 있는 기계공업, 즉 정밀기계 제품부터 초대형 제품까지 못 만드는 것이 없는 기계공업으로 만들겠습니다. 이런 기계공장들을 한 곳에 모아서 창원에다 건설하겠습니다.

저는 일본 용역회사에 부탁해서 일본에서 제일 큰 기계공장의 규모를 알아 달라고 했습니다. 2~3일 전에 들어온 보고는 일본의 제일 큰 기계공장은 히타치라고 합니다. 히타치는 전기제품부터 기계 일체를 생산하고 있습니다. 발전소도 만들고 있고 군함에 쓸 대형 엔진도 제작하고 있습니다. 기차와 병기도 만들고 있습니다. 못 만드는 기계가 없습니다. 소위 종합기계 메이커입니다. 지금 중화학공장을 추진하면서 우리나라는 히타치 기계공장과 똑같은 규모의 공장을 한 세트만이라도 설치하고자 하는 것입니다. 창원공업기지에 모아서 건설코자 합니다.

각하! 창원기계공업기지가 완성되면 각종 대구경 포에서부터 탱크·장갑차가 생산되고, 항공기용 제트 엔진에서부터 군함에 쓸 대형 엔진까지도 모두 생산 가능합니다. 방위산업의 기초 소재가 되는 특수강 공장도 최신 공장을 건설하겠습니다. 民需用(민수용)으로는 각종 기계뿐 아니라 산업용 기계 및 장치, 선박 또는 자동차 부품, 객차, 기관차, 선박용 초대형 엔진 등이 나오게 됩니다. 화학공장 등 각 플랜트도 생산됩니다. 과거에는 완전히 수입에 의존하던 발전소도 제작할 수 있게 될 것입니다. 계획만 잘 짜면 병기나 민수품이 동일한 기계공장에서 생산이 가능합니다. 바로 창원에 이러한 시설을 갖추고자 합니다.

각하, 중화학공업 육성이나 방위산업 육성이나 똑같은 하나의 사업입니다. 병기란 중화학공업에서 나오는 제품입니다. 중화학공장은, 평화시에는 산업기계를 만드는 곳이고 비상시에는 병기가 나오는 곳입니다.

후진국에서는 중화학공업이 발달되어 있지 않았기 때문에 외국에서 병기를 사게 되는 것입니다. 그렇다고 후진국이 중화학공업을 육성할 수 없습니다. 돈과 기술이 없다는 것도 문제지만 가장 큰 애로점은 수요가 없다는 것입니다.

그런데 지금 우리나라에서는 수요가 생겨난 것입니다. 산업기계 쪽에서도 수요가 생겨났고, 방위산업 쪽에서 수요가 나왔습니다. 이 좋은 기회를 놓치면 언제 또 이런 기회가 올지 모르겠습니다. 지금 중화학공업과 방위산업은 상부상조하는 역사적인 절호의 기회입니다.

후진국에서 중화학공업, 특히 기계공업을 육성 못 하는 또 하나의 이유가 기술부족입니다. 성능이 나쁜 기계는 국내에서건 해외에서건 사주는 사람이 없습니다. 더욱이 병기라는 것은 성능을 발휘하지 못하는 한, 쓸모가 없습니다. 그런데 우리나라에서는 미군 병기와 성능이 똑같은 병기를 생산할 수 있는 기술개발을 끝낸 단계입니다.

고도의 병기도 국산화할 수 있다는 자신이 생겼습니다. 국제수준의 병기를 만든다는 것은, 우리나라 기계공업의 수준을 국제수준까지 일시에 향상시킬 수 있다는 가능성을 말해 줍니다. 고쳐 말하면 방위산업을 육성함으로써 기계공업의 수준이 향상되어 산업기계의 수출까지 가능해진다는 뜻입니다. 一石二鳥입니다. 검사제도를 확립시키는 것도 똑같습니다. 병기생산을 할 때의 검사방법을 그대로 쓰면, 산업기계도 품질을 보장할 수 있게 됩니다. 기능공이나 기술자의 자질향상도 정밀병기를 만들어 봄으로써 가능하다고 보입니다.

공업의 지방분산 문제도 방위산업을 육성할 때 해결하는 것이 좋겠습니다. 서울이나 수도권에 있는 어느 기업체가, 만사가 불편한 시골구석에 가겠다고 나서겠습니까? 그러나 방위산업을 하고자 하는 기업에 대해, 정부에서 적극적으로 지원해 주면서 방위산업의 보안 때문에 창원으로 가라고 권하면, 그때 비로소 가능하다고 보입니다. 즉 공업의 지방분산과 방위산업의 안보문제가 동시에 이루어질 수 있습니다.

중화학공업 육성은 만일 지금 안 한다 해도, 어느 때인가 꼭 해야 되는 사업입니다. 방위산업도 똑같은 입장입니다. 그렇다면 중화학공업과 방위산업을 따로 분리해서 육성하는 것보다는 이 두 사업을 같은 울타리 안에서 생각해서, 즉 한 시스템으로 생각해서 추진하는 것이 합리적이고 경제적입니다. 우리나라의 現 실정으로 보아서는 방위산업 쪽을 前面(전면)에 내세우고 기계공업을 육성해야 출발이 용이하다고 판단됩니다. 이런 의미에선 안보문제가 초긴장에 이르고 있는 최근의 사태가 중화학공업을 육성하는 절호의 기회라고 생각됩니다.

병기생산 쪽에서만 생각해도 세계 최신기계를 설치한 현대식 새 공장에서 대포나 탱크가 쏟아져 나온다면, 국군병사도 그 성능을 믿어 주고 사기가 충천할 것입니다. 어두컴컴한 하코방 공장에서 정밀병기가 나오는 장면이 신문에 공표된다면, 병사들의 사기뿐 아니라 국민들도 실망할 것입니다. 이런 의미에서 중화학공장의 웅장한 모습들은 국민의 사기 진작에도 큰 역할을 할 것으로 기대됩니다.

국민들은 우리나라가 총 한 자루도 못 만드는 데 비해, 북한은 개인 화기는 물론 대포·탱크·잠수함까지 만들어 쓰고 있다고 알고 있습니다. 이번 중화학공업 건설로써, 우리나라의 병기생산 능력을 북한이 감히 따라오지 못하는 수준으로 끌어올리고자 합니다. 아울러 미국을 위시한 우방국에도 우리나라의 국력을 과시하겠다는 계획입니다."

吳 수석은 여기까지 설명하고 말을 끊었다. 朴 대통령을 보니 만족해하는 듯했다. 朴 대통령은 빙그레 웃으며 "吳 수석! 커피나 한 잔씩 들고 계속하지"라고 했다. 브리핑 시간은 벌써 두 시간을 훨씬 넘어섰다. 장관들이 더 급했던 모양이었다. 생리작용도 필요했고 담배 생각도 났을 것이며, 더구나 딱딱한 소형 의자에 앉아서 두 시간이나 브리핑을 듣자니 피로했을 것이다. 한쪽에서는 직원들이 커피를 준비하느라 비상이 걸렸다.

장관들은 방에서 나와 화장실에도 가고 담배도 피웠다. 신선한 공기를 마신 후 다시 방으로 들어오면서 어디서 구했는지 재떨이를 갖고 왔다. 커피를 마신 후 브리핑은 다시 시작되었다. 吳 수석은 이미 브리핑의 클라이맥스를 넘은지라 여유가 생겼다. 브리핑의 내용은 중화학공업 6개 업종에 대한 세부육성 계획이었다. 그는 요점만 설명하였다.

겨울철이라 해는 이미 기울기 시작했다. 브리핑이 네 시간 가까이 걸린 셈이었다. 그는 브리핑 자료의 마지막 장을 들추었다. 여기에는 큰 글씨로 '감사합니다' 라는 다섯 자만 써 있었다. 吳 수석은 오른쪽 손에 브리핑 棒(봉)을 수직으로 든 정자세로 "이상으로 브리핑을 마치겠습니다"라고 했다. 이 순간 장내는 일시에 조용해졌다.

朴 대통령 차례가 된 것이다. 朴 대통령은 소파에 기댔던 몸을 일으켜 꼿꼿이 세우고는 양손을 무릎 위에 올려놓았다.

"吳 수석, 돈이 얼마나 들지?"

온화한 표정의 조용한 말투였다.

"내·외자 합쳐 약 100억 달러입니다."

朴 대통령은 고개를 한 번 천천히 상하로 움직이더니, 먼 산을 바라보

듯 시선을 위로 옮겼다.

"南 재무! 돈을 낼 수 있소?"

朴 대통령은 바로 뒷줄에 있던 南悳祐 재무장관을 돌아보지도 않은 채 질문을 했다. 朴 대통령의 이 뜻은 "돈을 마련해 보라"는 지시와 같은 내용이다.

南 장관은 "액수가 커서…"라며 말을 잇지 못했다. 朴 대통령은 엄숙하나 조용한 말투로 "내가 전쟁을 하자는 것도 아니지 않느냐"하고는 말을 끊었다가 천천히 입을 뗐다.

"일본은 국가의 운명을 걸고 전쟁을 일으켰는데도 국민들은 기꺼이 따라주었다."

朴 대통령은 말을 또 끊고 잠시 후 이렇게 말했다.

"태평양전쟁 때 패전을 해서 국민들에게 엄청난 피해를 주었지만."

朴 대통령은 여기서 또 말을 끊은 후 "이 정도의 사업에 협조를 안 해주어서야 되나"라고 말했다. 朴 대통령은 金鍾泌 국무총리를 향해 일방적으로 통고하듯이 단호하게 말했다.

"총리! 총리를 위원장으로 하는 중화학공업추진위원회를 구성토록 하시오. 그리고 중화학공업을 육성하는 데 필요한 외자도입 조치를 하시오."

이것으로 역사적인 회의는 끝났다. 이날 朴 대통령의 결심에 의해 1972년 10월 17일의 유신 쿠데타의 목표와 意義(의의)는 중화학공업 건설로 설정된 셈이다. 이날 朴 대통령은 유신조치로써 국력을 조직화하고 능률을 극대화하여 중화학공업을 건설한다는 것을 국가목표로 분명히 설정했다. 5·16 군사쿠데타가 근대화 혁명을 목표로 하여 성공시킴으로써 '5·16 군사혁명'이란 호칭을 받아도 손색없게 되었다면, 10·17 유신 쿠데타는 중화학공업 혁명을 이룩했으나 아직 쿠데타 대접을 받고 있다.

중화학공업 건설의 참모장 역할을 했던 吳源哲 씨의 주장을 소개한다.

〈중화학공업 건설의 중간 목표는 100억 달러 수출, 1인당 1,000달러 국민소득을 1980년대 초에 이룩함으로써 국력 면에서 북한을 압도, 북한으로부터의 위협에 대처하자는 것이었다. 10월 유신은 대통령 간선제 등 체제개혁이었고, 중화학공업은 10월 유신의 혁명과업이었다. 정치적 개혁에만 치중하여 유신 시기를 평가하면 안 된다. 10월 유신이 중화학공업 건설을 만들어 낸 정치적 기반조성이었다는 점을 간과하면 역사를 온전하게 보는 것이 아니다〉

유신독재기로 불리는 1972~1979년의 시기는 중화학공업 건설기와 겹쳐 있다. 이때 건설한 조선·전자·기계·제철·자동차·석유화학·원자력 등 중화학공업이 그 뒤 한국을 세계 10대 경제대국으로 밀어올렸다. 동시에 1970년대 중반에 가서부터는 北韓을 경제적으로 완전히 압도하게 되었고, 年間(연간) 군사비 지출에서도 남한이 앞서게 된다. 1980년대의 민주화도 중화학공업이 뒷받침된 경제성장이 없었다면 불가능했을 것이다. 1980년대 10년간 한국은 중화학공업의 가동으로 年평균 10.5%의 경제성장을 이룩했다. 이는 세계 200여 개국 중 1등이었다.

지금 세계 최고 수준의 기술집약적인 핵심산업을 이렇게 세트로 가지고 있는 나라는 미국·일본·독일·한국 정도이다. 한국이 자유통일을 넘어 선진국, 그것도 영국·프랑스 수준의 선진 강대국으로 나아갈 수 있게 하는 산업기반 건설이, 1973년 1월 31일의 吳源哲 수석 보고와 朴 대통령의 결심에서 비롯되었다고 보아도 큰 과장은 아닐 듯하다.

　문제는 중화학공업 건설에 치명적이 될 만한 사건이 이로부터 9개월 뒤 일어난다는 점이다. 4차 중동전쟁으로 석유값이 4개월 사이 네 배로 뛴다. 朴 대통령은 이때도 중화학공업 건설의 결심을 포기하거나 근본적 수정을 하지 않았다. 그는 "지휘관은 한 번 결정하면 불리해도 밀고 나가는 것이 장기적으로는 유리하다"는 행동원칙을 견지했다. 버티기로 들어간 朴 대통령에게 찾아온 活路(활로)가 중동건설 시장 진출이었다.

金龍煥의 등장

　朴 대통령식 국정운영의 핵심은 큰일을 할 수 있는 시스템을 만들고, 추진력과 일을 야무지게 매듭짓는 능력의 소유자를 찾아서 適所(적소)에 배치한 뒤 전폭적으로 부하들을 밀어주되 일의 진행과정을 정기적으로 점검 확인한 점이다. 朴 대통령은 軍 지휘관 시절부터 "지시는 5%, 확인이 95%이다"는 말을 할 만큼 중간 점검을 중시했다.

　〈대통령은 직·간접적인 검증을 거친 후에야 행정부에 인재를 등용했다. 정치인이나 軍 출신자들을 입각시킬 경우에도 일단 공기업, 또는 관련 연구기관, 정치권 등에서 행정경험을 쌓는 과정을 눈여겨보면서 능력과 적성을 평가한 후, 즉 어느 정도 검증 절차를 거친 후 중용하곤 하였다〉(金龍煥 당시 재무장관 회고록《임자, 자네가 사령관 아닌가》)

　吳源哲 제2경제수석이 기획한 중화학·방위산업 동시건설안을 실천에 옮기기로 결심한 朴 대통령은 1973년 5월 金龍煥 재무차관을 대통령

특별보좌관으로 임명하여 중화학공업 건설의 정책적 뒷받침을 지시했다. 金 보좌관은 총리를 위원장으로 하는 중화학공업추진위원회의 기획단장도 겸임했다. 金龍煥 씨는 金正濂 비서실장 보좌관으로 일하던 그 전해에 '8·3 사채동결 조치'의 비밀 계획을 전담하여 성공시킴으로써 대통령의 인정을 받고 있었다.

朴 대통령은 8·3 조치 발표 6일 전에 金龍煥 씨를 불러 "발표와 함께 임자를 재무부 차관으로 발령을 낼 테니 사채동결 정책을 반드시 성공시켜 우리 경제를 살리도록 하라"고 말했다. 당시 재무장관 南悳祐 씨도 金 차관에게 8·3 조치의 집행을 일임하였다. 朴 대통령은 국가 중대사에 대해서는 그 분야에 대해서 가장 잘 아는 사람을 앉혀 일을 할 수 있도록 해주었다.

朴 대통령은 방위산업을 '민간 주도-정부 뒷받침'의 시스템으로 추진하기로 결정했다. 많은 나라에서는 무기생산을 국방예산과 직결된 공기업 형태의 국가 주도로 하는 경우가 많았다. 국방부는 국가 주도형 방위산업 건설을, 청와대와 경제부처는 민간 주도를 주장했는데, 朴 대통령은 민간 주도 쪽에 손을 들어 주었다.

朴 대통령은 "방위산업은 중화학공업과 연계되어 있는데, 무기생산만 전담하는 공기업형으로 육성했다가 수요가 포화상태에 이르면 기업의 채산성이 악화될 수 있다. 따라서 민간기업이 무기와 일반상품을 함께 생산하도록 해놓아야 불황에 따른 피해를 줄일 수 있다. 정부는 이 업체들을 뒷받침해야 한다"는 쪽으로 입장을 정리한 것이다.

중화학공업기획단장이 된 金龍煥 씨는 경제기획원 물가국장 徐錫俊 씨(나중에 경제부총리, 아웅산 테러로 사망)를 부단장으로 데리고 왔다.

金龍煥 팀은 첫 작품으로서 '중화학공업육성계획'을 내놓았다.

이 보고서는 1980년대를 복지사회·고도산업사회로 만들기 위해서는 중화학공업화에 따른 공업구조의 고도화 없이는 불가능하다고 지적했다. 朴 대통령은 1973년 8월에 金龍煥 특별보좌관을 경제제1수석으로 승진시켰다. 金 수석은 화공 엔지니어 출신인 吳源哲 경제제2수석(중화학공업기획단장 겸임)을 도와 중화학공업化의 자금동원과 산업기지 건설을 해냈다.

중화학공업단지의 건설은 산업기지개발공사를 설립하여 하기로 했다. 수자원개발공사 사장으로서 뛰어난 추진력이 검증된 安京模 씨가 산업기지개발공사 사장으로 임명되었다. 1974년 4월 1일부터 1979년 12월 14일까지 창원·여천·온산·안정·구미·포항·북평·아산의 8개 산업기지가 만들어졌다.

중화학공업 건설에는 자금이 많이 들고 투자회수에도 시간이 많이 걸린다. 국내 저축률이 25% 이상 되어야 추진할 수 있는 대사업이었다. 당시 국내 저축률은 15% 정도였다. 吳 수석의 비교법에 따르면 수출이 연간 18억 달러 하던 때 중화학공업 건설에 100억 달러를 넣어야 한다는 것은 지금 기준으로는 7,000억 달러를 조달하는 것과 같은 자원 집중이었다. 金龍煥 경제제1수석은 중화학공업 자원확보를 위해 국민투자기금을 만들기로 했다. 1973년 12월 14일에 국민투자기금법이 제정되었다.

이 기금의 대부분은 국민투자채권을 금융기관이 매입하는 방법으로 출연했다. 기금설립 초기엔 은행의 경우 예금증가액의 10~39%, 보험회사의 경우 수입보험료의 40~50%, 공공기금의 경우 여유자금의 약 90%를 이 기금에 출연했다. 시중은행의 예금까지 국민투자기금에 편입

시킴으로써 1978년 무렵부터 중화학공업 중복투자 및 과잉투자의 부담이 금융부문에 전가되자 제5공화국 출범 직후 중화학투자 조정이 이뤄지게 되었다.

중화학공업 건설의 사령관인 朴 대통령은 기술에 밝고 창조적 발상을 많이 하는 吳源哲 경제제2수석을 참모장으로 쓰되, 재정에 밝고 꼼꼼한 金龍煥 경제제1수석을 통해서 보완과 견제를 해가면서 그의 마지막 대도박을 밀고 나간다. 吳·金 두 수석 다 패기만만한 40代였다.

朴正熙 대통령은 현장시찰을 아주 입체적으로 했다. 육로로, 해로로, 그리고 하늘에서 국토의 변화와 개발을 확인했다. 포병 장교 시절부터 지도 읽기에 도통했고, 사물을 시각적으로 인식하고 상상하는 능력이 탁월했던 그는 현장 시찰 도중 "이제는 내가 그린 그림을 보는 것 같아"라는 말을 하기도 했다. 1973년 6월 1~2일의 朴 대통령 영동지방 시찰 길을 따라 가보자.

朴 대통령은 6월 1일 오전 11시 청와대 헬기장에서 강릉으로 출발했다. 대관령 상공이 짙은 안개로 뒤덮여 헬기가 뜰 수 없게 되자 평창군의 하진부리에 착륙했다. 朴 대통령은 민간용 코로나 승용차를 수배하여 대관령 고개를 넘었다. 그는 대관령 국민학교 앞에 차를 멈추게 하더니 마구잡이로 파헤쳐진 산줄기를 가리키면서 항공사진을 찍어 두고 山地(산지) 개간을 단속하라고 지시했다. 오후 2시 20분에 강릉 비치호텔에 도착한 朴 대통령 일행은 늦은 점심을 먹었다.

다음날(6월 2일) 朴 대통령 일행은 승용차편으로 강릉을 출발하여 묵호에 도착했다. 묵호항 확장계획을 보고받은 그는 다시 북평의 쌍용시멘트 공장을 찾았다. 이 공장에서 점심을 먹던 朴 대통령은 우리나라의 환경정책에 영향을 줄 중대 발언을 했다.

陳鳳鉉 쌍용 사장이 "공장 주변의 주민들이 공해를 걱정한다"고 하자 朴 대통령은 이렇게 말했다.

"일본의 어느 학자는 '공해문제를 너무 걱정하면 공업발전은 불가능하다'고 말했어요. 이 정도를 가지고서는 아직 공해라고 할 것까지는 없을 것 같으니 지나친 신경을 쓰지 않는 것이 좋겠어요."

朴 대통령은 오후에 다시 헬기를 타고 속초지역을 시찰한 뒤 경포대 헬기장에 착륙했다.

6월 11일 경제기획원이 주관한 월간경제동향보고에서 관례대로 새마을운동 성공사례 발표가 있었다. 朴 대통령은 충북 괴산군에서 온 朴周植 새마을지도자와 함께 점심을 먹다가 "마을 사람들이 함께 일을 끝내놓고 점심을 같이 드는 기분이 어떻더냐"고 묻기도 했다.

朴 씨가 "옆마을에서 먼저 새마을운동을 벌여 달라지는 것을 보고, 이러면 안 된다는 생각이 들어 우리 마을도 시작하게 되었다"고 말했다. 이 이야기를 듣던 朴 대통령은 옆자리에 있던 金玄玉 내무장관에게 지시했다.

"金 장관, 朴 지도자 말을 잘 들었지요. 우수부락 우선지원의 원칙은 절대 수정하지 말고 밀고 나가야 합니다."

이즈음 전국적으로 불붙기 시작한 새마을운동에서 朴 대통령이 중시한 것은 지도자 양성 교육이었다. 1971년 말에 朴 대통령은 농림부 장관에게 새마을 교육의 지침을 내렸다.

"1년에 3만 5,000명의 지도자를 양성하겠다는 식의 조잡한 계획만으로는 효과가 없을 것이다. 농촌개발에 평생을 바치겠다는 사람들을 잘

선발하여 한 번에 20~30명이라도 좋으니 2~3주 동안 오직 정신계발에만 치중하는 교육계획을 세워 보라. 그와 같은 교육 분위기는 마치 참선하는 것과 같아야 할 것이다."

농림부는 새마을지도자 교육을 담당할 강사진의 명단을 朴 대통령에게 올렸다. 종교인들과 저명인사들이 많았다. 강사진의 명단을 훑어보던 朴 대통령은 직접 종교인과 저명인사들의 이름을 지웠다.

"새마을운동 성공사례를 발굴하여 새마을지도자로 하여금 발표하게 하고 그에 관한 토론을 하게 하는 것이 더 효과가 있을 거요."

朴 대통령은 지식인의 공허한 관념론보다는 새마을운동 현장의 경험에서 배울 것이 더 많다고 판단한 것이다.

農協대학 교수로 있던 金準(김준) 씨가 새마을지도자 연수원의 원장으로 발탁되었다. 1972년 1월부터 시작된 새마을 교육은 1973년부터는 수원의 농민회관을 교육장으로 빌려 쓰게 되었다. 朴 대통령은 새마을 교육을 위해서 법을 새로 만들거나 건물을 짓지 않고, 있는 건물과 인력을 이용하게 했다. 朴 대통령이 지시한 성공사례 발표와 이에 대한 분임토의는 가장 선진된 실무교육이었다. 분임토의의 주제를 보면 '어떻게 하면 주민들을 새마을운동에 참여시킬 것인가' 가 압도적으로 많다.

새마을운동에 소극적인 사람들은 너무 가난한 사람들과 부자, 그리고 노년층과 나이 어린 사람들이었다. 참여도가 높은 쪽은 마을에서 계속 살아야 하는 중년층이었다. 새마을운동은 많은 여성지도자들을 배출했다. 인습의 굴레를 벗어난 여성들의 열정적인 참여가 새마을운동을 순 국민운동으로 확산시켰다.

고위공무원들과 사회지도층 인사들도 새마을 교육을 받게 되었고 농

촌 새마을운동이 도시·공장 새마을운동으로 번져 나갔다. 이런 확산은
朴 대통령이 나서서 마을마다 경쟁을 붙이고 교육으로써 지도자群을 양
성하는 데 성공했으며, 여성들의 참여를 불러냈기 때문이었다.

浦鐵 준공식

1973년 7월 3일 오후 2시 포항종합제철 1기 설비종합준공식이 현장에
서 있었다. 朴 대통령이 國運을 걸고 추진하던 중화학공업 건설의 첫 물
증이 눈앞에 드러난 것이다. 朴 대통령은 국내외의 반대를 꺾어 가면서
종합제철공장 건설을 추진했다. 세계개발은행(IBRD)과 미국 국제개발
처(USAID) 등 차관을 대야 할 외국기관들이 한국의 실력으로는 종합제
철공장 건설이 어림도 없다는 평가를 하고 있었다. 朴忠勳(박충훈) 당시
경제부총리도 소극적이었다.

無望(무망)해 보이던 상황을 타개한 것은 朴 대통령의 집념과 의지였
다. 최근 발간된 《포스코35年史》는 1969년 5월 22일의 朴 대통령 지시
를 '자주적 103만 톤 사업계획수립' 지시라고 표현했다. 이날 朴 대통령
은 朴 경제부총리, 金正濂 상공부 장관, 朴泰俊 포철 사장 등에게 "세계
개발은행에만 의존하지 말고 자주적 판단下에서 계획을 추진하되 정부
는 이를 강력히 지원하라"고 지시했던 것이다. 규모와 경제성, 그리고
차관선에 대해서 '우리 스스로의 판단'을 해보자는 것이었다.

6월 2일 朴 대통령은 미온적이던 朴 부총리를 경질하고 대통령 경제
수석비서관 金鶴烈(김학렬) 씨를 부총리로 임명했다.

우리가 주체가 된 계획을 짜보자고 하니 규모도 외국기관에서 타당하

다고 생각했던 粗鋼(조강) 年産(연산) 60만 톤의 거의 두 배인 103만톤으로 늘었고, 그것도 200만 톤으로 즉시 증설한다는 계획이 나왔다. 차관선도 歐美 루트를 포기하고 對日청구권 자금에서 조달하기로 계획하고 일본 정부를 설득하기 시작했다. 일본통인 朴泰俊 회장은 일본의 政·財界(정·재계) 사람들을 만나 청구권 자금을 쓸 수 있도록 호소하고 철강 3社로부터는 기술제공에 협력한다는 각서를 받아내는 등 포철 건설의 主役(주역)이 되었다.

1970년 4월 1일부터 외자 711억 원(1억 7,800만 달러), 내자 493억 원 합계 1,204억 원을 투자하여 건설한 103만 톤짜리 포철 준공식 치사에서 朴 대통령은 1980년대를 향한 비전을 구체적으로 제시했다.

"이 공장은 금년부터 계속해서 260만 톤으로 확장 공사를 하고, 또 계속해서 1979년 말까지는 700만 톤 규모까지 확장할 계획을 지금 추진하고 있습니다.

또한, 정부는 1980년대에 가면 우리나라의 철강 수요가 국내만 하더라도 약 1200만 톤 내지 1300만 톤을 넘을 것이라는 추정下에 포항종합제철의 1차, 2차 확장 공사와는 별도로 이와 병행하여 年産 약 1000만 톤 규모의 제2종합제철공장 건설을 지금 추진 중에 있습니다.

100억 달러 수출을 할 때가 되면 총수출량에 있어서 중화학 분야의 제품이 차지하는 비율이 전체의 약 60%를 넘게 될 것입니다. 100억 달러 수출에서 약 60억 달러 이상은 중화학 분야의 제품이 나가야 된다는 뜻입니다."

여기서 눈여겨볼 부분은 朴 대통령의 예측이 수학적으로 적중했다는 점이다. 포항제철은 1978년 12월 8일 제3기 증설로 年産 550만 톤 규모를 갖추었다. 이어서 1981년 2월 18일엔 제4기 증설로 850만 톤 규모로 커졌다. 朴 대통령이 예언했던 대로 全斗煥 정부는 1980년대에 광양제철소 건설을 추진하여 1990년대에는 年産 2000만 톤 생산체제를 구축하는 것이다. 朴 대통령의 위대성은 불가능하게 보이는 비전을 제시하고 이를 실천시킨 점이다.

'포철 神話(신화)'의 연출자는 朴正熙, 주연배우는 朴泰俊이었다.

1969년 12월 포항종합제철 공사현장에서 朴泰俊 사장은 황량한 모래벌판에 사원들을 모아 놓고 이렇게 외쳤다.

"우리 조상의 혈세로 짓는 제철소입니다. 실패하면 조상에게 죄를 짓는 것이니, 목숨 걸고 일해야 합니다. 실패란 있을 수 없습니다. 실패하면 우리 모두 '우향우' 해서 영일만 바다에 빠져 죽어야 합니다. 기필코 제철소를 성공시켜 나라와 조상의 은혜에 보답합시다."(이대환 지음, 현암사 발간 《박태준》에서 인용)

朴泰俊 사장은 포철을 지을 때부터 정치적 압력이나 관료적 행정처리, 그리고 인사청탁을 배제해야 한다는 결심을 했다. 그는 우선 일본에서 설비를 구매할 때 포철이 공급업자의 선정 주체가 되지 못하고 정부기관을 통해서 해야 하는 것을 시정해야겠다고 별렀다. 문제는 朴 대통령에게 直訴(직소)할 수 있는 기회를 잡는 일이었다.

1970년 2월 3일 朴 대통령이 포철의 공사진척 상황을 보고받고 싶어한다고 비서실에서 朴 사장에게 연락이 왔다.

위에 인용한 책에 따르면 朴 사장이 대통령 집무실에서 브리핑을 하려고 하니 朴 대통령은 배석 비서관들에게 나가 있으라고 했다고 한다. 이윽고 朴 대통령이 말했다.

"완벽주의자인 임자가 알아서 잘하고 있을 텐데, 보고는 무슨 보고. 그래 일은 순조롭게 되어 가나?"

"구매절차에 문제가 있습니다."

"어떤 건가?"

朴 대통령은 설비구매 과정에서 포철이 당면한 어려움과 시정건의를 朴 사장으로부터 다 듣더니 이렇게 말했다.

"지금 건의한 내용을 여기에 간략히 적어 봐."

朴 사장이 메모지에 쓴 것을 읽어본 朴 대통령은 메모지의 상단 좌측 모서리에 친필서명을 한 뒤 도로 내밀었다.

"내 생각에 임자에게는 이게 필요할 것 같아. 어려울 때마다 나를 만나러 오기 거북할 것 같아서 아예 서명해 주는 거야. 고생이 많을 텐데 소신대로 밀고 나가게."

포철 역사에서 '종이마패'로 불리는 이 메모지를 朴 사장은 한 번도 써먹지는 않았다고 한다. 朴 대통령의 전폭적인 지원이 등뒤에 있다는 확신이 朴 사장으로 하여금 포철을 정치와 행정의 견제나 간여로부터 지켜갈 수 있게 했을 것이다. 金正濂·비서실장에 따르면 朴 대통령은 공기업 사장 중 朴泰俊 사장만 청와대에서 獨對했다고 한다.

朴 대통령은 어떤 면에선 기업인들의 조련사이기도 했다. 鄭周永 같은 야성의 인물도 朴 대통령 앞에서는 유순해졌다. 朴 대통령의 私心 없는 독려가 기업인들을 마음에서부터 움직였다.

鄭周永 현대그룹 회장에게 조선업을 권유했던 이는 金鶴烈 당시 경제 부총리였다. 鄭 회장은 조선소 건설을 위한 차관을 도입하기 위하여 일본·미국을 돌아다녔다. 鄭 회장은 자신의 회고록에서 '정신 나간 사람'

대접을 받았다고 했다. 鄭 회장은 金 부총리를 찾아가서 "아무리 노력해도 안 된다. 기권할 수밖에 없다"고 말했다.

金 부총리는 난감한 표정을 지었다. 朴正熙 대통령은 다른 사람이면 몰라도 鄭周永 회장이 나서서 하겠다고 했으니 조선소가 꼭 되는 줄 알고 기다리고 있다는 것이었다. 金 부총리는 "이제 와서 못 하겠다는 보고를 올릴 수 없으니 함께 들어가서 직접 대통령한테 말하라"고 했다. 며칠 후 金 부총리, 鄭 회장, 朴 대통령이 한 자리에 앉았다. 鄭 회장이 말했다.

"그동안 여기저기 쫓아다녀 봤지만 일본도 미국도 아예 상대를 안 해줍니다. '아직 초보적인 기술단계에 있는 너희가 무슨 조선이며 몇십만 톤이냐'는 식이니 도저히 안 되겠습니다."

朴 대통령이 역정을 냈다.

"金 부총리, 앞으로는 鄭 회장이 어떤 사업을 한다고 해도 전부 거절하시오. 정부가 상대도 하지 말란 말이오."

그러고는 입을 꽉 다물고 아무 말을 하지 않고 앉아 있는 것이었다. 그렇게 무거운 침묵이 흘렀다. 이윽고 朴 대통령이 담배 한 대를 피워 물고 鄭 회장한테도 권했다. 鄭 회장은 원래 담배를 피우지 않았는데 거절할 입장이 아니라 朴 대통령이 불을 붙여 준 담배를 뻐끔뻐끔 피울 수밖에 없었다. 朴 대통령이 입을 열었다.

"한 나라의 대통령과 경제부총리가 적극 지원하겠다는데, 그래, 그거 하나 못 하겠다고 鄭 회장이 여기서 체념하고 포기해요? 처음에 하겠다고 할 때는 일이 쉽다고 생각했어요? 어려운 것 알았을 거 아뇨? 그러면서도 나선 거면 무슨 일이 있어도, 어떻게 하든 해내야지. 그저 한 번 해

보고는 안 되니까 못 하겠다, 그러는 게 있을 수 있소?"

鄭 회장은 할 말이 없었다.

"이건 꼭 해야만 하오. 鄭 회장! 일본·미국으로 다녔다니, 그럼 이번에는 구라파로 나가 찾아봐요. 무슨 일이 있어도 이건 꼭 해야 하는 일이니까 빨리 구라파로 뛰어가요."

"알겠습니다. 그러면 다시 한 번 열심히 뛰어보겠습니다."

(《이 땅에 태어나서–나의 살아온 이야기》 中에서)

정보부 공작선 용금號, 출항하다

중앙정보부(이하 中情) 공작선 '龍金號(용금호)'는 全長(전장) 52m에 536톤의 1000마력짜리 배였다. 1944년 미국에서 제작되어 제2차 세계 대전 때는 戰時(전시)물자 수송선으로 사용되었다. 中情은 이 배를 1972년 5월 22일 부산지방해운항만청에 화물선으로 등록하였다. 소유자는 '정운길'로 되어 있다. 정운길은 용금호를 관리하던 두 中情 요원 중 한 사람으로서 선원들의 증언에 의하면 소령이었다고 한다.

1973년 7월 24일 용금호는 부산 4부두에서 출항했다. 中情 요원이 출항 직전에 선장·항해사·기관장·통신장·操機長을 불러 모았다. 갑판장 이점조 씨에 따르면 中情 요원은 "우리가 金大中 씨를 납치하러 간다"고 말해 주더란 것이다. 中情은 용금호가 출항하기 직전에 선원 두 명을 교체했다. 새로 들어온 사람은 선원이 아니라 특수요원이었다. 용금호는 7월 26일 시고쿠(四國)의 북쪽 다카마쓰 항에 도착했다. 여기서 화물을 부린 배는 7월 29일 오사카 외항에 도착했다.

용금호의 갑판원 林益春 씨에 따르면 中情 요원이 그에게 "혹시 당수나 쿵푸를 한 적이 있느냐"고 물었다고 한다. 金大中 씨를 납치하기 위해 용금호에서 내린 사람은 두 요원과 선장·조기장·기관부원 등 다섯 명이라고 한다.

8월 8일 오전 金大中 씨는 도쿄 팔레스 호텔에 묵고 있던 통일당 당수 梁一東과 金敬仁 의원을 2212호실로 찾아가서 점심을 함께 했다. 낮 12시 50분쯤 金大中 씨가 방에서 나와 엘리베이터 쪽으로 갈 때 옆방에서 뛰쳐나온 中情 요원들이 그를 끌고 2210호실로 들어갔다. 괴한들은 金 씨를 침대에 눕히고 눈과 입을 막은 뒤 마취약을 묻힌 손수건을 金 씨의 코에 들이댔다. 金 씨를 전송하기 위해 나왔던 金敬仁 의원은 다른 괴한 두 명에 의해 梁의원이 있던 방으로 끌려 들어갔다. 나중에 일본 경찰은 이 방에서 駐日 한국대사관 소속 1등 서기관 金東雲 씨의 지문을 채취했다.

괴한 두 명은 기절한 金大中 씨를 부축하여 엘리베이터를 타고 지하주차장으로 내려가서 기다리고 있던 요코하마 주재 한국총영사관의 副영사 차에 실었다. 차는 오사카로 달리기 시작했다. 납치자들은 도중에 中情이 운영하던 安家(안가)로 金大中 씨를 데리고 들어가 손과 발을 묶고 얼굴은 코만 남기고 테이프로 감쌌다.

다음날 저녁 무렵 납치자들은 金 씨를 모터보트에 태워 오사카 외항에 있던 용금호로 데리고 왔다. 납치범들은 金 씨를 갑판 밑 닻줄을 넣어 두는 좁은 공간에 구겨 넣었다.

용금호가 오사카 항을 출항하기 전 일본 관리들이 올라와 선원수첩을 확인하고 내려갔다.

한여름이라 맨발로 갑판 위를 걸을 수 없을 정도의 무더운 날씨였으니 金 씨의 고통은 대단했다. 金大中 씨에게 식사를 제공했는데 그때는 손목을 묶은 줄도 풀었다. 金 씨는 식사를 갖고 온 선원에게 "지금 이 배가 어디로 가고 있나. 내가 남한테 잘못한 일이 없는데"라고 말했다. 金 씨는 식사는 하지 않고 기도를 계속했다.

용금호가 현해탄을 건너 부산항으로 접근할 때 中情 요원들은 金 씨를 기관실로 옮겼다. 용금호의 선원들은 金大中 씨의 몸에 돌을 매달아 수장시키려고 했다는 설을 부정하고 있다. 구출용 비행기도 오지 않았고 조명탄도 오르지 않았다는 것이다. 배에 오를 때 金 씨의 얼굴은 얻어맞은 듯 부어 있었으나 배에 있을 때 구타는 없었다고 한다.

용금호가 8월 11일 밤 부산항에 도착할 때까지 선원들은 걱정을 많이 했다고 한다. 그들은 中情 요원들이 만약 金大中 씨를 바다에 빠뜨려 죽인다면 증거인멸을 위해 자신들도 죽임을 당할 것이라고 생각했다고 한다. 선원들은 '저 양반이 살아서 부산에 가야 우리도 살 수 있다' 고 생각하면서 신경이 매우 날카로워졌다는 것이다.

1973년 8월 8일 朴 대통령은 오전에 鄭韶永 신임 농수산부 장관에게 임명장을 주었다. 金鍾泌 총리, 金正濂 실장 등이 배석했다. 朴 대통령이 점심 식사를 마치고 집무실에 들어가자마자 金正濂 비서실장이 황급히 들어왔다. 외국 통신의 영문기사를 들고 온 그는 "金大中 씨가 도쿄에서 납치되었답니다"라고 보고했다. 바로 전에 金聖鎭 공보수석이 그 외신자료를 가지고 金 실장 방에 뛰어 들어왔던 것이다.

"정말이야! 무슨 일일까?"

朴 대통령의 반응도 놀라움이었다고 한다. 金 실장이 사무실에 돌아

와 한 30분 정도 있으니 朴 대통령이 인터폰으로 "무슨 새로운 소식이 있느냐"고 물었다. 金 실장은 외국 통신의 속보를 보고했다. 朴 대통령은 집무실로 오라고 했다. 朴 대통령은 金 실장에게 "만약 金大中 납치가 사실이라면 네 가지가 상정된다"고 말했다.

"첫째, 중앙정보부의 공작일지 모른다. 둘째, 일본 우익의 소행일 가능성이 있다. 셋째, 在日 거류민단의 과잉충성이 일으킨 사건일지도 모른다. 넷째, 金大中 씨의 자작극일 가능성이다. 실장은 즉시 정보부장과 경호실장, 그리고 在日 거류민단을 관리하는 부서를 체크하여 보고하라."

대통령 집무실에서 물러난 金 실장은 李厚洛 정보부장, 朴鐘圭 경호실장, 그리고 유관 부서장들에게 전화를 걸어 관련 여부를 물었다. 朴 실장은 일본의 우익단체 사람들과 교분이 두터웠다. 朴 대통령은 그런 朴 실장이 몰래 우익인사들을 시켜 金大中 씨를 혼내 주고 있는 것이 아닌가 의심했던 것이다.

金 실장은 대통령에게 "우리 쪽에서는 아무도 관계하지 않은 것 같습니다"라고 보고했다. 朴 대통령은 "그렇다면 金大中 씨의 하부조직이 자작극을 벌이고 있는 것이 아닐까"라고 했다.

朴 대통령은 이날 신관회의실에서 週例(주례)안보회의를 소집했다. 李厚洛 정보부장도 참석했다.

다음날 朴 대통령은 신임 유엔군 사령관 스틸웰 대장을 접견하고 오후엔 정부 여당 연석회의를 주재했다. 8월 10일에는 국무회의를 주재했다. 朴 대통령은 8월 11일엔 오전 11시 15분부터 55분까지 李厚洛 정보부장으로부터 보고를 받았다. 이 자리에서 李 부장이, '지금 정보부 공작선이 金大中 씨를 납치하여 데리고 오는 중' 이란 보고를 했는지 여부는 알 수 없으나 그 뒤의 朴 대통령 행동으로 미뤄보아 그런 보고가 있었던 같지 않다.

이날은 토요일이었는데 朴 대통령은 오후 2시 30분부터 밤 10시까지 뉴코리아 골프장에서 金振晩 공화당 의원, 조선공사 사장 南宮鍊 씨와 골프를 함께 친 뒤 식사를 했다. 다음날에도 朴 대통령은 오전 11시 25분부터 밤 10시까지 뉴코리아 골프장에서 金振晩·南宮鍊 씨와 함께 골프를 쳤다.

"金大中이가 서울에 와 있대"

8월 13일 월요일 오후 3시 8분~4시 37분, 이때 李厚洛 정보부장이 집무실에서 朴 대통령에게 金大中 납치를 실토한 것으로 보인다. 李 부장은 "이미 金 씨가 한국 땅에 와 있고 오늘 밤에 귀가시킬 작정이다"라고 보고했을 것이다. 金正濂 비서실장에 따르면 朴 대통령은 이날 오후 자신을 부르더니 "金大中이가 서울에 와 있대. 놀랍고 엄청난 일이야. 조금이라도 위해가 가해져서는 안 되는데…"라고 말하더란 것이다.

한편 金鍾泌 국무총리는 이날 밤 鄭韶永 농수산부 장관과 함께 전국의 목장 실태를 살펴보고 광주에 들렀다가 金大中 씨가 괴한들에게 이끌려 집 앞까지 와서 풀려났다는 소식을 들었다.

朴 대통령은 다음날 오전 9시 30분부터 20분간 집무실에서 金大中 납치 관련 대책회의를 가졌다. 申稙秀 법무장관, 尹胄榮 문공장관, 鄭相千 내무차관, 尹錫憲 외무차관, 李厚洛 정보부장, 金正濂 비서실장이

참석했다. 이 회의는 일단 金大中 납치 수사본부를 설치하기로 결정했다. 이날 오후 4시 金鍾泌 총리가 朴 대통령을 만나기 위해 집무실에 들어가니 朴 대통령은 화가 잔뜩 나 있었다.

"임자는 몰랐어?"

"아, 제가 어떻게 압니까?"

"이후락, 이자가 그를 옆에다 갖다 놓고 나서야 나한테 이야기를 하는 거야."

다음날 朴 대통령은 오전 10시 45분부터 정오까지 申稙秀 법무장관과 李厚洛 정보부장을 불러 金大中 납치 사건 대책을 논의했다. 朴 대통령은 형식적으로 특별수사본부를 설치하고는, 일본에서의 수사 경과를 지켜보기로 했다.

朴 대통령은 한편으로 정보부의 李龍澤 국장을 불러 진상조사 특명을 내렸다.

그전에 李厚洛 정보부장은 金大中 씨와 친숙한 李龍澤 수사국장에게 金 씨를 데려오라는 임무를 준 적이 있었다.

"李厚洛 부장은 나에게 '직접 가서 설득해 동반 귀국하라'는 지시를 내렸습니다. 그러면서 李부장은, 金大中씨의 일체의 언동에 대해 불문에 부치고 적절한 시기에 정치를 재개할 수 있도록 보장해 주겠다는 조건도 제시했습니다. 그래서 갈 준비를 했습니다."

李 국장이 李姬鎬 여사에게 전화를 했더니 李 여사는 "李 국장이 가서 설득해도 그분은 귀국하지 않을 것"이라고 말했다고 한다. 마침 그 무렵 미국에 살고 있던 李 여사의 친척이 한국에 왔다. 이 친척을 통해 李 국장의 편지와 함께 李 여사도 편지를 써서 DJ에게 보냈다. 金大中 씨로

부터 '나도 이제부터 정치활동은 일절 안 하겠다. 가능하면 미국에서 공부를 하겠다' 는 답장이 왔다고 한다.

그러자 李 여사가 먼저 李 국장에게 같이 가자고 제의해 왔다. 李 여사는 "내 말은 듣지 않는데, 李 국장이 직접 가서 해외 언동에 대해서 불문에 부친다는 보장을 해주는 것이 좋겠다"고 말했다.

李 국장은 李 여사의 제의를 李 부장에게 보고했다. 그러나 李 여사에 대한 여권 발급이 자꾸 늦어졌다. 李 국장은 "당시 朴 대통령이 國法(국법)을 어긴 사람을 그냥 두면 안 된다고 반대해 李 여사가 가지 못하게 된 것"으로 추측했다.

李龍澤 씨의 증언.

"金大中 씨가 나타난 다음날일 거예요. 청와대에서 극비로 즉시 들어오라고 연락이 왔습니다. 朴 대통령은 처음에 '자네가 했나' 라고 바로 물었습니다. 아니라고 했더니, '동백림 사건 때는 어떻게 잡아왔느냐' 고 재차 물었습니다. 그때는 국내 부서에서 수사를 다해서 해외담당 차장에게 자료를 넘겼다고 말했습니다. 朴 대통령은 'KT(당시 대통령은 金大中 씨를 그렇게 불렀다) 건에 대해서 누가 했는지 자네가 한 번 조사해 봐' 라고 지시하면서 '누구한테도 보고하지 말고 은밀히 하라. 자네가 조사하고 있는 것을 알려고 하거나 압력을 넣는 사람이 있으면 즉각 보고하라' 고 말했습니다. 朴 대통령은 그런 면에서는 아주 섬세해요. 저는 그 순간, 朴 대통령이 DJ 납치에 개입하지 않았음을 알았습니다."

李 국장은 아무리 그래도 李厚洛 부장에게는 보고를 해두는 것이 좋겠다고 생각하여 궁정동의 부장 사무실로 찾아갔다. 李 부장은 이미 李 국장이 朴 대통령을 만나고 나온 사실을 알고 있는 듯했다. 그 순간 李

부장은 말을 더 더듬었고 커피를 연거푸 마시면서 담배 피우는 손을 떨었다.

李 국장은 청와대에 다녀온 것과 대통령으로부터 조사 지시를 받았다는 사실을 李 부장에게 말해 주었다.

李 국장은 단도직입적으로 물었다.

"그런데 왜 데려왔습니까?"

李 부장이 설명한 요지는 이러했다.

〈金大中 씨가 한민통을 만들어 그 의장으로 취임하면 망명정부 수반 행세를 할 것이란 정보가 들어왔다. 망명정부 수반 자격으로서 북한을 방문하여 金日成과 만나면 연방제 통일에 합의할 것이고, 북한 측은 한국 정부를 괴뢰 시하게 될 것이다. 진행 중인 남북대화도 중단될 것이다.

金大中을 평양으로 데리고 가려는 북한의 공작이 진행 중이고 金大中 씨도 주변 인물들에게 의견을 묻고 있다는 첩보가 들어왔다. 그래서 한민통 결성 대회를 하기 전에, 북한이 손을 쓰기 전에 그를 잡아온 것이다〉

이런 설명을 한 뒤 李厚洛 부장은 "장일훈 치안국장을 잘 알지요. 그쪽에서 냄새를 맡은 것 같으니 李 국장이 손을 써 신문에 나지 않도록 해줘요"라고 부탁했다. 물러난 李 국장은 장일훈 치안국장을 만나 물어보았다. 張 국장은 부산 4부두를 관할하는 경찰부서에서 정보가 올라왔다고 했다. 경찰이 오래 전부터 정보부의 공작선으로 파악하고 있었던 용금호가 며칠 전 밤에 부산 4부두에 닿았다는 것이다. 선원들이 술에 잔뜩 취한 것 같은 사람을 부축하여 내렸다. 선원들은 그 사람의 머리를 웃옷으로 덮어씌웠다. 초소 경찰관이 "저 사람이 누구냐"고 물었다.

"용금호 선원인데, 술에 취했다."

용금호 선원들은 그 사람을 데리고 앰뷸런스에 탔다. 이를 본 경찰관이 앰뷸런스의 차 번호를 적어두었다가 상부에 보고한 것이다. 李龍澤 국장이 그 번호를 받아 정보부로 돌아와 운송부서에 확인하니 정보부가 운영하는 앰뷸런스임이 밝혀졌다. 李 국장은 바로 앰뷸런스의 운전사를 불렀다.

"부산 4부두에서 태운 술취한 사람이 누구였지?"

"KT(金大中)였습니다."

"태우고 어디로 갔나."

"충청도에 있는 우리 安家로 갔습니다."

"누가 한 것 같아."

"공작단이지 누구이겠습니까."

"밖으로 절대로 이야기하지 말게."

李龍澤 국장은 H 해외공작국장을 만났다. H국장은 金大中 납치에 대해서 자랑스럽게 털어놓았다. 그 요지는 이러했다.

〈KT가 망명정부의 수반으로 취임하는 것을 막기 위해 서둘러 데려왔다. 그를 죽이라는 명령은 받은 적이 없다. 비행기가 왔기 때문에 그를 살려 주었다는 이야기는 사실이 아니다. 일본 해상보안청 비행기가 순찰 중 상공을 지나간 정도이다.

金大中 씨를 기관실에 묶어 놓았는데 갑판으로 데리고 올라온 것은 바깥 공기를 마시고 햇볕을 쪼이게 하려는 목적이었지 죽이려 한 것은 아니었다. 칼도 가지고 가지 않았다. 끈을 가지고 간 것은 그를 마취시켜 묶어서 내리려고 했던 것인데 호텔이 너무 높고 대낮이어서 엘리베

이터로 내려온 것이다〉

李 국장은 朴 대통령을 찾아가 조사결과를 보고했다. 朴 대통령은 낙
담한 모습이었다.

"李 국장, 옛날 말에 조선 망하고 大國 망한다는 말이 있는데 이 자가
나를 완전히 망칠 작정을 한 것이구먼."

"朴 대통령은 '이걸 어떻게 처리하지'라면서 걱정했어요. 진상을 그
대로 밝히면 일본에서 원상회복과 함께 국가배상을 요구할 수도 있었기
때문입니다.

제가 '각하, 일본을 잘 아는 金鍾泌 총리와 의논해 보면 어떻겠습니
까'고 건의했습니다. JP는 그해 11월 진사 사절로 일본에 가서 사과하고
돌아와 정치적 타결을 이뤄 냈습니다."

평양의 회담중단 선언

1973년 8월 28일 오후 6시 평양방송은 남북조절위원회 평양 측 金英
柱(김영주) 공동위원장 명의로 된 성명서를 발표했다. 金英柱는 이 성명
에서 중앙정보부가 金大中 납치를 주도했고, 李厚洛 정보부장이 평화통
일을 주장하는 애국적 민주인사를 체포·탄압하고 있으므로 남북회담을
계속할 수 없다고 선언했다. 북한 측 성명서를 분석해 보면 그들이 남북
회담을 일방적으로 중단시킨 것은, 朴 대통령의 그해 6·23 선언 때문
임을 알 수 있다.

朴 대통령의 6·23 선언은 한국이 북한과 함께 UN에 동시가입하고,
공산권 국가에 대해서도 문호를 개방할 용의가 있음을 선언한 것이다.

그 핵심은 아래 4개항이었다.

〈4. 우리는 긴장 완화와 국제 협조에 도움이 된다면 북한이 우리와 같이 국제기구에 참여하는 것을 반대하지 않는다.

5. 국제연합의 다수 회원국의 뜻이라면 통일에 장애가 되지 않는다는 전제下에 우리는 북한과 함께 국제연합에 가입하는 것을 반대하지 않는다. 우리는 국제연합 가입 전이라도 대한민국 대표가 참석하는 국련 총회에서의 '한국 문제' 토의에 북한 측이 같이 초청되는 것을 반대하지 않는다.

6. 대한민국은 호예 평등의 원칙下에 모든 국가에게 문호를 개방할 것이며, 우리와 이념과 체제를 달리하는 국가들도 우리에게 문호를 개방할 것을 촉진한다.

7. 대한민국의 대외 정책은 평화 선린에 그 기본을 두고 있으며, 우방들과의 기존 유대 관계는 이를 더욱 공고히 해나갈 것임을 再천명한다.

나는 이상에서 밝힌 정책 중 對북한 관계 사항은 통일이 성취될 때까지 과도적 기간 중의 잠정 조치로서, 이는 결코 우리가 북한을 국가로 인정하는 것이 아님을 분명히 하여 둡니다〉

다음날 李厚洛 부장은 내외신 기자회견을 갖고 평양 측의 대화중단 선언을 비판했다.

"북한 측의 일방적인 대화중단 선언은 한반도의 진정한 평화와 통일을 지향하는 가장 합리적이며 현실적인 정책인 6·23 선언에 대한 국내외의 높은 평가와 지지에 당황한 나머지 대화를 깸으로써 평화통일 노력 자체를 파탄시키려는 것이다."

북한 측은 남북적십자회담도 중단시켰다. 이로써 만 2년간의 남북대화 시기는 문을 닫게 되었다(의례적인 실무자급의 남북접촉은 계속되었다).

李厚洛의 중앙정보부가 주도권을 잡고 진행한 이 남북회담을 거치면서 朴正熙 대통령과 金日成의 권력은 강화되었다. 金正濂 당시 비서실장이 정확히 토로한 대로 李厚洛은 7·4 공동성명 이후의 드라마틱한 상황전개를 기회로 삼아 朴正熙 대통령에게 유신조치를 건의했고, 朴 대통령은 자신의 평소 소신에 부합하는 李 부장의 발상을 받아들였다.

朴 대통령은 "이후락은 내 생각을 늘 한 발 앞서 읽는다"고 말한 적이 있다. 5·16 군사혁명이 朴正熙 사령관–金鍾泌 작전참모 체제로 이뤄졌던 데 비해서 10·17 유신 쿠데타는 朴正熙 사령관–李厚洛 작전참모 체제로 성사되었다. 金鍾泌·李厚洛은 각각의 쿠데타 성공 이후 2인자로 떠올랐다가 권력투쟁에 휘말려 밀려나게 되었다는 점에서도 공통점이 있다.

李厚洛 당시 정보부장은 1987년 10월호 〈신동아〉 인터뷰에서 金大中 납치와 관련하여 다음과 같이 말했다.

〈―구체적으로 金大中 씨의 어떤 활동이 그토록 유해하다고 생각했습니까.

"내가 1972년 5월 24일 金日成을 만났을 때 金日成이 '남쪽에는 통일방식을 달리하는 민주인사들도 많데요' 이런 말을 합디다. 그때 내가 상당히 쇼크를 받았어요. '역시 통일문제에 대한 의견이 이러쿵저러쿵 나오는 것은 우리의 약점이구나' 하는 것을 절실히 느꼈습니다.

그런데 金大中 씨가 미국에서 소위 '한국민주화촉진국민회의'를 만들어 방방곡곡을 다니면서 연설도 하고, 그러다 보니까 모이는 사람들이 다 민주인사는 아니고 정말 위험스러운 인사들도 있었어요….

그중의 어떤 사람들은 국민회의에서 그칠 것이 아니라 망명정부를 세우자 하는 이야기를 말하는 사람들도 있었습니다.

만에 하나라도 그런 일 없기를 바라지만 일부 인사가 주장하는 대로 망명정부가 이루어졌을 때는 이 나라 꼴이 어떻게 되겠느냐 하는 이러한 기우도 나에게는 사실상 없지 않았어요. 그러한 점을 고려해서 결국은 윤리적으로 가슴 아픈 일이지만 이 사람을 본국으로 데려와야 되겠다 하는 그러한 생각이 참 많았습니다."

—그 무렵 金大中 씨가 공화국 연방제를 주장한 것도 납치 사건의 한 요인이 됐습니까.

"그해 6월 23일 金日成이가, 체코 총서기인가 뭔가가 평양에 왔을 때 고려연방제를 말한 것은 자기 나름대로의 철학에 의한 통일론인 만큼 그것을 시비하는 것은 아닙니다. 그러나 (金大中 씨가) 하필이면 이름을 왜 공화국 연방제를 내걸어요. 나는 진짜 기절할 정도로 쇼크를 받았어요. 지금도 그 말 들으면 온몸에 소름이 끼쳐요. 어떻게 할 수 없나 봐요."〉

북한 정권의 지령으로 만들어진 韓民統(한민통)의 초대 의장으로 추대된 金大中 씨는 취임하기 직전에 강제귀국당했으나, 1981년 우리 대법원은 金大中 씨의 한민통 관련 역할을 국가보안법상의 '反국가단체 구성 및 수괴'로 확정했다.

대법원은 판결문에서 '한국민주회복통일촉진국민회의(약칭 韓民統-편집자 注) 일본 본부는 정부를 참칭하고 대한민국을 변란할 목적으로 불법조직된 反국가단체인 북괴 및 反국가단체인 在日조선인 총연합회

(편집자 注 – 약칭 조총련)의 지령에 의거 구성되고 그 자금 지원을 받아 그 목적수행을 위하여 활동하는 反국가단체라 함이 本院(본원)의 견해로 하는 바이오(下略)' 라고 했다.

〈月刊朝鮮〉은 1998년에 '金大中의 韓民統 조직 및 내란 음모 사건' 수사·재판기록을 구할 수 있었다. 金泳三 정부 때 이뤄졌던 12·12 사건 및 5·18 사건 재판 때의 참고 자료로서 金大中 사건 기록이 법정에 제출되었고 이를 계기로 하여 이 미공개 자료가 우리 손에 넘어올 수 있었던 것이다.

그 가운데 주목할 만한 자료가 駐日 한국대사관에서 1980년 여름에 계엄사 합동수사본부로 보낸, 영사증명서가 붙은 '조총련·한민통 일본 본부·金大中 관계'에 대한 심층 보고서이다.

1980년 7월 3일에 합동수사본부가 駐日 한국대사관에 한민통 일본 본부, 同 기관지 〈民族時報(민족시보)〉, 同 중요구성 간부들의 성격과 활동상황에 대하여 조회를 했고 그 回報(회보)로서 온 것이 이 문서였다. 영사증명서가 붙은 것은 법정에 제출될 때 이 문서의 공신력을 뒷받침하기 위한 것이다.

이 駐日 대사관의 보고서가 중요한 것은 이 자료가 법정에서 증거로 채택되어 金大中 피고인의 유죄를 확정짓는 핵심적 역할을 했기 때문이다.

이 보고서는, 金大中 씨와 함께 한민통 일본 본부(이하 韓民統으로 약칭)를 만든 郭東儀(곽동의)·裵東湖(배동호)·金載華(김재화) 등 핵심 요원들이, 본인들은 民團(민단) 비판 세력으로 위장하고 있으나 실은 조총련의 조종을 받는 북한 간첩·親北인사들이라고 단정하는 한편 그들의 조직적·사상적 뿌리를 세밀하게 소개하고 있다.

駐日 한국대사관의 보고서는 金大中 씨도 배동호·곽동의·김재화 등이 조총련의 조종을 받는 인사들이란 사실을 알았을 것이라고 기록했다.

〈특히 1973년 3월경 당시 민단 가나가와 현본부 의장 박성준이 金大中에게 배동호·곽동의는 조총련과 합작하여 베트콩파와 한 패거리가 되어 反韓 활동을 하면서 民團을 망치고 있다는 경고를 한 바 있으므로 同 배동호·곽동의를 비롯한 베트콩파들은 북괴 또는 조총련의 사주를 받아 민단을 와해하고 反국가 활동을 하고 있다는 것을 알았다고 보며 (下略)〉

이 보고서는 韓民統의 성격을 이렇게 요약했다.

〈한민통은 표면상으로는 反민단 투쟁 단체인 양 위장하고 있으나 金大中의 구상에 의하여 결성되어 조총련의 배후 조종을 받고 있음. 한민통을 주도하는 곽동의는 북괴에서 간첩교육을 받은 간첩이고, 배동호 역시 곽동의와 사상적으로 밀착한 용공분자로서 조총련과 연대투쟁 체제를 구축하고 북괴의 목적사항 실행을 위해 각종 행사를 공동 개최하는 등 대한민국 전복과 적화통일을 위하여 공동투쟁을 전개하고 있음〉

이 보고서는 조총련이 韓民統에 대해서 지원한 자금의 내역에 대해서도 상세하게 전하고 있다.

〈조총련은 한민통에 反韓 데모 동원, 反韓 집회 개최, 북괴 및 조총련 선전 활동 등 비용으로 활동 高潮期(고조기)인 1973년 8월~1975년 12월은 매월 1,000만 엔, 최성황기인 1976년 1월~1977년 12월은 매월 1,000만 엔, 퇴조기인 1978년 1월~1979년 7월은 매월 500만~1,000만 엔, 再고조기인 1979년 8월~1980년 2월은 매월 1,000만 엔 등을 지원하여 왔음〉

〈1971년 3월 25일 곽동의는 조총련 중앙위원회 부의장 김병식으로부터 민단 와해 공작 및 對南공작 사업 자금 5,000만 엔을 받았다는 확실한 첩보가 있음〉

〈金大中에 대하여는 1972년 10월~1973년 8월 베트콩파인 김종충이 金大中의 한민통 조직 등 활동비조로 10여 차례에 걸쳐서 약 1,000만 엔, 배동호가 金大中의 滯日(체일) 호텔비 및 한민통 조직 자금 보조비 명목으로 다섯 차례에 걸쳐 500만 엔, 渡美(도미) 여비 1회 2,000달러, 정재준 등 베트콩파 사업가들이 金大中의 체류비·활동비·여비 등 명목으로 4차에 걸쳐 약 2,000만 엔 등을 제공하여 金大中은 同 자금으로 일본 한민통 및 미국 한민통 조직 자금으로 사용하였다고 하며, 그중 김종충 및 배동호가 金大中에게 제공한 자금은 同人 등이 특별한 사업이나 수입원이 없는 자들인 것으로 보아 조총련에서 지원한 것이 확실시되고 있음〉

이 보고서의 끝에는 駐日 한국대사관의 일등 서기관 鄭樂衆(정낙중·영사) 명의로 '위의 사실을 증명함'이라는 영사증명이 붙어 있다.

對共수사관 출신인 鄭樂衆 씨는 "내가 부하 직원들을 시켜서 함께 만든 보고서이다"고 말하고 "지금도 그 보고서의 정확성을 믿는다"고 했다.

上記 보고서는 駐日 한국대사관의 정보담당관들이 다년간 韓民統을 관찰하면서 축적한 정보를 정리한 것이지 갑자기 만들어낸 것이 아니라는 느낌을 준다. 조총련의 자금이 한민통으로 지원된 부분에 대한 정보는 구체적인데 한민통 내부에 정보부의 정보망이 있었던 것 같기도 하다.

"金大中 납치는 李厚洛의 과잉충성"

1973년 8월 16일 오후 6시 30분쯤 청와대 식당에서 朴 대통령은 비서진들과 막걸리 파티를 열었다. 경호 문제가 화제로 오르자, 朴 대통령이 말했다.

"沿道(연도) 경비는 사전에 행차를 알리는 것이므로 적절치 못해. 그리고 자동차로 지방에 다녀올 때도 서울 시장이 뻔질나게 나오는데 그 시간에 자기 일이나 하지. 그런 필요 없는 짓 하지 말라고 일러줘요."

분위기가 무르익었을 때쯤 朴 대통령은 사투리 이야기를 꺼냈다.

"軍 생활을 하면서 各道(각도)에서 모인 출신 장교들 때문에 평안도·함경도·경상도 사투리를 섞어서 썼던 적이 있어. 지금도 그 버릇이 좀 남아 있을 거야. 윤태일 서울 시장과 이주일 감사원장이 어떻게 말하는 줄 아나? '앙이 먹겠다', '앙이 술 마시겠다'고 얘기해. 일본도 가고시마 사투리는 전혀 알아들을 수 없어."

朴 대통령이 尹 시장과 李 원장의 말투를 그대로 흉내내어 비서관들은 웃음을 참을 수 없었다. 朴 대통령도 소리내어 웃었다.

1973년 9월 7일. 이 날짜 〈조선일보〉는 '당국에 바라는 우리의 충정, 결단은 빠르면 빠를수록 좋다'라는 제목의 사설을 싣고 金大中 납치사건의 진상을 밝힐 것을 정부에 요구했다. 사설의 필자는 鮮于煇(선우휘) 주필이었다.

이날 朴 대통령은 李厚洛 정보부장이 보고차 들르자 이렇게 말했다.

"어이 李 부장, 정보부는 사람 잡아 가두는 데라는 말이 있는데 鮮于 주필도 잡아넣을 거야?"

朴 대통령의 말투는 잡아넣어서는 안 된다는 뜻을 담고 있었다. 일본 〈마이니치〉 신문에 이 사설의 全文이 실렸다. 鮮于 주필은 수원에 있는 친지 집으로 피신했다.

며칠 뒤 鮮于煇의 동생 鮮于煉(선우련) 공보비서관은 청와대 구내 이발소에서 이발을 하고 나오는 朴 대통령을 우연히 만났다.

"요즘 형님은 잘 계신가?"

"형님은 사설 때문에 정보부가 잡으려고 해서 피신 중입니다. 닭고기를 좋아하는 형님이 피신 중에 닭고기를 많이 먹어 살이 무척 쪘습니다."

"무슨 소리야? 내가 잡아넣지 말라고 했는데. 내가 정보부장에게 전화할 테니 형님에게 오늘 저녁 마음 놓고 나오시도록 전해요."

朴 대통령의 그 말이 있고 난 뒤 鮮于煇 주필은 다시 모습을 나타내었고, 일주일이 더 지나서는 鮮于煉과 함께 대통령이 초대한 위로 술자리에 함께 참석했다. 한참 동안 술을 마시다가 朴 대통령이 몹시 불쾌하다는 듯 불쑥 이런 말을 꺼냈다.

"그놈 말이야. 머리가 좋고 빨리 돌아간다고 내가 중용했더니만 시키지도 않은 일을 해 가지고 나를 국제적으로 망신당하도록 하고 있어."

"그래도 충성하느라고 한 것 아니겠습니까."

"그게 바로 과잉 충성이오."

李厚洛 前 정보부장은 "朴 대통령이 金大中 씨를 납치하라고 지시한 적은 없다"고 말해 왔다. 그는 "내가 朴 대통령에게 납치 사실을 알린 것은 우리 배가 金大中 씨를 데리고 오사카항을 떠난 이후였다"고 말했다.

그러나 1980년 봄에 李厚洛 씨가 울산 同鄕(동향) 친구이자 金大中 씨와도 친했던 최영근(국회의원 역임) 씨를 통해서 金 씨에게 "당신 납치는 朴 대통령이 지시하여 이뤄진 것이다"는 취지의 말을 전했다는 說도 있다. 기자가 1985년에 崔 씨를 만나 물었더니 그는 자신이 그런 말을 들었다고 확인해 주었다. 그의 증언을 소개한다.

〈나는 李厚洛·金大中 씨 두 사람과 각각 별도로 오랜 친교가 있다. 최고회의 공보실장 시절의 李厚洛 씨에게 金 씨를 처음 소개해 준 것도 나다. 10·26 뒤 나는 李厚洛 씨를 만났다. 지금은 솔직하게 말할 수 있지 않겠느냐는 생각이 들어 물어 보았다. 그의 해명은 대강 이랬다.

"金大中 씨가 해외에서 朴 대통령에 대한 비난을 개시한 지 얼마 안 된 어느 날 사석에서 朴 대통령은 불쾌한 어조로 金 씨를 없애라는 뜻의 욕설을 했다. 나는 농담으로 넘겨버렸다. 그 며칠 뒤 朴 대통령은 청와 대로 날 부르더니 정색을 하고 이 문제를 金鍾泌 씨와도 이야기한 것이 라며 엄명을 내리는 것이었다.

나는 고민했다. 金 씨를 죽였을 경우, 그 책임이 언젠가는 나한테 올 것이라는 걸 모를 만큼 내가 바보는 아니지 않는가. 결국 나는 납치를 해서 한국에 그를 데려다 놓는 선으로 朴 대통령의 명령을 소화하기로 했다. 그래서 애당초부터 납치였지, 제거 지시가 아니었다."

나는 李厚洛 씨의 이 말을 1980년 봄에 金大中 씨에게 전해주었다. 金 씨는 李厚洛 씨가 자신의 목숨을 살렸다는 말을 믿으려 하지 않았다. 李 厚洛 씨는 자신의 해명을 뒷받침할 만한 구체적인 이야기는 하지 않았 으므로 증거는 없다고 봐야겠다. 다만 수십 년간 李 씨와 사귀어 온 나 로서는 그가 시키지도 않은 납치를 스스로 할 사람이 아니라는 생각을 갖고 있다. 너무나 이해타산에 밝은 사람이기 때문이다〉

朴 대통령 측근들의 증언들을 종합하면 압도적으로 李厚洛 정보부장

이 독단적으로 金大中 납치를 지시한 것으로 결론이 나게 되어 있다. 인간 朴正熙에 대한 체험과 이해가 깊은 사람들일수록 "그분은 政敵(정적) 살해를 명령할 사람이 아니다"고 못 박는다. 李厚洛 씨가 최영근 씨한테 비밀을 털어놓았다는 시점은 金大中 씨가 대통령이 될 가능성이 보였던 1980년 봄이었다.

살길을 찾기 위해서 죽은 朴 대통령에게 책임을 전가하면서 동시에 당시 金大中 씨의 경쟁자였던 金鍾泌 씨도 물고 들어가려고 했을 수도 있다. 金 씨를 살려서 데려오면 국제문제가 생길 것이 뻔한데 왜 李厚洛 부장이 그런 바보짓을 스스로 했겠느냐 하는 주장이 꼭 설득력이 있는 것은 아니다.

그때의 정보부였다면 한국의 反共단체가 金大中 씨를 납치해 온 것처럼 위장하고, 검찰과 경찰은 수사를 해도 범인을 밝혀내지 못했다고 영구미제 사건으로 만들어 버릴 수 있었을 것이다. 이런 방향으로 사건을 은폐하려 하였던 정보부의 음모를 뒤집어버린 것은 일본 경찰이었다.

그들은 납치에 가담했던 駐日 한국대사관의 金東雲 1등서기관 지문을 현장에서 채취하는 데 성공하여 金 서기관을 소환하려 했던 것이다. 金 서기관이 소환을 피해 먼저 귀국하면서 정보부의 소행임이 입증되었다 (물론 韓日 양국 사이에선 金東雲 서기관이 상부 지시 없이 가담한 것으로 하여 사건을 덮었다).

朴 대통령이 金大中 씨가 서울로 돌아온 직후 정보부 李龍澤 국장에게 진상조사를 지시한 것을 보면 이 사건을 괴한들이 한 것으로 조작하여 덮어두려는 뜻은 없었던 것으로 보인다. 왜냐하면 정보부가 진상조사를 하면 결국 사실을 아는 사람들이 많아지기 때문이다.

李厚洛 부장이 金大中 씨의 해외 언동에 대한 보고를 朴 대통령에게 자주 올리니까 朴 대통령이 신경질을 냈고, 이를 납치 지시로 해석한 李厚洛 부장이 '대통령의 뜻을 한발 앞서 시행한다'는 소신에 따라 金大中 씨를 납치했다가 자신의 신세를 망친 경우일 가능성이 가장 높다.

CIA가 金大中을 살렸나?

미국이 1973년의 납치 사건 때 金大中 씨를 살리는 데 역할을 했다고 주장하는 사람들이 더러 있다. 당시 美 CIA 서울지부장이던 도널드 그레그(뒤에 駐韓 미국대사 역임), 당시 駐韓 미국대사 필립 하비브가 그런 사람들이다. 돈 오버도퍼 기자가 쓴 《두 개의 코리아》란 책에서도 그런 주장이 소개되어 있다. 이 책은 하비브 대사가 金大中 납치 직후 주모자가 정보부임을 알아내고 朴 대통령 정부의 고위인사에게 金大中 씨를 죽이면 韓美관계에 심각한 결과를 초래할 것이라고 경고했다고 썼다.

미국이 金大中 씨를 살렸다는 주장은 과장이다. 金大中 납치에 직접 관여했던 李厚洛 부장, 정보부 공작단 간부들, 납치선의 선원들은 한결같이 "애당초 金大中 씨를 죽이라는 지시나 계획이 없었다"고 말하고 있다. 미국 CIA의 역할은 많은 경우 과대평가되고 있으며 그들은 그것을 즐기기도 한다. 미국인들은 또한 李厚洛 부장을 물러나게 하는 데 CIA가 작용을 했다고 주장하나 이 또한 과장이다. CIA가 그런 노력을 한 것은 사실이다.

金大中 강제귀국 4일 뒤인 1973년 8월 17일자 美 국무성의 비망록엔 이런 대목이 있다.

〈우리는 이 문제를 CIA와 의논하고 있다. CIA는 李厚洛 부장과의 관계에 대해서 신중한 검토를 하고 있다. CIA는 한국의 안정과 관련하여 李厚洛을 겨냥한 어떤 행동을 실천에 옮길 것을 생각 중이다〉

1978년 미국 의회에서 나온 '韓美관계 보고서'는 '미국 측이 朴鐘圭 경호실장을 통해서 朴 대통령에게 李 부장에 대한 불만과 李 씨의 그런 행동이 韓美관계에 악영향을 끼칠 것임을 통보했다'고 썼다.

李厚洛 부장은 1973년 12월 3일에 해임되었다. 朴 대통령은 金大中 납치 사건 직후 이미 그를 해임시키려고 마음먹었으나 그렇게 하면 한국 정부가 정보부의 납치 실행을 인정하는 것처럼 보이기 때문에 韓日관계가 11월 초 金鍾泌 국무총리의 사과 訪日로 정상화될 때까지 기다렸던 것이다. 朴 대통령 귀에 李 부장에 대한 미국 측의 불만이 전달되었다고 해도 이미 나 있는 결심에 별다른 영향은 미치지 않았을 것이다.

1973년 12월 3일 朴 대통령은 10부 장관을 바꾸면서 李厚洛 부장을 해임시키고 후임에 申稙秀 법무장관을 임명했다. 대통령 공보수석 비서관 金聖鎭 씨는 李 부장의 몰락을 보면서 1년 전의 한 장면이 생각났다고 한다.

그날은 유신 선포 직후였다. 李 부장이 유신조치에 고생을 했다고 청와대·軍장성·정보부 간부·내무 관료들을 초청하여 큰 저녁식사 모임을 마련했다. 金 수석이 그 자리에 갔더니 '술잔을 들고 이리저리 옮겨 다니며 담소를 하는 자리인데, 李 부장 주위에는 비집고 들어갈 틈조차 없을 정도로 아첨하는 사람들로 가득 차버렸고, 다른 자리는 이 빠진 것처럼 듬성듬성 비어 있었다'고 한다. 金 수석은 '이 자리는 내가 올 곳이 아니구나' 하는 생각이 들어 슬그머니 빠져나왔는데 자신도 모르게 울음이 터져나오더란 것이다. 金 수석은 그때 일을 생각하면서 지금 李厚洛 부장의 심경은 어떠할까에 생각이 미치자 측은한 마음이 들었다고 한다.

1973년 11월 2일. 합동통신 趙成天(조성천) 기자가 駐日 특파원으로 전출하는 것을 축하하는 저녁 식사 모임이 朴 대통령 초청으로 청와대에서 있었다. 趙成天, 崔鍾哲(동아방송), 李鎔昇(경향신문), 그리고 비서관 중에서는 김성진, 유혁인, 권숙정, 선우련이 참석했다.

이 자리에서 朴 대통령은 국민성에 대한 얘기를 시작으로 긴 시간 이야기했다.

"부지런히 일하는 사람은 잘살고, 게으른 사람은 못사는 사회야말로 건전한 사회인 것입니다. 그런데 간혹 게으른 사람이 잘사는 경우가 있는 것 같은데, 이건 죄다 수상한 일이야."

朴 대통령은 대화 중간에 잠시 中東(중동)의 産油(산유)국가들에 대한 언급을 하고 난 후, 화제를 또다시 국민성 문제로 돌렸다.

"자연의 혜택으로 국민이 오히려 게을러지고 진취성이 없어지면 그 국민의 장래는 어두운 것이라고 생각합니다. 역사적으로 볼 때 자연의 혜택이 많았던 곳은 오히려 발전하지 못했습니다. 의식주의 불편함이 없었기 때문에 일을 하지 않으려고 했고, 빈둥빈둥 놀다 보니 때는 이미 늦었고…. 결국 남방 지대의 국민들이 미개국으로 남게 된 것은 앞에서 말한 근면성과 깊은 관계가 있어요. 때문에 자연의 혜택 여부보다는 국민들의 근면성 여하에 따라 경제력이 좌우된다고 확신합니다."

1973년 11월 9일. 朴 대통령 내외는 청와대 출입기자단에게 오찬을 베풀었다.

"지금부터 내가 한 말들은 극비 사항에 해당되기 때문에 보도되지 않 도록 하시오."

朴 대통령은 기자들에게 보도 금지(Off the Record)를 요청한 후에 이야기하기 시작했다.

주된 내용은 남북관계와 주한미군에 관한 것, 朴 대통령이 알고 있는 각종 정보와 계획, 韓美 간의 민감한 문제 등이었다.

"북한이 남북회담을 할 때, 당초에는 미군 철수를 요구하며 미국內의 여론을 환기시켜 실효를 거둬 보려고 하였으나, 오히려 그 반응은 반대 로 나타났습니다. 그래서 미군이 한국에 계속 남아 있어야 한다는 여론 이 생기니까 대화를 끊으려 하고 있어요.

현재로선 남북조절위원회나 적십자회담 모두 아무런 성과가 없습니 다. 굳이 의의를 찾는다면 단지 회담을 하고 있다는 것뿐입니다.

남북대화는 우리의 국력이 월등하게 강해 金日成이 스스로 '이제 무 력으로는 도저히 승산이 없다' 고 自認(자인)하게 될 때만이 비로소 가능 하리라고 생각합니다. 그렇기 때문에 우리는 무장을 더욱 강화하고, 이 에 바탕이 되는 경제력을 키워야 하는 것입니다."

朴 대통령은 북한의 정세를 좀더 자세하게 분석해 주었다.

"(제4차) 中東戰이 일어났을 때, 나는 한반도의 안보를 무척 걱정했습 니다. 물론 지금 이 순간에도 북괴에 대해서는 철저하게 대비 태세를 유 지하고 있습니다.

기습으로 상대국 영토를 점령한 후 휴전하는 中東戰의 사례가 金日成 에게 어떤 모험심을 일으키게 할지도 모릅니다.

요즘 보면 평화협정에 대하여 이러쿵 저러쿵하는가 본데, 북한의 저의를 잘 알아야 합니다. 그들이 평화협정을 제의하는 것은 진정으로 건설적인 결과를 기대하고 그런 제안을 하는 것이 아닙니다. 시간을 질질 끌다가 전술상 자기들에게 유리할 때 회담 결렬의 책임을 우리에게 덮어씌우고, 무력 적화통일을 하려는 심사에서 나온 말입니다. 이런 내용들을 국민들이 자세히 알 필요가 있어요.

금년 유엔 총회에서의 남북 대결은 어떤 쪽의 案이 통과되더라도 그대로 실천되지는 않을 것입니다. 따라서 이번 대결은 누가 지지국을 많이 얻느냐 하는 스코어戰에 불과할 것입니다."

朴 대통령의 환담은 무기 구입 부분에서는 비장함마저 엿보였다.

"앞으로 안보를 위해 정말 필요한 것은 對空火器(대공화기)입니다. 이 화기 가격은 한 개에 10만 달러 정도라고 하는데, 가령 미국이 팔지 않을 경우에는 구라파에서라도 꼭 사올 계획입니다."

육군경리감 출신인 黃寅性 씨(뒤에 국무총리 역임)가 전북지사로 부임한 지 한 달가량 된 1973년 11월 22일 오후 3시쯤이었다. 朴 대통령이 다음날 광주에서 거행될 새마을지도자 대회에 참석하기 위해 호남고속도로 전주 인터체인지를 통과하여 광주로 갈 예정이니 지사는 가능하면 전주 인터체인지에서 배웅을 하고 뒤따라 광주에 오는 것이 좋겠다'는 金玄玉 내무장관의 연락이 있었다(이하는 黃寅性 회고록 《나의 짧은 한국 紀行》에서 인용).

黃 지사는 지시대로 했고, 마침 朴 대통령 일행의 차량행렬이 경호차를 선두로 질주해 가기에 도로변에서 그저 머리 숙여 경례를 했다. 행렬은 그대로 통과하는 줄 알았는데 갑자기 대통령 승용차가 급정거했다. 金正濂 비서실장이 차에서 내려 "黃 지사!"하고 부르며 빨리 오라고 손

짓을 했다.

金 비서실장이 운전기사 옆자리로 옮겨 앉자 朴 대통령은 반가운 표정으로 "黃 지사, 잘하고 있소?"하며 자신의 옆자리에 타라고 했다. 黃 지사는 전혀 예상치 못한 상황이라 당황하였다. 아무것도 보고할 준비가 돼 있지 않아서 그저 차창 밖으로 보이는 큰 산을 가리키며 그 이름을 소개할 수밖에 없었다.

그리고 무심코 지나가는 말처럼 이야기했다.

"지난번 각하께서 호남고속도로 준공식 때 광주만 다녀가셨다고 해서 이 고장에서는 좀 섭섭하게 생각했습니다."

그러자 朴 대통령은 빙그레 웃으며 물었다.

"그래? 黃 지사, 정읍 내장산에도 호텔이 하나 있다고 하던데 손님들이 많이 있나? 호텔이 잘 만한가?"

"예, 썩 좋은 호텔은 아닙니다만 관광객들이 늘고 있습니다."

이 대답이 화근이 되었다. 朴 대통령은 金 비서실장에게 말하였다.

"金 실장, 내일 광주에서 올라오면서 하룻저녁 내장산에서 자고 가면 어때?"

金 비서실장은 대통령 말씀이니 "예, 그렇게 하시지요"하였다.

"그럼 손님이 많으면 다음으로 하고, 그렇지 않으면 하룻저녁 자고 갑시다. 광주에 가서 한번 알아보시오."

광주 관광호텔에 도착하자, 黃 지사는 전주에 있는 부지사한테 전화를 걸어 보안상 문제 때문에 구체적인 상황은 말하지 못하고 내무국장 책임下에 지금 즉시 내장산 관광호텔에 가서 대대적인 청소를 하고 모든 준비를 갖추라고 말해 두었다.

그런데 저녁 식사 후 金 비서실장으로부터 당황한 목소리로 전화가 왔다.

"黃 지사, 우리 경호답사팀이 내장산 호텔을 가보고 왔는데 그 호텔은 말이 호텔이지 여관만도 못 하고 시설도 형편 없어 도저히 대통령께서 유숙하실 수 없다고 하니 어떻게 했으면 좋겠습니까?"

黃 지사는 바로 金 비서실장 방으로 올라갔다.

"나는 자신이 없으니 그러면 내일 상경하는 길에 내장사나 잠깐 돌아보시고 올라가시도록 하시지요."

이렇게 대안을 숙의한 후 朴 대통령께 보고하여 내장산 호텔에서는 차만 한잔 마시고 내장사의 시찰을 하기로 했다. 黃 지사는 참 잘됐다고 생각하고 한시름 놓았다. 당초 朴 대통령 일행의 계획은 대전 유성호텔에서 일박하게 되어 있었다.

朴 대통령은 그 다음날 광주에서 행사를 마치고 바로 내장산 호텔에 도착하였다. 朴 대통령은 홀가분한 기분으로 차를 한잔 마신 다음 백지에 정읍시가지 약도를 그리며 정읍 우회도로를 건설할 것과 내장산 관광단지를 現 위치에 건설할 것, 그리고 지사 책임下에 내장사의 복원사업을 추진할 것을 지시했다. 말하자면 지사 취임 후 대통령이 이 지역에 방문한 첫 선물을 준 것이었다. 그리고 나서는 벌떡 일어나서 침실 쪽으로 가면서 "이 사람들이 여기가 어때서 못 잔다는 거야?"하고는 침대방과 화장실까지 들여다보더니 그대로 털썩 주저앉으며 말했다.

"이런 데 오면 아무데서나 자는 거지 뭐. 비서실장, 나는 여기서 자고 가겠어."

가장 큰 낭패를 당한 것은 黃 지사였다. 黃 지사는 한 시간 전에 먼저 내장산에 와서 보고는 그냥 한 번 돌아보고 가기로 결정한 것을 다행스럽게 생각하고 있었는데, 이 조그마하고 허술하기 짝이 없는 호텔에서 대통령 일행이 유한다고 하니 그야말로 청천벽력이었다. 전주에서 요리사를 데리고 오기에는 시간이 맞지 않아 결국 그 호텔 주방에서 준비한 일반 저녁식사를 朴 대통령에게 대접해야 했다.

그 다음날 아침도 흔히 전주에서 하는 콩나물죽을 준비하여 조찬으로 때우니 黃 지사로서는 몸둘 바를 몰랐다. 朴 대통령은 그런 조찬을 들면서 "솔직히 어제 저녁은 좀 시원치 않았는데 오늘 아침 콩나물죽은 맛이 있구먼"하고 그를 위로해 주었다.

전날 밤 黃 지사는 朴 대통령이 자는 것을 확인하고 잠자리에 들려고 종종 밖으로 나가서 살펴보았으나 새벽 1시까지도 방에 불이 켜 있었다. 그는 의아하게 생각했으나 후에 알고 보니 朴 대통령은 그날 밤에 새마을운동의 노래 가사(1~4절)를 작사하였다고 한다.

⑩ 10월의 결단

268

朴正熙 10 - 10월의 결단

지은이 │ 趙甲濟
펴낸이 │ 趙甲濟
펴낸곳 │ 조갑제닷컴

초판 1쇄 │ 2007년 4월16일
개정판 2쇄 │ 2018년 5월23일
개정판 3쇄 │ 2022년 1월22일

주소 │ 서울 종로구 새문안로3길 36
전화 │ 02-722-9411~3
팩스 │ 02-722-9414
이메일 │ webmaster@chogabje.com
홈페이지 │ chogabje.com

등록번호 │ 2005년 12월2일(제300-2005-202호)

ISBN 979-11-85701-23-3

값 12,000원

*파손된 책은 교환해 드립니다.